圣经的故事

Hendrik Willem Van Loon

[美]亨德里克 · 威廉 · 房龙 著

邓嘉宛 译

浙江出版联合集团

浙江文艺出版社

导语：一座桥梁

1928 年，亨德里克·威廉·房龙出版这本《圣经的故事》，是他对基督宗教（包括基督教、天主教、东正教）的核心经典《圣经》一书的理解和诠释，跟《圣经》文本本身有相当距离。房龙说他为年轻人写这本书，是因为："你们人生中总会有一段迫切需要智慧的时候，而那些智慧就隐藏在这些古老的编年史里。并且数百个世代以来，《圣经》一直是人最忠心的伴侣。我仅仅是要告诉你们，我认为你们该知道这本书，因为你们的人生会因此充满更多的理解、宽容和爱，这会使人生变得美善，并且进而变得圣洁。"

好特别的一本书，竟能让人读了之后变得理解、宽容、有爱，并使人生变得美善，变得圣洁。这书到底说了什么？

《圣经》的成书经历了很长的时间。从最早的口传到后来有文字记载（《旧约》是希伯来文和亚兰文写成，《新约》是希腊文写成），前后经历约三千年时光（从公元前 2800 年一直到公元 2 世纪）。经过这么漫长的记载、编辑、翻译、流传，关于《圣经》的诠释，已经形成了专门的"释经学"。与《圣经》研究相关的著作，已非车载斗量可以形容。而历代以来受《圣经》影响并靠《圣经》养活的人（神学家、教授、神父、牧师、信徒），更是多到无法计数。今日西方整个先进文明最重要的基础，也非《圣经》莫属。

在此我们不谈专家学者的研究，也不谈信仰，只谈房龙这本书如何想要帮助不认识《圣经》的读者，循序渐进走过这漫长时光。看人类古老文明发源地之一，西亚两河流域和地中海沿岸的早期历史；看犹太人如何从一支沙漠中的游牧小部族，一路走到建立王国，经历灭国、流亡到全世界，最后诞生出基督教的故事。

房龙在1944年去世，他若再多活四年，说不定会给自己这部作品写出第三十章。1945年，第二次世界大战结束，全世界知道了欧洲的犹太人在二战时的悲惨经历。1948年，犹太人在那块他们声称是上帝赐给亚伯拉罕的后裔的名叫巴勒斯坦的狭长土地上，宣布独立建国。

亡国近两千年，散居世界各地，二战时惨遭屠杀的600万犹太人，是什么让他们可以走过漫长时光，历经磨难，却依旧凝聚起来，坚持复国？是他们的信仰。他们始终相信上帝赐给亚伯拉罕子孙的应许，他们始终守着祖先的传统以及《塔木德》（也就是《旧约》）。

至于犹太人所不接受的《新约》，也就是上帝的儿子耶稣来到世上拯救世人的故事，却已成为当今世上第一大宗教的根基。耶稣的追随者所建立起来的基督宗教，其信徒已经遍及世界各个角落，上至达官显贵（比如美国总统奥巴马），下至贩夫走卒（比如我家巷口面摊的老板），都有基督的信徒。

相对于《圣经》审慎又庞大的记述，房龙用一种闲话家常的说故事口吻，夹杂着他五花八门的评述与举例，把这本超级牛的经典用平易近人的方式讲了一遍。房龙的叙述，是顺着《圣经》编年史的顺序走的。

本书从创世故事和大洪水与挪亚方舟说起，讲到亚伯拉罕离乡，冒险西迁，随后犹太人迁居埃及，在埃及安家过了数百年，最后沦为奴隶，然后在摩西的带领下脱离奴役走向自由。

犹太人离开埃及时，已经不是当年亚伯拉罕离乡时所率领的一个家族，甚至不是约瑟带到埃及的一个部族。此时的犹太人已经超过了两百万。摩西是古往今来空前绝后的领导人，想想，两百多万人每天在沙漠中的吃喝拉撒，摩擦纠纷，处理起来岂是易事？摩西跟这群超难搞的同胞在光秃秃的旷野中熬了四十年，最后交棒给约书亚。《圣经》记载：“摩西死的时候年一百二十岁；眼目没有昏花，精神没有衰败。”难怪他被称为“神人摩西”。

约书亚率领百姓渡过约旦河，进入迦南，打下了一片安身立命之地。在一个接一个的士师领导更迭之后，大卫建立了以色列王国，并在所罗门统治时期达到巅峰。不幸的是，所罗门没有处理好王位继承人的事，他死后王国南北分裂，除了兄弟阋墙打内战，南国犹大和北国以色列都各自出了一些荒腔走板的国王，无论先知如何警告建言，国王和百姓依旧故我。最后，北国以色列于公元前722年亡于亚述帝国，南国犹大于公元前586年亡于巴比伦帝国。

当巴比伦亡于波斯，波斯王古列于公元前538年允许犹太人第一次归回，随后亚达薛西王在公元前458年第二次允许犹太人归回，这些归回的犹太人重建了耶路撒冷的城墙和圣殿。时移事易，马其顿的亚历山大大帝击败波斯，横扫了西亚，征服了巴勒斯坦地区，随后由叙利亚的塞琉古王朝接管，建立了犹大行省。面对异族人的统治，不堪信仰逼迫的犹太人忍无可忍发动了革命，由马加比家族建立了哈西芒王朝（Hasmonean Dynasty）。

随着罗马人登场，哈西芒王朝覆灭，犹大地区成为罗马的行省。接着，耶稣降生。《新约》一开场的四卷福音书讲述了耶稣的生平，尤其着重他在世最后三年，一边传讲上帝之道，一边行神迹奇事，一边打破各种僵化的传统，一边济弱扶贫的言行踪迹。耶稣因为得罪当时的权贵，最后被钉死在十字架上，但是他的门徒记载他在三日后复活。

从此，信他的人络绎不绝，基督教成了世界第一大宗教。

除了四卷福音书，《新约》其余的部分是使徒保罗、彼得、约翰等人所写的书信并传教行踪的记载。房龙在本书中除了讲述《新约》的人物事迹，还一直说到罗马帝国的衰亡和基督教的兴起。他化繁为简的本事的确了得。

不过，从他的叙述，我判断他是属于近代基督教神学中所谓的“新派”。马丁 · 路德改教后的基督新教，随着历史发展衍生出许多派别，常人较为耳熟的有新派（或称自由派）、基要派、福音派等，这些派别各有主张和渊源，在此不予讨论。关于“新派”，是将《圣经》与理性并列，并且更多时候是将理性架高到《圣经》之上；以理性检验《圣经》，批判《圣经》。所有《圣经》的启示，必须接受理性科学的批判。凡经不起理性批判的，一概拒绝。因此，房龙在这本《圣经的故事》中，略去了所有《圣经》正典内有关神迹奇事的记载。

尽管如此，我仍认为这是一本值得一读的科普书籍。翻译过程中，除了碰到神学问题时请教我的新旧约老师之外，我也查找了不少资料，写成译注，帮助读者简单认识庞杂的历史人物与事件。

这书是一座桥梁，帮助读者从简易的《圣经的故事》通往厚重的《圣经》。甚至，读者有兴趣的话，可进一步从历史的知识走向信仰的认识。人除了物质需求，还有心灵需求。而《圣经》上记着：“你要保守你的心，胜过保守一切，因为一生的果效是由心发出。”

我深盼房龙写此书的初衷，得以在读者身上实现。

邓嘉宛

2015 年 7 月 1 日于台北

爱是恒久忍耐，又有恩慈；

爱是不嫉妒，爱是不自夸，不张狂，不做害羞的事，

不求自己的益处，不轻易发怒，不计算人的恶，不喜欢不义，只喜欢真理；

凡事包容，凡事相信，凡事盼望，凡事忍耐。

爱是永不止息。

《哥林多前书》13:4-8

目录

content

1. 文学遗产

A LITERARY INHERITANCE

《旧约》和《新约》是如何写成的？

《圣经》一书在千年历史中经历了怎样的变迁？

/

那时，金字塔已经有上千年历史。巴比伦和尼尼微也成了两大帝国的中心。尼罗河谷以及辽阔的幼发拉底河和底格里斯河流域，早已充满了大量密集的忙碌人群。有一支在沙漠流浪的小部族，因着自身的理由，决定离开他们沿阿拉伯沙漠的荒漠边缘建立的家园，开始向北迁移，寻找更肥沃的田野。

这些流浪者，便是日后众所周知的犹太人。数百年后，他们给了我们人类史上最重要的一本书：《圣经》。再后来，他们当中的妇女有一人生了一位有史以来最慈爱也最伟大的教师。

不过，说来奇怪，我们对这个陌生民族的起源一无所知，他们不知道是从哪里冒出来的，却在分派给人类担纲的历史里扮演过最伟大的角色，随后又离开了历史的舞台，变成在世界各国中流亡[①]。

因此，我在本章中要告诉你的，总的来说有些含糊，在细节上也不尽可靠。不过，众多的考古学家正在巴勒斯坦的土地上忙碌挖掘着。随着时间过去，他们所知的将越来越多。

我将根据我们所掌握的一些事实，尽量提供各位一个可靠稳妥的解释。

有两条宽阔的大河穿流过亚洲西部。它们从北部的高山上发源，最终都流入了波斯湾。沿着泥泞大河两岸而居的人民，生活惬意，也十分懒散。因此，无论是居住在北方寒冷高山地区的人，或南方酷热沙漠地区的居民，都想在底格里斯河和幼发拉底河的河谷占得一席之地。无论何时，只要一有机会，他们就会离开老家，游荡到肥沃的平原去。他们彼此交战，攻打与征服对方，然后在前一个文明的废墟上建立新文明。早在四千多年前，他们就建立了像巴比伦和尼尼微这样的大城，把那地区变成了名副其实的人间乐园，其他地区的人民无不羡慕那地

① 房龙在 1923 年写成此书时，犹太人尚未复国。以色列在 1948 年宣布建国，在 1949 年被接纳为联合国的成员国。

的居民。

不过，当你看地图，你会发现，还有另一个强大有力的国家，也有数百万忙碌的小农民在辛勤耕作。他们居住在尼罗河两岸，他们的国家叫埃及。在他们与巴比伦和亚述之间，隔着一片狭长的土地。许多他们需要的东西，只能从位于遥远的肥沃平原上的国家购得。而许多巴比伦人和亚述人需要的东西，也只有埃及才生产。因此，两国互通贸易，而通商往来的要道，就穿过我们刚才提到的那片狭长土地。

那片地区在古代有许多名称。今天，我们称它叙利亚。那地方山岭低矮，谷地宽阔，树木稀少，烈日烘烤着大地。不过，其间有些小湖和许多小溪，给阴郁又单调乏味的岩石山丘增添了一道美好的景致。

这条古老的贸易要道所在区域，自古以来就有自阿拉伯沙漠迁徙过来的、不同的部族居住着。他们全都属于闪族，说着完全相同的语言，拜着同样的神祇。他们经常交战，然后彼此立下和平协议，此后又打起来。他们会窃取霸占彼此的城市、妻妾和牲口，一般而言，在当地没有比他们的意志暴力和刀剑武力更高的权威的情况下，他们的行为就是游牧部族会有的行为。

他们以一种含糊的方式承认埃及王、巴比伦王或亚述王的权威。当那些强大君主的税官带着全副武装的随员沿路而下时，那群争闹不休的牧民会变得十分谦卑。他们会深深哈腰鞠躬，自称是法老孟菲斯或阿卡德王的忠顺的仆人。但是，当总督大人并他随行的士兵一走，他们便故态复萌，部族间继续打得不亦乐乎。请别把这些争斗太当回事，它们是古人能享有的唯一的户外运动，通常损害也很轻微。再说，它也能让年轻人保持强健。

即将在人类历史上扮演重要角色的犹太人，也是这么起家的——争吵、殴斗、游荡，窃取霸占那些试图在贸易大道所在地养家糊口的小部族。遗憾的是，我们对犹太人最初的历史真的几近一无所知。众多学者做了许多学术上的猜测。但是，貌似有理的猜测并不能填补历史的空白。当我们读到犹太人起源自波斯湾的吾珥之地，这记载可能对，也可能错。与其告诉你们许多可能不对的事，我宁可什么都不说，只提少数几个所有历史学家都同意的事实。

犹太人最早的祖先大概生活在阿拉伯沙漠中。他们在第几世纪离开故居，进入西亚的肥沃平原，我们无从得知。我们只知道他们游荡了好几世纪，试图搞到一小块为他们自己所有的土地，但是他们走过的路已经不可考了。我们同样知道，犹太人在某个时期穿过了西乃山[①]的沙漠，并在埃及居住了一阵子。

也就是从那时起，埃及和亚述的一些文献，开始多多少少使《旧约》所列举的一些事件清楚明白起来。

往后的故事就耳熟能详了——犹太人如何离开了埃及，在沙漠中经历了没完没了的跋涉后，联合成一个强大的部族——接着如何征服了贸易大道上一小块被称为巴勒斯坦的土地，在那里建国，又如何争取独立，并生存了数世纪之久，直到被马其顿王亚历山大的帝国并吞，随后变成庞大的罗马帝国的一个小行省。

不过，在我说起这些历史事件时，各位心里要记住一件事：我这次不是在写一本历史书。我不打算（根据最好的历史资料）告诉你们，真正都发生了些什么事。我只打算尽力向各位显示，这支被称为犹太人的种族，是如何看待某些发生了的事。

各位都知道，“事实”和我们“相信的事实”，这两者间有极大的差别。每个国家的每本历史教科书，讲述的都是过去的故事，并且该国人民都相信所述为真。但是，当你跨过国界去看邻国的教科书，你会在那边发现非常不同的记述。而读着这些篇章的小孩，终其一生都会相信这些记述是正确的。

当然，世界各地总有个别的历史学家、哲学家或某个怪人会通读

---

①本书主要地名、人名与《圣经》一致。

各国所有的书，或许他对某件事情的评估，会达到接近绝对真理的地步。不过，如果他想过平静快乐的生活，他会保留自己获得的结论，不说为妙。

适用于世界各地的真理，也适用于犹太人。三千年前、两千年前并今日的犹太人，都是和你我一样的普通人。他们没有比任何人更好（他们有时候会这么断言），也没有比任何人更坏（他们的敌人经常如此陈述）。他们拥有某些非比寻常的优点，也有某些极其平常的缺点。但是，关于他们的论述极多，有褒有贬有中立，这就导致很难去正确评价他们在历史上的恰当地位。

犹太人保有自己的编年史。这份编年史对我们讲述了他们在埃及的百姓、在迦南地的各种居民以及在巴比伦王国众民当中的冒险经历。当我们尝试去理解这份编年史的历史价值时，也遭遇了同样的困难。

新来者往往不受欢迎。在犹太人无休无止的漂流旅程中，他们在大部分所到之国都是新来者。那些早就定居在尼罗河的河谷、巴勒斯坦的山谷和幼发拉底河两岸的原有居民，并未张开双臂欢迎他们。相反地，他们说："我们给自己子女住的地方都不够了，让这些外来者到别的地方去。"于是，麻烦就来了。

当犹太历史学者在回顾那些古代历史时，总是尽量把自己的祖先放在最能见光的位置。我们今天也做同样的事。我们赞美早期定居在马萨诸塞州的清教徒的美德，描述那些可怜的白人在最初几年的恐怖遭遇，永远暴露在野蛮人的残酷箭矢中。但我们对那些同样暴露在白人残酷的枪林弹雨下的红种人的命运，几乎只字不提。

一部从印第安人的观点来记述的诚实历史，读来肯定引人入胜。只是，印第安人已经灭没，我们永远无法知道 1620 年的那群外来者给他们带来了怎样的印象与震撼。这实在太遗憾了。

多少世纪以来，我们的先祖唯一能够解读和明白的古代亚洲史籍是《旧约》。但是，一百年前，我们开始得知如何阅读埃及的象形文字，而在五十年前，我们发现了解开巴比伦神秘楔形文字的关键。如今，我们知道，许多古代犹太编年史家提及的故事，都有迥然不同的一面。

我们看见他们犯了所有爱国历史学家所犯的错，也理解他们为何歪曲真相来增添自己民族的光荣与光彩。

但是，我再重申一次，所有这一切都不适于我的书。我不是在写一本犹太民族的历史书。我不为他们辩护，也没有攻击他们的动机。我单单重述他们自身对古代亚洲和非洲历史的看法。那些学识渊博的历史学家的批判文本，我也不研究。一本用一毛钱买来的袖珍本《圣经》，足以提供所有我可能需要的素材了。

如果你跟一个公元1世纪的犹太人谈话时用“圣经”一词，他肯定不知道你在说什么。这词相对新颖，是第4世纪君士坦丁堡的希腊教父约翰·克里索斯托姆[①]发明的，他将犹太人总体收集的“圣卷”称为“Biblia”或“圣书”。

这些书卷是在上千年的时光中逐步收集而成。所有的篇章，除了少数例外，都由希伯来文写成。但是，当耶稣降生时，阿拉米语[②]（比希伯来语更简单，也更广为普通老百姓所用）已经取代希伯来语成为通用语了，并且《旧约》中有几位先知的启示也是以阿拉米语写成[③]。不过，别问我“《圣经》是什么时候写成的”，因为我无法回答你。

---

① 约翰·克里索斯托姆又被称为约翰一世，是基督教早期重要的教父。他以出色的演讲与雄辩能力、对当政者与教会内部滥用职权加以谴责，并以严格的苦修闻名于世。后世称他为“金口”，赞誉他绝佳的口才。

② 阿拉米语，也就是《圣经》中所说的亚兰文，属闪语族（属闪含语系，包含古希伯来语、阿拉伯语、腓尼基语、亚述语、埃塞俄比亚语等），是公元前1000年左右亚洲西南部的通用语。

③ 房龙写这句话时，不知道他是站在基督教的观点，还是犹太人的观点。因为犹太人对《旧约》书卷的归类跟基督教不一样。说来话长，在此只简述有阿拉米语的书卷：《但以理书》和《以斯拉记》都有部分是阿拉米语写成，《耶利米书》中有一节、《创世记》中有一个字，是阿拉米语写成。

每个犹太人的小村落和敬拜神的小会堂，都会保有一些属于自己的、由对律法和预言这类事情感兴趣的虔诚老人抄写在兽皮或埃及纸莎草上的文字记述。有时候，这些不同的律法和预言会被搜集汇编成小集子，方便那些来会堂里的人使用。

公元前 8 世纪，当犹太人在巴勒斯坦定居下来后，这些汇编起来的文献变得越来越多。在大约公元前 3 世纪到 1 世纪之间，这些文献被翻译成希腊文，并传入欧洲。从此之后，它们被译成世界各国的语言。

至于《新约》，其历史相当简单。在基督死后的头两三百年中，这位卑微的拿撒勒木匠的信徒，始终处在罗马当局所给的危险麻烦中。爱和施舍的教义，在靠着强权暴力起家的罗马帝国眼里，对国家安全充满了威胁。因此，早期的基督徒不能走进一家书店说："给我一本《基督生平》和一本《使徒行传》。"他们只能从互相传阅的秘密小册子里获知他们想要的讯息。数以千计的这类小册子被再三传抄，直到大家无法查证抄本内容的真实性。

在此期间，教会取得了胜利，遭受迫害的基督徒成了古罗马帝国的统治者。首先，他们给三百年来的迫害所造成的书卷抄本的混乱带来秩序。教会的领袖召集了一群博学之士，他们通读了所有流行的抄本，并且剔除了绝大部分。他们决定保留几卷福音书，并几封使徒们写给远方一群会众的书信。所有其他的故事都被弃绝了。

接下来是长达数世纪的讨论和辩论。许多著名的教会会议在罗马、迦太基（在著名的古海港的废墟上建立的新城市）和特鲁罗召开。直到基督死后七百年，东西方教会才明确采纳了（现今我们所知的）《新约》。从此以后，最初的希腊文本被翻译成无数语言，但是经文本身没有发生太重大的改变。

2.
创世之说
CREATION

犹太人如何相信世界乃创造而来。

/

在人类所发出的所有问题中，最古老的一则当是：“我们从何而来？”

有些人到死还在问这问题，他们也不是真的期望得到答案，不过是乐于在询问中获得面对现实生活的勇气，就像勇敢的士兵面对无望的任务时，坚拒投降，至死都傲然问着：“为什么？”不过，这世上充满各色男女。大部分人对自己不理解的事物都抱持着某种貌似有理的解释。实在找不出解释的时候，他们干脆自己发明一个。

五千年前，西亚各族当中都流传着一个故事——世界是在七天中创造出来的。以下是犹太人讲述这故事的版本。

西亚人含混地将陆地、海洋、树木、花朵、飞鸟，以及男女的创造，归功给他们的不同的神。

但是，犹太人碰巧是所有民族中，第一个承认独一上帝之存在的群体。等后文讲到摩西时代时，我再告诉各位这是怎么回事。

起初，这支后来发展成犹太王国的闪族部落，也跟他们所有的邻居一样，信奉多神，那些邻居早就这么做了无数世代。

然而，我们在《旧约》中所看到的创世故事，是在摩西死后一千多年才写成的，那时犹太人已经接受了“一神”的概念，认为一神是绝对的既定事实，而怀疑他的存在意味着流放或处死。

现在，你们明白，为什么那个给希伯来人写下万物起始的最终版本的诗人，会把创世的庞大工程，描述成一个单一、无所不能的意志的瞬间展现，并且这事是他们自己部族的神做的，他们把这个神叫做“耶和华”或“诸天之上的主宰”。

对那些前来圣殿中敬拜的人，创世故事是这么说的——

起初，地球飘浮在一片死寂和黑暗的太空中。那时地球上没有陆地，只有浩渺无垠的深洋大水覆盖着我们日后的各个庞大帝国。后来，耶和华的灵盘旋笼罩在水面上，周密构思着宏伟的计划。耶和华说：

起初神创造天地。地是空虚混沌，渊面黑暗；神的灵运行在水面上。神说："要有光。"就有了光。神看光是好的，就把光暗分开了。神称光为昼，称暗为夜。有晚上，有早晨，这是头一日[①]。

《创世记》1:1-5

① 本书所有图说皆摘自《圣经》，故保留其字词、语法及标点用法。

“要有光。”于是黑暗之中出现了黎明的第一道曙光。耶和华说：“我要称此为昼。”

但这闪烁的光很快就消逝了，一切又回归到先前的黑暗。耶和华说：“这将称为夜。”然后他歇了他的工作。如此第一天结束。

然后耶和华说：“要有天空，辽阔的天穹要横越过下方的大水，要有地方给云飘浮，要让风吹过大海。”事就这样成了，并且同样有晚上有早晨，如此第二天结束。

然后耶和华说：“大水之中要有陆地。”立刻，崎岖的山岭从大洋中湿漉漉地冒出头来，不一会儿便雄伟耸立，直入云霄。它们的山脚是一望无际的辽阔平原和谷地。耶和华又说：“让地发生青草，长满各样结出种子的菜蔬，以及能开花结果的树木。”于是大地绿草如茵，各种大树与灌木享受着晨曦的轻抚。同样有早晨有黄昏，如此第三日的劳动结束。

然后耶和华说：“让天上布满星辰，可以定节令、日子、年岁。让太阳管白昼，但夜晚歇息的时间，让沉默的月亮为迟归游荡者在穿越沙漠时照明前往营宿地的正路。”事就这样成了，如此第四天结束。

然后耶和华说：“让水中有各种鱼，天空有各种飞鸟。”于是他造了巨大的鲸鱼和微小的米诺鱼，还有鸵鸟和麻雀，他给它们大地和海洋做栖息之地，并告诉它们要滋生繁多，它们与后代——小鲸鱼、小米诺鱼、小鸵鸟和小麻雀，都要享受生命的祝福。那天晚上，疲惫的鸟儿都把头埋到翅膀下，鱼儿都游到深暗的水中去，如此第五天结束。

然后耶和华说：“这还不够。让世界充满各种生物，有爬虫有走兽。”于是他造了乳牛和老虎，还有今天我们所知的一切野兽，以及许多已经从这地球上消失的生物。当这一切完成，耶和华取了一些地上的尘土，按照自己的形象塑造它，给它生命，称它为人，将它置于万物之首。如此结束了第六天的劳动，耶和华对自己所造的一切非常满意，便在第七天歇了他一切的工作。

接下来是第八天，人发现自己置身在新王国中。这人名叫亚当，

神说："天下的水要聚在一处，使旱地露出来。"事就这样成了。神称旱地为地，称水的聚处为海。神看着是好的。

《创世记》1:9-10

神说："天上要有光体，可以分昼夜，作记号，定节令、日子、年岁，并要发光在天空，普照在地上。"事就这样成了。于是神造了两个大光，大的管昼，小的管夜，又造众星，就把这些光摆列在天空，普照在地上，管理昼夜，分别明暗。

神看着是好的。有晚上，有早晨，是第四日。

《创世记》1:14-19

生活在一个长满美丽花朵的园子里，园里还有驯良的动物带着自己的幼兽，他会跟它们玩耍，好忘掉自己的孤独。即便如此，人还是不快乐。因为万物都有自己的同类为伴，唯独人孤孤单单。因此，耶和华从亚当身上取了一根肋骨，用这根肋骨造了夏娃。然后，亚当和夏娃四处漫游，探索他们的家，这个家叫做“乐园”。

终于，他们来到一棵巨大的树下，耶和华在那里对他们说：“听好，这很重要。园中各样树上的果子，你们可以随意吃。但是这棵是分别善恶知识的树，当人吃了这棵树上的果子，就开始领会自己的行为是正是邪（明辨是非）。这意思是，他的灵魂就此失去所有的平安。因此，你们必须远离这棵树的果子，否则就得接受可怕的后果。”

亚当和夏娃听完，保证他们会遵守嘱咐。不久之后，亚当睡着了，但是仍然清醒的夏娃开始四处溜达。突然间，草丛里传来一阵沙沙响，看啊！那里有一条狡诈的古蛇。

那时，动物都说一种人类能懂的语言，因此，那蛇可以毫无困难地告诉夏娃，自己偷听了耶和华说的那些话，而如果她把那些话当真，她就太蠢了。夏娃也这么认为。于是蛇把那棵树的果子递给她，她就吃了几口，当亚当睡醒，她又把剩下的给他吃了。

耶和华非常生气，当下就把亚当和夏娃赶出了乐园。于是，他们走进世界，尽自己所能谋生。

一段时日后，他们生了两个孩子。两个都是男孩，大的叫该隐，小的叫亚伯。他们都会帮家里干活。该隐种地，亚伯帮父亲牧羊。当然，他们也像别家兄弟一样不时吵吵架。

有一天，他们都带供物来献给耶和华。亚伯杀了一只羔羊，该隐也把一些谷物摆在粗石祭坛上，那祭坛是他们筑来拜神的地方。小孩喜欢吹嘘自己的长处，往往也会互相嫉妒。亚伯的祭坛上木柴烧得很旺，但是该隐的燧石却怎么也打不着。该隐认为亚伯在嘲笑他。亚伯说没有，自己只是站在旁边观看而已。该隐叫他走开。亚伯说不，为什么他得

到第七日，神造物的工已经完毕，就在第七日歇了他一切的工，安息了。
神赐福给第七日，定为圣日，因为在这日神歇了他一切创造的工，就安息了。

《创世记》2:2 -3

走开？于是，该隐打了亚伯。

但是该隐出手过重，亚伯倒地身亡。

该隐吓坏了，直接逃跑。

然而耶和华对发生的事知之甚详，他找到躲在灌木丛里的该隐，问该隐，你的兄弟在哪里？该隐情绪正坏，不肯回答。他哪知道他兄弟在哪？他又不是保姆，必须得照顾弟弟，对吧？

当然，撒这种谎没给他带来好处。正如亚当和夏娃违背耶和华的心意后，耶和华把他们逐出乐园，现在他也强迫该隐出走，远离家园，尽管此后该隐还活了很多年，他父母却再也没见过他了。

至于亚当和夏娃，他们的次子死于非命，长子逃亡在外，他们的生活自然很不快乐。他们后来又生了好些孩子，在经过多年的弯腰操劳和不幸后，最后年迈而终。

亚当和夏娃的子孙开始繁衍增多，遍居在大地上。他们向东向西迁移，有的向北进入山岭中，有的向南迷失在沙漠荒地里。

但是该隐犯的罪已经烙在早期人类的骨子里。人类从此总跟邻居失和动手。大家互相谋杀，偷盗彼此的牲口。女孩不可独自出门，以免遭到邻村男孩的绑架。

世界处在一个悲惨的状态里。错误的开头已经无法挽回。一切必须重来。也许一个崭新的世代能证明他们会更遵守耶和华的旨意。

那时，有个人名叫挪亚。挪亚是玛土撒拉（他活了九百六十九岁）的孙子，玛土撒拉是塞特的后裔，塞特是该隐和亚伯的弟弟，是在家庭悲剧发生之后才出生的。

挪亚是个义人，他努力凭良心行事，与邻居和平相处。如果人类要重新开始，挪亚会是个很好的始祖。

于是，耶和华决定毁灭所有的人类，只留下挪亚一家。他来找挪亚，吩咐挪亚造一艘方舟。这艘船长四百五十英尺，宽七十五英尺，

有一日，该隐拿地里的出产为供物献给耶和华；亚伯也将他羊群中头生的和羊的脂油献上。耶和华看中了亚伯和他的供物，只是看不中该隐和他的供物。该隐就大大地发怒，变了脸色。耶和华对该隐说："你为什么发怒呢？你为什么变了脸色呢？你若行得好，岂不蒙悦纳？你若行得不好，罪就伏在门前。它必恋慕你，你却要制伏它。"

该隐与他兄弟亚伯说话，二人正在田间，该隐起来打他兄弟亚伯，把他杀了。

《创世记》4:3–8

高四十三英尺。这尺寸几乎跟现代的远洋渡轮一样大，真难想象挪亚是怎么只用木料就造出这么大的船。

然而挪亚和他儿子下了决心，开始造船。邻居都来围观并笑话他们。方圆千里之内无河无海，造船的想法太可笑了。

但是挪亚和他忠心的伙伴们还是坚持自己的工作。他们砍伐许多巨大的柏树，做船的龙骨和两边的船舷，并在木料上涂满沥青，用来保持船舱干燥。当第三层甲板铺好之后，他们又用沉重的木料造了顶盖，用来抵挡倾倒在这邪恶世界的猛烈暴雨。

然后，挪亚和他全家——三个儿子和儿媳——为启航做准备。他们开始漫山遍野搜罗所有能找到的动物，一是他们有可能拿动物充饥，二是当他们重新登陆时，有可以献祭的祭牲。

他们猎捕了整整一星期。于是方舟（大家这么叫那艘船）里充满了各种奇怪的动物吵闹声，它们一点也不喜欢被关在狭窄的空间里，总不停地啃咬笼子的栅栏。当然，鱼不用捕，它们能照顾自己的。

到了第七天傍晚，挪亚和家人登上了船。他们收起跳板，关上舱门。

当晚深夜开始下雨，一直连下了四十昼夜。等雨停时，全地已被大水淹没，只有挪亚和他方舟中的旅客是这场可怕洪灾的幸存者。

此后，耶和华动了怜悯之心。一阵狂风吹散了乌云，阳光如同世界初创时一样，再次照耀在汹涌的波涛上。

挪亚小心翼翼地打开一扇窗朝外窥探，只见他的船静静漂在一望无际的海洋当中，放眼所及没有陆地。

挪亚放出一只乌鸦，但是乌鸦飞回来了。接着他又放出一只鸽子，鸽子几乎能飞得比任何鸟都远，但这可怜的小东西找不到一根可以落脚的枝子，只好又回到方舟来，挪亚把它抓回笼子里。

他等了一星期，然后再次放鸽子出去。它去了一整天，直到傍晚才飞回来，嘴里叼着一片新拧下来的橄榄叶。大水显然已经开始消退。

又过了一星期，挪亚第三次放鸽子出去。鸽子没有回来，这是个好兆头。不久之后，一阵突如其来的碰撞让挪亚知道，他的船触地搁

方舟的造法乃是这样：要长三百肘，宽五十肘，高三十肘。方舟上边要留透光处，高一肘。方舟的门要开在旁边。方舟要分上、中、下三层。看哪，我要使洪水泛滥在地上，毁灭天下，凡地上有血肉、有气息的活物，无一不死。我却要与你立约，你同你的妻与儿子、儿妇，都要进入方舟。凡有血肉的活物，每样两个，一公一母，你要带进方舟，好在你那里保全生命。飞鸟各从其类，牲畜各从其类，地上的昆虫各从其类，每样两个，要到你那里，好保全生命。你要拿各样食物积蓄起来，好作你和它们的食物。

《创世记》6:15-21

浅了。方舟停在了亚拉腊山的山顶上，这山位于今日的亚美尼亚境内。

第二天，挪亚登岸。他立刻搬石头筑了一座祭坛，并杀了一些飞禽走兽献祭。看哪，一道巨大的彩虹照亮了天际。那是耶和华给他忠心的仆人的一个记号，一个幸福未来的承诺。

挪亚和他三个儿子，闪、含、雅弗并他们的妻子，开始生活，他们再次成为农民和牧人，并且子孙满堂，牲口兴旺，生活安宁。但是，他们是否从刚经历过的这场灾难里学得教训，却很值得怀疑。因为，挪亚种了一个葡萄园，给自己酿了美酒，当他喝酒喝过量，喝醉时的行为举止也跟所有的醉汉一样。

他的两个儿子为老父感到难过，并合宜地处理了。但另一个儿子含却认为这是个大笑话，并且哈哈大笑，一点也不体恤。

当挪亚酒醒，知情之后非常生气，便把含逐出家门。犹太人相信含去了非洲，成为黑人的始祖。因此之故，犹太人非常鄙视黑人，这实在很不公平。

在这之后，我们就很少听到挪亚的事了。他有一个后裔名叫宁录，是名闻遐迩的猎人，不过《圣经》没有提到闪和雅弗后来的情况。

然而，闪和雅弗的子孙却做了一件让耶和华十分不悦的事。他们有段时间似乎迁到后来巴比伦城所在之地的幼发拉底河河谷。他们喜欢这片肥沃地区的生活，并决定要建造一座极高的高塔，作为自己同族的各分支部族的聚集地点。他们烧砖，为巨大的建筑打好地基。但是耶和华不想要他们始终聚居在一处。人类应该遍满全地，而不是都待在一个小河谷里。

正当众人忙碌建造巴别塔时，耶和华突然变乱他们口音，使他们说起不同的语言。他们忘了自己的通用语，在建塔所搭的鹰架上，处处扬起彼此不知所云的声音。

当工人、工头、建筑师突然分别说起汉语、荷兰语、俄语和玻利尼西亚语时，你的房子是盖不起来的。于是，大家放弃了聚集在一座

当挪亚六百岁，二月十七日那一天，大渊的泉源都裂开了，
天上的窗户也敞开了。
四十昼夜降大雨在地上。

《创世记》7:11-12

挪亚为耶和华筑了一座坛，拿各类洁净的牲畜、飞鸟献在坛上为燔祭。

《创世记》8:20

高塔下，建立单一国家的念头。没多久，他们便散居到了地球的各个角落。

简单而言，这就是世界初创之时的故事。不过，接下来我们只讲和犹太人这支种族有关的冒险了。

神说：“我与你们并你们这里的各样活物所立的永约是有记号的。我把虹放在云彩中，这就可作我与地立约的记号了。我使云彩盖地的时候，必有虹现在云彩中，我便记念我与你们和各样有血肉的活物所立的约，水就再不泛滥毁坏一切有血肉的物了。虹必现在云彩中，我看见，就要记念我与地上各样有血肉的活物所立的永约。”

《创世记》9:12-16

因为耶和华在那里变乱天下人的言语、使众人分散在全地上、所以那城名叫巴别（注：就是“变乱”的意思）。

《创世记》11:9

3.
拓荒先驱
THE PIONEERS

那时，金字塔已有上千年历史。
犹太人在亚伯拉罕的带领下，从荒凉的阿拉伯沙漠边缘开始冒险西迁，为他们的牲口找寻新牧场。

/

亚伯拉罕是个先驱者。

尽管他已经去世数千年了，但是他的生平故事，让我们想起那些在19世纪上半叶，征服了我国西部大山和平原的英勇男女。

亚伯拉罕一家，来自幼发拉底河西岸一个叫吾珥的地方。

他们的先祖闪自从离开方舟之后，世代以来都以放牧为生，家道兴旺。亚伯拉罕本人是个富农，拥有数千只羊。他雇用了三百多个成人和男孩来照顾他的牲口。他们对主人忠心耿耿，随时愿意听从召唤赴死。他们组成一支私人小军队，当亚伯拉罕在靠近地中海沿岸的敌对地区必须争夺新牧场时，这支私人小队的力量极为有用。

亚伯拉罕七十五岁那年，他听见耶和华的声音，吩咐他离开本族父家，到迦南——也就是今日的巴勒斯坦——找寻新家。

亚伯拉罕乐于从命。当时与他为邻的迦勒底人非常好战，这个睿智的犹太老人爱好和平，认为这类无用的冲突毫无意义。

他下令拆帐篷，要家中的男人把羊群聚拢，女人收拾铺盖并准备好穿越沙漠一路所需的食物。如此，开始了犹太人的第一次大迁徙。

亚伯拉罕有家室，他妻子名叫撒拉。不幸的是，撒拉没有孩子。因此，亚伯拉罕带上侄儿罗得做这次远征的副领队。然后他下令开拔，踏上一条直奔落日之路。

亚伯拉罕的迁徙队伍并未进入广大的巴比伦河谷地，而是紧挨着阿拉伯沙漠边缘前进。这能避免被残忍凶猛的亚述军队发现，而使他们的羊群和妇女免于窃盗。他们如此一路平安地抵达了西亚的牧场。

他们在示剑村庄附近一个叫摩利的地方停下来，亚伯拉罕在一棵橡树旁给耶和华筑了一座祭坛。然后，他继续往前到了伯特利，他在那里休息了一段时间，考虑着未来的计划。唉！因为迦南地不如他期望的那般肥沃丰饶。

当亚伯拉罕和罗得带着所有的牲口突然来到，周围山坡上的青草很快就被吃光了。于是，亚伯拉罕的牧人和罗得的牧人，彼此开始为谁能取得最好的牧场打起来，这支远征队伍很快就面临为了常见的争

耶和华向亚伯兰显现，说："我要把这地赐给你的后裔。"亚伯兰就在那里为向他显现的耶和华筑了一座坛。

《创世记》12:7

闹而分崩离析的结局。

这完全违反了亚伯拉罕的天性。他把侄儿叫到自己的帐篷里来商谈，提议他们分地而居，和平共处，好亲戚之间向来都这么做的。

罗得是个通情达理的年轻人，他同意亚伯拉罕的看法，于是叔侄俩毫无困难地达成了协议。

做侄儿的比较喜欢留在约旦河谷地，而亚伯拉罕取了剩余的乡野，也就是如今一般称为巴勒斯坦的地方。亚伯拉罕大半辈子都住在炽热的沙漠烈日下，难怪他急于找个有大树提供遮阴的地方。

他在希伯仑旧城附近，幔利的橡树林中扎营居住，并在那里筑了新祭坛，向平安领他来到这快乐新家的耶和华表示感谢。

但是，他安居的时间并不长。他侄儿已经和邻居起了冲突。亚伯拉罕为了保护自己的家族，被迫出战。

当地的统治者中，强大的以拦王最危险。他强大到能以自己的武力和亚述的统治者抗衡。那时，他试图从所多玛和蛾摩拉两座城征收贡赋。当两城拒绝纳贡，以拦王便率兵前去攻打他们。

不幸的是，战斗就发生在罗得居住的那个河谷。打得性起的士兵，通常不会停下来问明状况才抓人。他们把所多玛和蛾摩拉的男女围困起来当做俘虏带走时，也把罗得和他的家人一起抓了。

一个设法逃脱的邻居将这事告诉了亚伯拉罕。他召聚了手下所有的牧人，率队出发，自己一马当先，在半夜抵达了以拦王的营地。他立刻进攻睡梦中的以拦人，那些睡眼惺忪的守卫还没搞清楚状况，亚伯拉罕已经救出罗得一行，并且打道回约旦河去了。

当然，亚伯拉罕此举让他在四邻部族的眼中成了了不起的人。

逃过屠杀的所多玛王出来迎接亚伯拉罕，陪同他前来的还有撒冷王麦基洗德。撒冷也就是耶路撒冷，一座位于迦南的古城，早在犹太人西迁之前数百年就已经存在了。

麦基洗德和亚伯拉罕成了挚友，两人都承认耶和华是全世界的主

那地容不下他们，因为他们的财物甚多，使他们不能同居。当时，迦南人与比利洗人在那地居住。亚伯兰的牧人和罗得的牧人相争。

亚伯兰就对罗得说：“你我不可相争，你的牧人和我的牧人也不可相争，因为我们是骨肉。遍地不都在你眼前吗？请你离开我：你向左，我就向右；你向右，我就向左。”

《创世记》13:6-9

宰。不过，亚伯拉罕不喜欢所多玛王，因为他膜拜奇怪的异教诸神，当所多玛王要将亚伯拉罕从以拦人那里夺回的战利品，分很大一部分给亚伯拉罕时，亚伯拉罕拒绝了。除了他饥饿的手下宰了一些羊来吃，其余的全都还给了所多玛城的人，物归原主。

唉！可惜所多玛人没有善用这些财物。

所多玛和蛾摩拉两城的百姓，在西亚一带声名狼藉。他们懒惰、游手好闲、无恶不作，并且从来不将谋杀犯绳之以法。他们经常遭到这种警告——败坏的情况是不会长久的。但他们都是一笑了之，继续我行我素，西亚一带的正派人士都讨厌他们。

一天傍晚，火红的太阳已经消失在蓝色的山脊后方，亚伯拉罕坐在自己的帐篷前，对自己的人生感到心满意足。当年耶和华在吾珥给他的承诺，终于要实现了。一直没有子嗣的亚伯拉罕，正等着撒拉给他生个孩子。

就在他想着这事跟其他事情的时候，有三个陌生人沿路走了过来。他们风尘仆仆，十分疲惫，亚伯拉罕请他们进帐篷休息，并唤撒拉很快做了些晚饭待客。随后他们坐在树下吃了饭，开始聊天。

夜色渐深，陌生人说他们必须上路了。亚伯拉罕给他们指明最近的路，然后他才知道他们是要去所多玛和蛾摩拉。突然间，他认出了自己招待的是耶和华跟两位天使。

他能清楚想象他们的任务是什么，而向来忠于自己族人的亚伯拉罕，便恳求耶和华饶过罗得并他的妻女。

耶和华答应了。亚伯拉罕又进一步要求。耶和华承诺说，我若能在那两座城的随便哪一座找到五十个或三十个或哪怕十个义人，我就饶了那地的人民。

看来耶和华连十个都找不出来。

那天深夜，罗得接到警告，他必须立刻带着家人逃往安全之地，因为所多玛和蛾摩拉将在黎明前被烧成灰。他被告知要尽全力逃跑，

罗得举目看见约旦河的全平原，直到琐珥，都是滋润的，那地在耶和华未灭所多玛、蛾摩拉以先，如同耶和华的园子，也像埃及地。于是罗得选择约旦河的全平原，往东迁移；他们就彼此分离了。

《创世记》13:10-11

罗得的妻子在后边回头一看，就变成了一根盐柱。

《创世记》19:26

无论发生什么事都不可浪费时间回头观看。

罗得听从吩咐，叫醒妻子和孩子，然后尽他们所能连夜赶路，希望能在黎明前逃到小村庄琐珥。

但是，就在他们抵达安全之地以前，罗得失去了妻子。

她有点太好奇了，她看见天空一片火红，她知道她的邻居都被烧死了。

她只回头偷看了一眼。

但是耶和华看见了，遂将她变成了一根盐柱，而罗得也成了一个带着两个年轻女儿的鳏夫。大女儿后来生子取名叫摩押，是后来摩押部族的始祖；小女儿生子取名叫便亚米，他成了众所周知的亚扪部族的始祖。

罗得的悲伤经历令亚伯拉罕十分沮丧，他也决定迁离那时居住的地方，远离两座邪恶之城的焦黑废墟，远离它们的秽恶往事。

他离开幔利的树林和平原，再次往西走，直到几乎抵达地中海海岸的地方。

这处沿海地区住着一支远从克里特岛而来的种族。比亚伯拉罕的时代早一千多年前，这支种族在克里特岛上的首都克诺索斯就被我们所不知的敌人摧毁了。那些逃出来的人曾经尝试要在埃及定居，却被法老的军队驱离。于是，他们向东航行过海，征服了大海沿岸那片狭长地区里武器不如他们先进的迦南人。

埃及人把这群人叫做非利士人，他们把自己的国家称为非利士，也就是我们今天所说的巴勒斯坦。

非利士人跟邻邦始终征战不休，他们跟犹太人之间的纷争从未平息，直到罗马人来，才彻底终结了他们的独立之争。他们的祖先曾是西方世界的种族中最文明的一支，彼时犹太人还是一群放羊的粗汉。当美索不达米亚的农民还拿棍棒和石斧互相砍杀时，他们已经知道如何铸造铁剑。这也解释了为何非利士人的数量不多，却能稳守故地跟

当时，撒拉看见埃及人夏甲给亚伯拉罕所生的儿子戏笑，就对亚伯拉罕说：“你把这使女和她儿子赶出去！因为这使女的儿子不可与我的儿子以撒一同承受产业。”

《创世记》21:9-10

成千上万的迦南人和犹太人对抗数百年。

尽管如此，亚伯拉罕和他家中成员组成的军队，仍勇敢地迈进了非利士人的地界，在别是巴附近定居。他们在那里给耶和华筑了一座坛，又给自己挖了一口深井，好全天有新鲜的水可喝。他们还种植了一片小树林，让他们的孩子可以享受树下乘凉之乐。

这地舒适宜居，亚伯拉罕和撒拉的儿子便在此地出生。做父母的为他取名叫以撒，意思是“喜笑”。在这个当父亲跟当母亲的早就不抱希望的情况下，竟然得了子嗣，这肯定是人生的大喜事。

事实上，在多年盼子却始终盼不着的等候中，亚伯拉罕按照当时那地方的风俗，娶了第二个妻子。即便今日，许多笃信伊斯兰教的亚洲人和非洲人，仍允许娶两个或三个妻子。

亚伯拉罕的第二个妻子不是犹太人，而是个埃及女奴，名叫夏甲。撒拉自然一点也不喜欢她。当夏甲生了名叫以实玛利的儿子，撒拉就开始妒恨她，想要灭了她。

当然，以实玛利很自然会和异母弟弟一起在田间玩耍，很可能不时吵吵嘴，我也相信他们有时候会打打闹闹。

撒拉对这一切全都怀恨在心。

撒拉比夏甲老得多，容貌更不及夏甲一半。她想摆脱这个总是跟自己争宠的危险对手，要将对方一除而后快。

她去找亚伯拉罕，坚持要他把夏甲和以实玛利逐出家门。亚伯拉罕拒绝了。毕竟，以实玛利是他的亲骨肉，他爱这个儿子。那么做太不公平。

但是撒拉坚决不容，最后，耶和华亲自告诉亚伯拉罕，最好还是按他妻子的意愿，争吵是无用的。

为了家庭和睦，个性隐忍的亚伯拉罕在一个悲伤的早晨告别了忠心的女奴和自己的儿子。他要夏甲返回娘家。但是从非利士地到埃及，是一条漫长又危险的旅程。夏甲和以实玛利才走不到一星期，就差点

亚伯拉罕清早起来，拿饼和一皮袋水，给了夏甲，搭在她的肩上，又把孩子交给她，打发她走。夏甲就走了，在别是巴的旷野走迷了路。

《创世记》21:14

渴死。他们母子二人在别是巴的旷野完全迷了路，若不是耶和华在最后一刻救了他们，告诉他们哪里有新鲜的水，他们早就干渴而死了。

最后，夏甲抵达了尼罗河边。她和以实玛利获得亲族的欢迎，定居下来，孩子长大后也成了一个战士。至于孩子的父亲，他再也没见过以实玛利，而且不久之后还差点失去了第二个儿子。不过，那事的经过完全不同。

遵从耶和华的旨意，永远是亚伯拉罕的第一要务。他为自己的正直和虔诚感到骄傲。最后，耶和华决定要再考验他一次，这次的结果几乎致命。

耶和华突然向亚伯拉罕显现，告诉他带着以撒到摩利亚山上，杀了以撒，将他的尸体献为燔祭[①]。

这位垂垂老矣的先驱者一直忠心到底。他吩咐两个仆人准备好短程旅行，让驴子驮上木柴，带着水和干粮，便朝沙漠迈进。他没告诉妻子自己要去干什么。耶和华已经吩咐了，这就够了。

走了三天之后，亚伯拉罕和以撒抵达了摩利亚山。以撒这一路都玩得挺开心。

亚伯拉罕吩咐两个仆人在山下等着。他手牵着以撒爬上了山顶。

到这时候，以撒也开始觉得奇怪了。他经常看见父亲献祭，不过，这次事情有点不一样。他认得献祭的石头祭坛，也看见木柴。他父亲还带着用来割断献祭羔羊喉咙的长刀。但是，他问父亲，羊羔在哪里？

“时候到了，耶和华会准备好羊羔的。”亚伯拉罕回答。

然后他抱起儿子放在石头祭坛上。

然后他拔出刀来。

他将以撒的头往后拽，如此一来他能更容易割断颈动脉。

这时响起了一个声音。

①把祭物在祭坛上烧掉，叫做燔祭。

他们到了神所指示的地方，亚伯拉罕在那里筑坛，把柴摆好，捆绑他的儿子以撒，放在坛的柴上。亚伯拉罕就伸手拿刀，要杀他的儿子。耶和华的使者从天上呼叫他说："亚伯拉罕！亚伯拉罕！"

他说："我在这里。"

天使说："你不可在这童子身上下手，一点不可害他！现在我知道你是敬畏神的了，因为你没有将你的儿子，就是你独生的儿子，留下不给我。"

亚伯拉罕举目观看，不料，有一只公羊，两角扣在稠密的小树中，亚伯拉罕就取了那只公羊来，献为燔祭，代替他的儿子。

《创世记》22:9-13

耶和华再次开口了。

现在耶和华知道亚伯拉罕是他最忠心的跟随者，他不再坚持要这老人再进一步证明自己的忠诚。

以撒下了祭坛。这时旁边的灌木丛中出现一只犄角被小树缠住的黑公羊，亚伯拉罕抓住它，以它代替儿子献了祭。

三天后，父亲和儿子回家跟撒拉团聚。

但是，亚伯拉罕似乎对这个令他经历了许多痛苦的地方起了厌恶的心，他离开了别是巴，这里的一景一物都让他想起夏甲和以实玛利，还有可怕的摩利亚山之行。他回到了古老的幔利平原，那是他初抵西部时居住的地方，他再次建立了新家。

撒拉太老，经受不住另一趟长途跋涉。她去世了，亚伯拉罕将她葬在麦比拉洞，那是亚伯拉罕花了四百舍客勒[①]银子从赫族的农人以弗仑那里买来的。

随后，亚伯拉罕感到非常的寂寞。他一生发奋有为，羁旅各地，辛勤劳作，又浴血奋战，现在他累了，想要休息了。

但是以撒的将来令他担心。这男孩当然得结婚，但是周围邻邦的姑娘都属于迦南各族，而亚伯拉罕不想有个教他孙子去拜异教神明的儿媳妇，他不认可那些神明。他听闻自己的兄弟拿鹤在他西迁之后，仍居住在旧地，并且人丁兴旺，成了一个大家族。他觉得让以撒跟表亲成婚是个好主意。这能保持家族团结，也不用担心娶外族女子所招来的各种麻烦。

于是，亚伯拉罕将负责管理他全部产业多年的最老的仆人召来，吩咐他去办件差事。亚伯拉罕说明他要给以撒找什么样的姑娘，她必须精通持家之道，她必须帮忙农事，而最重要的是，她必须慷慨仁厚。

老仆人说他明白了。

他带上十二匹满载礼物的骆驼去了。因为他的主人亚伯拉罕在迦南

①舍客勒，古希伯来重量单位，一舍客勒约相当 11.25 克。

撒拉享寿一百二十七岁，这是撒拉一生的岁数。撒拉死在迦南地的基列亚巴，就是希伯仑，亚伯拉罕为她哀恸哭号。

《创世记》23:1-2

地打拼有成，他必须让故乡的人明白他们以前的老同乡亚伯拉罕的分量。

老仆人沿着大约八十年前亚伯拉罕走过的路，向东走了许多时日。当他抵达吾珥，他放慢脚步，设法打听拿鹤一家住在何处。

一天傍晚，当白昼的高温消退，沙漠凉爽的夜晚来临之时，他发现自己来到了哈兰城附近。妇女们正出城去打水，将水罐装满，好预备晚饭。

老仆人让骆驼跪卧下来休息。他又热又累，便向其中一个打水的姑娘要些水喝。她说："当然可以。"并十分乐意将水给了老人。等老人喝够了，她又要老人等一会儿，让她把他那些可怜的骆驼也都喂些水。当老人问她知不知道他可以在哪里过夜，姑娘对他说，她父亲会非常乐意接待他，给他的骆驼喂上粮草，让他休息到要继续上路为止。所有这一切好得令人难以置信。老仆人想，眼前这姑娘正是亚伯拉罕对他描述的，而且她年轻、活泼又美丽。

还有一个问题要问，她是谁？

她名叫利百加，是拿鹤的儿子彼土利的女儿。她有个兄弟叫拉班，她听过自己有个名叫亚伯拉罕的亲戚，早在她出生之前许多年，就迁居到迦南地去了。

于是，老仆人知道自己已经找到要找的姑娘了。他去到彼土利家，说明了自己的差事。他述说了主人的故事，述说亚伯拉罕如何在邻近地中海的地区成了最有钱有权势的人之一。当他及时取出从西布伦带来的各种地毯、银耳环和金杯时，吾珥的人无不留下深刻的印象。他要求利百加随他一同回去，给年轻的以撒做妻子。

利百加的父亲和兄弟对这样的结盟求之不得。在那个时代，女孩对婚姻大事是没有置喙余地的。不过，彼土利是个通情达理的人，他希望自己的女儿快乐幸福，他问利百加是否愿意去到遥远的异乡，嫁给她从未谋面的堂兄弟。

她回答："我愿意。"并且立刻准备好启程。

她的老奶妈并许多使女陪同一起上路。他们全骑着骆驼，好奇想

我向哪一个女子说：“请你拿下水瓶来，给我水喝。”她若说：“请喝，我也给你的骆驼喝。”愿那女子就作你所预定给你仆人以撒的妻。这样，我便知道你施恩给我主人了。

《创世记》24:14

着那个带口信的老仆人描述得那么辉煌的地方，会是个什么样新奇的地方？

第一个印象让人很开心。

时近黄昏。

骆驼在尘土飞扬的路上缓步前进。远远地，有个人在田间散步。

当他听见驼铃的叮当声，他停下脚步。

他认得自己家的骆驼。他急忙上前，看见了那位蒙着面纱，将要嫁他为妻的姑娘。

老仆人言简意赅地向少主人报告了自己所做的事，以及利百加是如何的内外皆美。

以撒和利百加结了婚，他觉得自己太幸运了（他的确很幸运）。不久之后，亚伯拉罕去世，葬在麦比拉洞他妻子撒拉旁边。以撒和利百加继承了亚伯拉罕的田地、牲畜等所有一切财物，他们年纪还轻，生活幸福，每到傍晚，他们便坐在帐篷外陪双胞胎儿子玩耍；大儿子名叫以扫，意思是“浑身有毛”，小儿子叫雅各，兄弟俩将有许多奇怪的冒险，我们这就告诉各位。

很少见到像以扫和雅各这样迥然不同的两兄弟。

以扫是个粗犷又坦诚的年轻小伙子，肤色棕黑如熊，双臂健壮多毛，奔跑快如骏马。他成天流连在野外，跟飞禽走兽生活在一起，不是打猎，就是设陷阱捕兽。

雅各正好相反，他是母亲的心肝宝贝，很少远离家门，利百加宠溺他的方式非常愚蠢。

高大壮硕、粗手大脚，总是满身骆驼和山羊气味，老是把幼畜从畜棚带回家里的以扫，完全不讨利百加喜欢。她觉得这儿子很鲁钝，只对平庸的事感兴趣。但是雅各温和文雅，笑容可亲，做母亲的觉得这个儿子非常聪明。她很遗憾雅各没有先以扫出生，否则就能做他父亲的继承人。现在，所有以撒的财富，将归一个比牧场上放羊的好不到哪去的乡巴佬所有，这乡巴佬讨厌精美的地毯和家具，讨厌自己生于家产丰厚的名门望族，觉得这些很烦人。

然而，事实就是事实，雅各只能甘居次子的卑微角色，而粗鲁又漫不经心的以扫却远近闻名，是当地最重要的人物之一。

利百加和雅各母子如何暗中策划，最后从长子那里骗到继承权的故事，读起来令人不快。由于这事对我们后续所有的记载影响重大，因此非说不可，不过我很乐意帮你们省掉一些细节。

如前所述，以扫是个猎人、农人和牧人，大部分时间都在野外。这种人的个性多半大剌剌的，他也是。生活对他来说很简单，就是风吹、日晒和放羊——事物都是自然运行，不必费什么心思。他对跟学问相关的谈论不感兴趣。当他饿了，他就吃；渴了，就喝；困了，就去睡觉。

有什么事好操心的呢？

雅各正好相反，永远都是坐在家里盘算。他贪心，想要拥有一些东西。他要怎样才能拿到真正属于他哥哥的东西？

有一天，他的机会来了。

以扫打猎后返家，整个人饥饿如狼。雅各正在厨房里忙，给自己炖煮美味的红豆羹。

以扫央求说：“给我一点吃的，现在马上给我。”

雅各假装没听见。

“我快饿死了。”以扫说，“给我一碗你煮的红豆羹吧。”

“你要拿什么来跟我换？”弟弟问。

“什么都行。”以扫回答。这时候他只想吃，他觉得要同时思考两件事太困难。

“你肯把你长子的所有权都让给我吗？”

“当然。我要是坐在这里饿死，那些权利对我还有什么用？给我一碗你的红豆羹，长子的名分都归你。”

“你发誓？”

“我对一切发誓！快给我一些红豆羹。”

很不幸，当时的犹太人非常一板一眼。其他种族的人也许会认为年轻人之间这种对话也就是开个玩笑——是个饿极了的小伙子为了吃上一顿像样的饭，随口承诺什么都肯换。

但是，在雅各眼里，承诺就是承诺。

他把发生的事告诉母亲。以扫为了一碗红豆羹，自愿出让他与生俱来的权利。现在，他们得找个办法取得以扫的正式同意，如此一来契约就正式有效了。

机会很快就来了。

以撒患了一种病，是沙漠居民常见的病症，他逐渐失明了。此外，他才刚刚熬过一段苦日子。

当时幔利的平原持续干旱，以撒不得不把他家的牲口往西赶，一直进到了非利士地的中心地带。

非利士人当然想尽办法要把他赶出去。他们把上一代亚伯拉罕在别是巴的旷野所挖的井，全部填死。艰辛劳顿的跋涉使以撒衰老，他渴望看见熟悉的旧家园。

现在，他终于回到了希伯仑。他感觉自己来日无多，便想把自己的事都安排好，让自己能够安心离世。因此，他把长子以扫叫来，要他到林地里去猎一只鹿，做他喜爱的烤鹿肉吃。然后他会祝福长子，按照律法的规定将产业分给他。

以扫说“好”，他会照办。他取了自己的弓箭，出门去了。未料，利百加听到了这段父子对话，赶忙去告诉雅各。

“快点！”她低声说，“时机到了。你父亲今天觉得自己快不行了，害怕自己快要死了，他要在今晚睡前祝福以扫。但是我要你乔装打扮一下，让老头子相信你就是以扫。这么一来，他会把他所有的都赐给你，而这正是你我所要的。”

雅各不喜欢这个主意。这计划似乎风险太大，他的皮肤光滑，声音高亢，这要怎么假扮浑身是毛的以扫？但是，利百加已经都想好了。

以撒年老，眼睛昏花，不能看见，就叫了他大儿子以扫来，说："我儿。"
以扫说："我在这里。"
他说："我如今老了，不知道哪一天死。现在拿你的器械，就是箭囊和弓，往田野去为我打猎，照我所爱的作成美味，拿来给我吃，使我在未死之先给你祝福。"

《创世记》27:1-4

“这很简单。”她告诉他，“你看我的吧。”

她迅速宰了两只羊羔，按以扫平常烤肉的方式把羊给烤了。接着她将剥下来的羊皮绑在雅各的双手和手臂上。她又把一件满是汗臭的以扫的旧衣服披在雅各肩上，吩咐雅各压低嗓子粗声说话，模仿以扫过去在这类场合会有的行为举止。

以撒被彻底骗了。他听见熟悉的声音，嗅到以扫外衣上总有的野外的气味，摸到长子那强壮又多毛的双臂。等他吃过之后，他叫伪装者跪下，给他祝福，使伪装者成为他所有产业的继承人。

当雅各一离开父亲的房间，看啊！以扫回来了。那场面真可怕。以撒的祝福已经给出去了，说出去的话是收不回来的。他告诉以扫自己有多爱他，但是大错已经铸成。雅各是个贼，他窃取了所有一切该属于哥哥的东西。

以扫对此暴怒不已，发誓只要一有机会就马上杀了雅各。这吓坏了利百加，她知道自己娇惯的心肝宝贝本来就不是这怒汉的对手，而现在有理由暴怒的以扫更显强大。

她告诉雅各快逃，往东逃到她哥哥拉班居住的地区去。他最好在那里住到家里的事平息下来再说。与此同时，他还可以娶个表妹为妻，在舅舅的家中先安顿下来。

雅各从来不是英雄的料，他只能听从母亲的吩咐。

不过，他那昧坏的良心跟着他，使他历经多种磨难，才敢回家面对被他残酷欺骗了的哥哥。

他没费什么事就找到了舅舅家，不过他在半路上做了个梦。一日，他在邻近伯特利的沙漠过夜睡觉，按他事后说的，天突然开了，他看见一架梯子从地面直通到天上。梯子上有许多耶和华的天使上上下下的。耶和华自己站在梯子顶上，开口对他说话，承诺做这个逃亡者的朋友，会在他流亡期间帮助他。可是这梦是否属实，我不知道。我宁可相信这是雅各为了减轻内心的愧疚，在事后编的故事，好让人相信他没他们想的那么坏，因为他保住了一个强大有力的神的友谊。

以扫因他父亲给雅各祝的福，就怨恨雅各，心里说："为我父亲居丧的日子近了，到那时候，我要杀我的兄弟雅各。"

有人把利百加大儿子以扫的话告诉利百加，她就打发人去，叫了她小儿子雅各来，对他说："你哥哥以扫想要杀你，报仇雪恨。现在，我儿，你要听我的话：起来逃往哈兰我哥哥拉班那里去，同他住些日子，直等你哥哥的怒气消了。你哥哥向你消了怒气，忘了你向他所做的事，我便打发人去把你从那里带回来。为什么一日丧你们二人呢？"

《创世记》27:41-45

雅各出了别是巴，向哈兰走去。到了一个地方，因为太阳落了，就在那里住宿，便拾起那地方的一块石头枕在头下，在那里躺卧睡了。梦见一个梯子立在地上，梯子的头顶着天，有神的使者在梯子上，上去下来。

《创世记》28:10-12

至于那些从天上而来的帮助，我们所知甚少。雅各来到吾珥之后，发现他舅舅愿意给他一个住处，但是当他要求娶年轻貌美的表妹拉结时，拉班要他先为自家无偿工作七年，然后拉班将雅各不喜欢也不想娶的长女利亚嫁给他。当雅各抗议时，他舅舅说，本地的风俗是先嫁大女儿，然后才能嫁小女儿，如果雅各还想娶拉结，他得答应再白白做七年工，这样他才能娶拉结。

雅各还能怎么办？回家，以扫拿着棍子在等他呢。他没有一个可作为自己家的地方。再说，他爱拉结，觉得一定要娶到她自己才会快乐。他又老老实实地为舅舅牧养了七年的羊，觉得自己履行了契约。

即便如此，他还是得受母亲家的亲戚摆布。他没有自己的牲口，无法自立门户。他再次跟拉班达成协议。他会为拉班再做七年，以此换取拉班的领地内所有黑色的绵羊和带斑点的山羊。这项交易给他的自立门户带来一个好的开始。

这是一桩奇特的交易。拉班知道黑绵羊和带斑点的山羊都很少见，因此，他预期自己不会有太多损失。不过，为防万一，他把所有带条纹和斑点的山羊，无论公母，全抓起来送到另一个牧场去，让自己的儿子看管，一只都不能落入雅各的手中。

这是一场甥舅之间的智力游戏，结果，外甥更胜一筹。

雅各真是个好牧羊人。他对牧羊很在行，并且懂得许多窍门。他知道怎么改变羊群的食物和饮水，以此来增加花色特别的山羊和绵羊的数量。

另一方面，拉班把大部分的农牧活儿交给自己的儿子和奴隶去做，自己却不熟悉这些农牧的新方法。因此，在他明白发生什么事以前，雅各已经拥有了他大部分的羊群。拉班尽管大怒，却为时已晚。雅各带着所有的黑绵羊和有斑点条纹的山羊，以及两个妻子并十一个孩子，走了。此外，他还闯入拉班空无一人的家，偷走了岳父的家用品。

拉班和雅各从未公开宣战，这是事实。否则，这就是甥舅阋墙的内战了。然而雅各永远离开了吾珥，由于无处可去，他决定冒险返回迦南。也许以扫会原谅他，何况万一以撒已经过世，他还有家产可继承呢。

如果我们要相信雅各的故事，那么，和上次一样，他在穿过沙漠的旅途中，又做了几个奇怪的梦。雅各发誓，有一次他在梦里确实跟耶和华的天使角力，在他把天使摔倒时天使弄断了他的大腿，天使告诉他，他要改名为以色列，并将会在自己的出生之地成为声名显赫的王侯。

但是，随着他接近幔利，他对自己越发没把握，当他听见以扫带着许多人和骆驼朝他而来时，他恐惧万分，算账的日子终于来了。

他竭尽全力去获取哥哥的好感，主动把自己所有的一切都送给哥哥。他将牲口分成三队，每天派一队先他而行，当做送给以扫的礼物。尽管以扫是个粗人，却心地善良。属于雅各的东西，他分文未取。他早就原谅了这个弟弟。当他见到雅各，他体贴地拥抱他，并说过去的事就让它过去吧。以扫告诉雅各，他们的父亲还健在，尽管已经很老了，他看到这些不曾见过的孙子一定会很高兴。

当雅各抵达希伯仑时，有十一个孩子，可是在他回到老家的牧场之前，已经变成十二个。

长久以来，拉结和利亚之间一直彼此怨恨。雅各不爱相貌平庸的利亚，但她却生有十个儿子。可怜的拉结只有一个儿子，名叫约瑟。她在生第二个儿子便雅悯时过世了。

这趟归家的路真悲伤。拉结被葬在伯利恒，随后雅各赶着牲口往西行，直到抵达希伯仑。

当时以撒还够硬朗，还能出门迎接终久归来的儿子。不过，不久之后他便过世了，与他父亲亚伯拉罕并母亲撒拉一同葬在麦比拉的山洞里。

现在，自称以色列的雅各继承了父亲的家产，并安顿下来，享受那份基本上全靠坑蒙拐骗得来的事业。不过，这样的人生很难说是成功的。过不多久，雅各又再次被迫离开老家。他人生最后的岁月，是在远离先祖埋骨的遥远的埃及度过的。

关于这事，且听我下文分解。

4.
继续西行
FURTHER WESTWARD

经过多年漂泊之后，犹太人在埃及建立了新的家园，他们的族人约瑟在埃及做了高官。

/

你们必须记得，《旧约》实际上是一本由许多简短、互不相关的历史片段，在犹太人的开国先祖们死了近千年之后，才汇编而成的书。亚伯拉罕、以撒和雅各是这本编年史的创始英雄。他们敢于深入旷野，他们在勇气、毅力和忠于自己的理想上，很像我们美国早期的清教徒先祖。

不过，在他们生活的年代，犹太人尚未学会使用文字。他们冒险的事迹靠父子口耳相传，每一代人都会添进一点细节，好给自己的祖先增添更大的光荣。

在这些事件记录中，要一直保持一条叙述主线并不容易。不过，有一件事我们一定要注意。三千年前的犹太人被迫面对一个问题，这问题是所有阅读美国历史的学生都熟悉的。他们是牧羊人，因此他们必须不断找寻新的放牧地。亚伯拉罕离家西行，是为了给自己越来越多的牲口找新的牧草地。他经常以为自己已经找到了一个可以支持他放牧的家园，我们见他建房子、挖水井，整地开辟一些小农场。但是，唉！过不了几年，总会碰上一段时期的干旱。于是亚伯拉罕拆了帐篷，再次成为在西亚地表上漂流的人。

在以撒生活的时代，迦南地越来越被视为是犹太部族的居住地。但是这段和平繁荣的时代并未持续很久。雅各自己从来没在一个地方久待过。在他晚年时，漫长无尽的干旱使得巴勒斯坦几乎无法住人，犹太人被迫离开亚洲，迁往非洲。这次，他们离开自己所选之地非常长的时间。不过，他们从未忘记自己的家乡，并在机会一出现时就起身归回。

当老人聚集在犹太小镇的城墙下，讲述他们祖先的丰功伟迹时，故事就这么流传了下来。

你记得吧，雅各娶了一对姐妹。姐姐叫利亚，生了十个儿子；妹妹叫拉结，只生了两个儿子：便雅悯和约瑟。

约瑟对他们说：“请听我所作的梦：我们在田里捆禾稼，我的捆起来站着，你们的捆来围着我的捆下拜。”

他的哥哥们回答说：“难道你真要作我们的王吗？难道你真要管辖我们吗？”他们就因为他的梦和他的话，越发恨他。

《创世记》37:6-8

雅各非常喜爱拉结，不大在乎利亚。因此，雅各自然喜爱拉结的孩子胜过利亚的，而且，无论是在饭桌上或在田野间，他都会在所有的孩子面前公开流露出这种偏爱。

这非常不明智。让小男孩知道爸爸疼爱自己超过所有的哥哥，并不是好事，这会把他宠坏的。

约瑟是个特别聪明的孩子，比他那些同父异母的哥哥都机灵，他很快就成为整个家庭的讨厌鬼。他知道自己不管做什么说什么都不会受罚，他当然善用自己所有的机会。比如，有一天早上吃早饭时，他宣布自己做了个精彩绝伦的梦。

“什么梦？”其他人问他。

“噢，没什么。”他回答，“我梦见我们都在外面田间捆禾稼，我的禾捆立在中间，你们的禾捆在四周围成一个大圈，对我的禾捆下拜。就这样。”

这些哥哥或许不大聪明，但他们还是听得懂约瑟的意思，并且更加讨厌他了。

几天之后，约瑟又故技重施一次，不过这次他太过头了，连他爸爸都被惹恼了。通常，雅各会认为约瑟的一言一行都很有趣，都不过是各种聪明的表现。

“我又做了一个梦。”约瑟说。

“这次又梦到什么啦？”另一个家庭成员不耐烦地问，“更多的禾捆吗？”

“噢，不是，这次是梦到星星。我梦到天上有十一颗星星，还有太阳和月亮，全都对我下拜。”

十一个兄弟听了可没感到高兴，做父亲的也一样。雅各想到了约瑟已经过世的母亲，便警告这个幼子，做人谦虚一点没有坏处。

但是雅各仍然不由自主地宠着约瑟，过没多久，他就给约瑟买了一件漂亮的彩衣，当然，约瑟马上就穿上彩衣，到处去跟哥哥们炫耀，让他们看看自己是多么的出众。

后来他又作了一梦，也告诉他的哥哥们说：“看哪！我又做了一梦，梦见太阳、月亮与十一个星向我下拜。”
约瑟将这梦告诉他父亲和他哥哥们，他父亲就责备他说：“你作的这是什么梦！难道我和你母亲、你弟兄果然要来俯伏在地，向你下拜吗？”
他哥哥们都嫉妒他，他父亲却把这话存在心里。

《创世记》37:9–11

嗯，结果会发生什么事，你也不难理解了。

起初，哥哥们只是取笑约瑟。渐渐地，他们开始火大了。最后，他们痛恨他。有一天，他们兄弟一行全在示剑附近的野地里，而父亲远在他处，于是他们抓住约瑟，剥下他身上那件漂亮的外衣，将被拳打脚踢了一番的小伙子扔进一个空旷的深坑里。

然后他们坐下来思考。不管怎么说，他们不能把自己的弟弟给宰了。那么做太过分。

可是他们全都不想让约瑟继续待在家里。

犹大想到了一个好主意。

那时犹太人住在尼罗河谷地通往美索不达米亚谷地的大道附近，一天到晚都有商旅队穿过他们的领地。

“我们把约瑟卖了，把钱分一分。”犹大提议说，“然后我们把他这件外衣撕破，上面染些血，拿回去告诉父亲说是狮子或老虎把约瑟吃了，没有人会知道的。”

没多久，一群从基列来的米甸商人经过那里，带着香料和没药要前往埃及，去卖给尼罗河的防腐师。

那些哥哥告诉这群商人，他们有个奴隶少年要卖。一阵讨价还价之后，他们把弟弟卖了二十舍客勒银子。

就这样，约瑟往西去了埃及，哥哥们也回了家。他们一口咬定自己编的故事，十一个人众口一词，毫无破绽。

此后二十年，雅各一直在哀悼这个尚未成年就被野兽咬死的小儿子。与此同时，在家人毫无所知的情况下，约瑟经历了一番有史以来最为奇特的冒险且治理了整个埃及。

如前所述，约瑟非常聪明。不幸的是，有时候他聪明过头，他的伶牙俐齿给他惹来了各种麻烦。示剑的经历给了他一个教训。他依旧能察人所不察，见微知著，却不再逢人就说自己知道的事了。

约瑟到了他哥哥们那里，他们就剥了他的外衣，就是他穿的那件彩衣，把他丢在坑里，那坑是空的，里头没有水。

《创世记》37:23-24

米甸商人买下这个犹太奴隶，当做投资。当机会一来，他们立刻把他高价卖给埃及军队的一个护卫长，波提乏。

于是，约瑟成为波提乏的家奴，没多久，他就做了波提乏的左右手，为波提乏管账，监督整个家业中所有其他的工人。

不幸的是，波提乏的妻子认为，这个英俊的黑发少年比自己那木讷的埃及丈夫会是更好的伴侣。但约瑟很明白，主仆之间关系太过亲密，肯定要惹祸上身，因此总是对女主人敬而远之。

护卫长波提乏的妻子露出原形。她的虚荣心受到了伤害，不久就开始向丈夫告状，说那个新来的总管是个非常张狂无礼的小子，她很怀疑他是否诚实等等之类的。

古代的埃及，奴隶就是奴隶。波提乏没费神去调查这些指控。他召来警察逮捕约瑟，关进监牢里，尽管约瑟没有被指控罪名。在监牢里，约瑟蓬勃的朝气和令人愉快的态度，再次让他逢凶化吉。

典狱长对有个忠诚可靠的人来替他办事，可是再高兴不过了。约瑟在牢里，可以说是个自由人，只要不跨出监狱的大门，他有自由做任何想做的事。然而监狱里太无聊，因此，他大部分时间都跟狱友泡在一起。

这些关在牢里的犯人中，有两个最令他感兴趣，一是王宫总管，一是法老的面包师傅。这两人不知怎地惹恼了法老，这在国王被当成神明的年代是不得了的冒犯。埃及人极度敬重自己的统治者，以至于从来不直呼其名。他们称他为“法老”，意思是“庞大的宫殿”，就像我们经常嘴里说着“白宫”的时候，实际上指的是美国总统。

这两个人都是“大宫殿”的臣仆，正在牢里等待判决。他们成天无所事事，只好挖空心思打发时间。他们最喜欢做的事情里，有一项是把自己的梦讲给对方听。古代人很敬重人所做的梦。会解梦的人，在大家眼里就是个能人。

约瑟这时就按他从前的聪明大显身手了。当面包师傅和总管来找他，述说自己做的梦，他欣然同意为他们解梦。

“我做的梦是这样。”总管说，“我站在一棵葡萄树旁边，葡萄树突然长出三根枝条，枝条上结满了一串串葡萄。我摘下葡萄，把葡萄汁挤进法老的酒杯，再把酒杯放进主人的手里。”

约瑟想了想，然后回答说：“这很简单。你将在三天之内被释放，官复原职。”

面包师傅急忙打断他说：“听听我的梦，我在梦里看见许多奇怪的事。我头顶着三篮子的面包，朝王宫走去。突然间，一大群鸟儿从天上俯冲下来，把我的面包全吃光了。这是什么意思？”

“这也很简单。”约瑟回答，“你在三天之内会被绞死。”

看啊！到了第三天，法老庆祝生日，大宴臣仆。他想起了还关在监牢里的总管和面包师傅。他下令把面包师傅处以绞刑，这事就这么办了；他又下令把总管放了，让总管返回王宫。

总管当然非常高兴，出狱时向预言自己好运的约瑟保证，要送他金山银山。他会向法老和百官述说此事，好让约瑟获得公正的判决，得以释放，而他永远也不会忘记约瑟的恩德。但是，等他一回王宫，官复原职，站在法老王座后方随时听命给王斟酒时，这个善心的王宫总管就把那陪伴自己数月的犹太少年给抛在脑后了，他对约瑟的事只字未提。

这可苦了约瑟。要不是法老做了个让自己寝食不安的梦，约瑟恐怕还要在牢里多蹲两年，说不定还老死狱中。

法老做梦，那是庄严肃穆的大事。众人议论纷纷，个个都在猜众神要给沉睡中的法老什么启示。这有点像我们今天总统得了一个消息一样。

法老所做噩梦的内容是这样的：他看见一棵麦子长了七个饱满的好穗子，突然，这七个好穗子被七个枯槁的坏穗子吞掉了。随后，他又梦见七头又瘦又丑的母牛，突然朝七头在尼罗河边安静吃草的肥母牛冲过去，把肥母牛吞了，连皮带骨一点都不剩。

梦就这样，却已经够让陛下寝食难安。他把全国的智者都找来解梦，但是，唉！他们全都茫然不解。这时，王宫总管想起了那个非常擅长解释这类事情的犹太少年，他跟主人提议，把约瑟召来。他们发现约瑟还在监牢里蹲着，于是安排他沐浴、剃须、修剪头发，然后给他换上一套新衣服，才把他带进王宫。

无聊的狱中生活并未让约瑟的头脑变得迟钝。他轻轻松松就解了法老的梦。这是他的解说。

“七头肥母牛和长在一棵麦子上的七个饱满的好穗子，代表七个丰收年。接下来是七个饥荒年，所有在丰年储藏下来的谷物，会在这七个饥荒年中消耗殆尽。因此，陛下当任命一个智者来管理全国的粮食，因为饥荒年间将会需要大量的粮食。”

法老大为赏识，认为这年轻人说得很有道理，现在就应该迅速采取行动。

于是，法老当场任命这个年轻的外乡人做他的农业部长。

随着时间过去，约瑟的官越做越大。当七个丰收年过完时，雅各的这个儿子已经做了埃及的宰相，统管着埃及全地。他向法老证明自己是个忠心的臣仆。他建造了众多巨大的粮仓，将仓里储满了丰余的粮食，以备即将来临的饥荒年头。

当饥荒终于降临到全地之时，约瑟早就准备好了。

埃及的百姓自古以来就是种多少吃多少，从来不储存粮食。现在，他们为了给自己和家人有粮可吃，先是把自家的房子给了法老，接着又给了牛，最后他们被迫连土地都交出去了。

等到这七个饥荒之年过完，他们已经失去一切，而法老取得了从地中海沿岸到月亮山脉的所有土地。

就这样，埃及人自古拥有的自由民时代到此结束，从此开始了延续将近四千年的奴隶制度，这制度最终所造成的祸害，远超过十次以

这就是我对法老所说：神已将所要作的事显明给法老了。
埃及遍地必来七个大丰年；随后又要来七个荒年，甚至在埃及地都忘了先前的丰收，全地必被饥荒所灭。因那以后的饥荒甚大，便不觉得先前的丰收了。
至于法老两回作梦，是因神命定这事，而且必速速成就。

《创世记》41:28-32

上的饥荒。另一方面，粜粮也让百姓有一条活路，并且让埃及成为文明世界的商业中心。因为这次饥荒是各国都发生的，而埃及是唯一有所准备的国家。

巴比伦、亚述和迦南全地，都同样遭遇到旱灾、蝗灾和其他昆虫灾害。整个地区有成千上万的人饿死，人口大量减少，许多父母为了存活，将子女卖作奴隶。

老雅各和儿孙整个一大家子，很快也尝到了饥饿的痛苦。最后，他们在绝望中决定，派人去埃及买些粮食回来。约瑟的弟弟便雅悯留在家，另外十个儿子带上驴子和空袋子，西行前往埃及求助。

他们穿过西乃沙漠，最后到达了尼罗河畔。他们被埃及的官兵拦下，一行人被带到了宰相面前。

约瑟立刻认出了这群衣衫褴褛如流浪汉一般的人是他哥哥，但是他没有戳破这事。他假装自己不懂犹太人的语言，让翻译官问这群新来者是谁。

他们回答："我们是从迦南地来的爱好和平的牧羊人，是来为老父亲找粮食。"

"他们能保证自己不是被派来刺探埃及国防的间谍，好让外国的侵略者可以前来攻打埃及吗？"

他们发誓自己所言句句属实，绝对清白无辜。他们来自一个和平的牧羊人家庭，兄弟十二个人跟老父亲住在迦南地。

"另外两个在哪里？"

"唉！有一个已经死了，另一个留在家里照顾父亲。"

约瑟装作不信。他们最好回家去把另一个兄弟带来，证明所言属实。因为埃及宰相对他们所说故事的真实性有些怀疑。这故事反正怎么听就是不大对。

十个兄弟非常忧愁苦恼。他们聚在约瑟的帐篷外商量，用希伯来语迅速地交谈。从前犯下的罪行沉沉地压在他们的心上。把他们的弟弟约瑟卖给外国的奴隶贩子这件事，实在太可怕。现在，他们显然又

约瑟聚敛埃及地七个丰年一切的粮食，把粮食积存在各城里；各城周围田地的粮食都积存在本城里。约瑟积蓄五谷甚多，如同海边的沙，无法计算，因为谷不可胜数。

《创世记》41:48-49

要失去自己的小弟了，他们的父亲雅各听到这事会怎么说？

他们恳求约瑟发点慈悲，别这么要求，但是约瑟拒绝了。约瑟偷听到了他们的对话，对他们的悔悟感到十分高兴。过去三十年的岁月似乎给了他的哥哥们一个严厉的教训。不过，他还不能完全肯定。他们对年轻时的自己造成那么大的伤害，他必须在原谅他们之前，再考验他们一次。

因此，他决定留下西缅作为人质，其他人回去把便雅悯带来。

这事没那么容易，雅各伤心极了。但是他的家人在挨饿，他的仆人都快饿死了，而明年连种地的谷种都没着落。就这样，他被迫屈服。便雅悯和哥哥们返回埃及，雅各独自留在家中。

上次，他们一跨过边界就被抓了起来。不过，现在所有的官员都很礼遇他们。他们兄弟一行人被直接带到宰相的府邸。府里不但给他们准备了住处，还以上宾之礼待他们。

他们一点也不喜欢这种情况。

毕竟，他们不是真乞丐。他们虽然穷，却是有备而来，无意白吃白喝。他们不想要施舍。当他们拿出金子要换粮食，却被告知，想要什么就尽管拿，不用给钱。当他们坚持付了钱，返乡途中却发现钱都被退回来了藏在他们的粮食袋里。

那天晚上，当白昼酷热中的跋涉停歇，他们边休息边谈起了这趟奇怪的经历。突然间，一阵喧闹声传来，同时一队埃及士兵从黑暗中冒了出来。士兵被派来追赶这些犹太人，拘捕他们。

这些兄弟询问士兵，他们到底做错什么，并且断言自己的清白。但是，埃及队长乃是奉命前来，因为宰相的酒杯被偷了。当天除了他们这些做客的犹太人，没有人接近过宰相。因此，所有的外国人都要接受搜查。眼看辩无可辩，他们兄弟一行只好屈从。他们一个接一个打开粮袋接受搜查。看啊！就在最后一个打开的便雅悯的粮袋的袋底，士兵搜到了约瑟的酒杯！

罪证确凿！一群犹太人被视为罪犯押回了埃及，并被带到宰相面

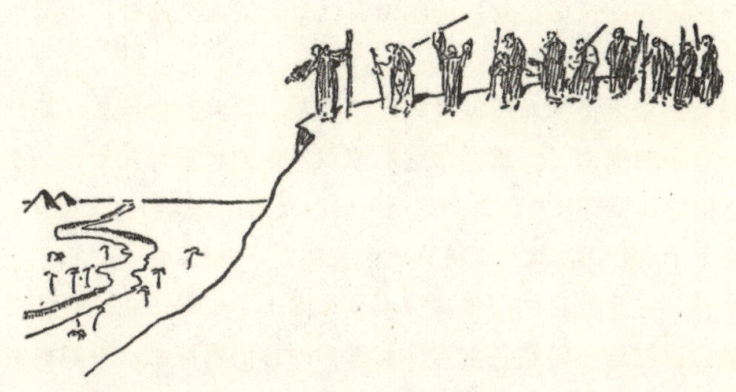

于是他们拿着那礼物，又手里加倍地带银子，并且带着便雅悯，起身下到埃及，站在约瑟面前。

《创世记》43:15

前。他们绝望地辩解这不可思议的一切，发誓他们是清白的，但是约瑟神情严厉，锁着眉头，指责他们忘恩负义。最后，他们崩溃了。他们把所有发生的事都告诉了约瑟，他们曾经做过一件非常邪恶的事，现在他们愿意付出一切来消除自己所犯的罪。约瑟一直听到再也控制不住自己内心的情感，开口说明是自己下令要人把酒杯放进便雅悯的粮袋里。

接着约瑟遣退所有的埃及人，当埃及人都离开房间后，他从宝座上下来，上前拥抱了便雅悯，这群惊魂未定的雅各的儿子，这才知道面前这位埃及最有权势的人，竟是自己的兄弟，是他们曾经想要杀害，后来又出于贪心而卖给米甸商人的亲兄弟。

当然，这么离奇的故事，在埃及举国上下引起了轰动。法老派了好几辆自己的马车将雅各接到埃及来，约瑟也将自己新得的封地划赠一部分给自己的家人。

就这样，犹太人从迦南迁到了埃及。但他们内心始终忠于故乡，雅各在临终前要求把自己归葬到麦比拉洞，与他的父母和祖父母同葬在一起。

事情就这么办了。约瑟亲自将父亲的遗体送回迦南，然后返回埃及，在埃及又生活了许多年。他始终仁爱宽厚，百姓都爱戴他。

雅各的儿子们就遵着他父亲所吩咐的办了，把他搬到迦南地，葬在幔利前、麦比拉田间的洞里。那洞和田是亚伯拉罕向赫人以弗仑买来为业，作坟地的。

《创世记》50:12-13

5.
安家埃及
A HOME IN EGYPT

犹太人原本是一群单纯的牧羊人，异乡的城市生活并未给他们带来好处。他们迅速被埃及人同化，不但没有获得自由和独立，反而变成为埃及法老卖力的劳工，被当成了奴隶。

/

直到一百多年前[①]，古埃及语才被破译，我们才能读懂。一旦找到解读象形文字（又称“圣字”）的方法，一座巨大、崭新的史料仓库便在我们面前开启了。我们对这段历史的知识，不必仅仅依靠《旧约》的记载了。

在基督降生前第十五世纪，埃及被一个叫做希克索斯的阿拉伯游牧部族所征服。他们跟犹太人一样同属闪族。希克索斯人一统治了埃及全地，立刻在距离埃及旧都底比斯数百英里远的地方建立了新都，然后安定下来享受他们的生活。此后将近三百年里，他们一直是尼罗河流域公认的主人。

约瑟在阿皮亚巴当法老时来到埃及。阿皮亚巴是希克索斯王朝的最后一位法老。经过多次功败垂成的反抗后，埃及人最终成功推翻了他们的压迫者。他们在自己的国王阿赫摩斯（埃及旧都底比斯人）的带领下，赶跑了希克索斯人，再次掌握了自己国家的统治权。当然，这使得犹太人的处境变得很麻烦。犹太人曾是外来异族统治者的好朋友，约瑟在牧人王朝[②]的宫廷里一直是个显贵人物。他官居高位，对自己的亲族十分慷慨，却因此牺牲埃及人的利益。时移事往，埃及人对约瑟救过他们的先祖免于饥饿的事都忘了，却始终谨记此事。因此，在他们和犹太人往来时，也以憎恨和轻蔑来对待犹太人。

---

① 尚－法兰索瓦·商博良（1790 年 12 月 23 日－1832 年 3 月 4 日），是法国著名历史学家、语言学家、埃及学家，是第一位识破古埃及象形文字结构并破译罗塞塔石碑的学者，从而成为埃及学的创始人。商博良从 1822 年到 1824 年完全投入到对罗塞塔石碑的研究，发表多篇研究论文，成功地译解出古埃及象形文字的结构，这些符号有些是字母，有些是音节文字，有些则是义符，一个符号代表一整个事物，终于在 1822 年完成罗塞塔石碑碑文的全文翻译。他编制出完整的埃及文字符号和希腊字母的对照表，为后来解读大量的古埃及遗留下的纸草文书提供了非常有用的工具。

② 希克索斯王朝的另一个称呼。

以色列人生养众多，并且繁茂，极其强盛，满了那地。

《出埃及记》1:7

至于亚伯拉罕的后裔，在舒适的尼罗河流域长期定居，带来的结果祸福参半。

一直以来，犹太人以牧羊为生，习惯野外的简单生活。现在，他们跟那些喜欢城市生活的人来往，见识到底比斯、孟菲斯和塞伊斯等城市奢华又舒适的宫殿，很快就开始瞧不起自己祖辈世世代代居住生活的简陋帐篷。他们卖了自己的牲口，离开歌珊地的农场，搬迁到城镇里去。但是城镇里已经人满为患，并不需要新来者。埃及人把他们视为抢夺自己饭碗的外人。

很快，犹太人和埃及人之间彼此厌恶。没多久，这就变成了恶劣骇人的种族暴动。

犹太人面临选择：归化做埃及人，或离开埃及。当然，犹太人跟所有的人一样，在这种情况下，设法妥协和解。这让事情变得更糟，情势变成彼此水火不容。

起初，一场饥荒使得约瑟的兄弟来到埃及。他们的后代经常谈论返回迦南地的可能性，但是旅途遥远又困难。埃及不愁吃穿的生活令人心满意足，沙漠的生活会很可怕，反之，城市的生活非常舒心惬意。

因此，犹太人举棋不定，难以做决断。

他们对未来不确定因素所怀的恐惧，更甚于当下的危难。因此，他们什么也不做。眼前，他们停留在原处，住在埃及城市中的贫民窟里。

就这样，日复一日，年复一年，几百年过去了，一切照旧。

终于，有一位伟大的领袖兴起。他将不同的犹太部族团结成一个国家，带领他们离开埃及肥沃的田野，尽管埃及的生活舒适（但安逸的日子不利于塑造坚毅的性格），他仍带领他们返回迦南地，那是亚伯拉罕、以撒、雅各所认定的，他们真正的家。

6.
逃离奴役
THE ESCAPE FROM SLAVERY

情势每况愈下，似乎没有改善的希望，睿智的领袖摩西决定带领他的同胞离开埃及，去找一个可以建立自己国家的新家园，因为在埃及他们只是寄居的“异乡人”。

/

基督降生前第十四世纪，拉美西斯二世统治着整片尼罗河流域，当时埃及人和犹太人之间的关系，已经到了剑拔弩张的地步，公开起冲突已无法避免。

在数百年前受到欢迎的客人，现在却处处遭受打压。埃及的法老们一向热衷于建造巨大的宫殿和公共建筑。金字塔已经不再时髦，最后一座金字塔是在两千年前修建的。但是，他们还有道路、兵营和堤坝要建，王室产业对劳工的需要一直源源不断。这些劳工的工资并不好，因此埃及人总是极力避免。他们自己不做，就强迫犹太人去做这些苦差事。

即便如此，许多经商的犹太人仍设法住在城里。这却造成埃及本地人的嫉妒，因为他们竞争不过这些外来的犹太人。他们去见法老，请求把犹太人全部根除。这事可不好办啊。但是，偏爱自己臣民的法老，试图用别的方式来解决这个问题。

他下令所有犹太人的新生婴儿，男的一律处死。这办法简单，却很残酷。

那时有个名叫暗兰的人，和妻子约基别育有一双儿女，男孩叫亚伦，女孩叫米利暗。当他们的第三个孩子出生，是个男孩，他们决定不计一切代价要保住他。他们费尽心思把小摩西藏在家中，藏了三个月，没让法老的手下发现。

但是，邻居开始说长道短，还有人听到了婴儿的哭声，继续把婴儿藏在家里已经不安全了。

于是，约基别抱着儿子去到尼罗河畔，她编了一个小篮子，用黏土糊在篮子上来防水，然后把孩子放进这小摇篮里，让他独自随水漂向广阔的世界。

这个临时编造的小舟没漂很远。河里有小小的涌动水流。河水很浅，这个脆弱的摇篮很快就被岸边茂密的芦苇挡住了。靠着绝佳的运气，法老的女儿正好在这地方游泳，她的侍女们发现了这个奇怪的东西，

有一个利未家的人，娶了一个利未女子为妻。
那女人怀孕，生一个儿子，见他俊美，就藏了他三个月。
后来不能再藏，就取了一个蒲草箱，抹上石漆和石油，将孩子放在里头，把箱子搁在河边的芦荻中。

《出埃及记》2:1-3

将它从水里捞了上来。四个月大的小宝宝通常很讨人喜欢。法老的女儿决定把孩子收留下来。但是她对婴儿一无所知，于是差人去找个保姆来。

婴儿的姐姐米利暗在附近看到了这一切。这时她上前去，说自己知道照顾这年纪的婴儿的合适人选。她跑回家去把母亲带来了。

就这样，一个犹太婴孩逃过了这场屠杀，并且暗暗地在自己母亲的照顾之下，在王宫中接受了最好的教育。

这对一个注定要死的人而言，的确是个奇特的命运。当摩西的哥哥必须在砖厂做工，稍有懈怠便会受到工头毒打的同时，摩西穿着锦衣华服四处走，过着贵族青年的生活。

但是，在他内心深处，他认为自己是个犹太人。有一天，有个埃及人毒打一个属于亚伯拉罕一族的、手无寸铁的犹太老人，摩西上前制止。他还进一步打了那个埃及人，岂知他出手太重，那个埃及人倒地身亡。这件事如果传出去，摩西面临的是立即被处死的危险。

这秘密没被守住多久。

事发后不久，有一天摩西走在街上，碰见两个犹太人在吵架。他要他们别吵了。其中一人奚落这个和事佬说："谁让你管我们的事？难道你想像那天打死那个埃及人一样，打死我们两个吗？"

消息迅速传开。法老下令捉拿摩西归案，处以绞刑。

摩西得到风声，他是个聪明的青年，决定逃为上策。

后来证明这是聪明之举。如果摩西留在埃及，就算他逃脱牢狱之灾，也得彻底成为埃及人。然而，这个曾经作为公主养子的男孩，现在成了一个逃避审判，流亡到外国的可怜逃犯。

他漫无目的地穿过了环绕红海的沙漠，直到来到一座水井旁。那时，附近一位祭司叶忒罗的女儿，正赶着羊群前来饮水。所有的牧羊人都会在傍晚赶羊来饮水，也因此常起冲突。这天傍晚，有个牧羊人

神又对摩西说：“你要对以色列人这样说：‘耶和华你们祖宗的神，就是亚伯拉罕的神，以撒的神，雅各的神，打发我到你们这里来。耶和华是我的名，直到永远；这也是我的纪念，直到万代。’
你去招聚以色列的长老，对他们说：‘耶和华你们祖宗的神，就是亚伯拉罕的神，以撒的神，雅各的神，向我显现，说：我实在眷顾了你们，我也看见埃及人怎样待你们。我也说要将你们从埃及的困苦中领出来，往迦南人、赫人、亚摩利人、比利洗人、希未人、耶布斯人的地去，就是到流奶与蜜之地。”

《出埃及记》3:15-17

摩西、亚伦就照耶和华所吩咐的行，亚伦在法老和臣仆眼前举杖击打河里的水，河里的水都变作血了。河里的鱼死了，河也腥臭了，埃及人就不能吃这河里的水，埃及遍地都有了血。

《出埃及记》7:20-21

硬要抢到叶忒罗的女儿前面。摩西像往常一般见义勇为，上前帮几个姑娘出头。她们为了表示感谢，邀请他到父亲家里吃晚饭。

就这样，摩西结识了叶忒罗，并像前人亚伯拉罕、以撒、雅各那样，成了一个牧羊人。他娶了叶忒罗的一个女儿西坡拉为妻，过着跟所有其他沙漠居民一样的简单的生活。

在孤寂的沙漠荒野里，摩西领悟了自己人生的真正使命。他的同胞已经背离曾经保护他们祖先度过许多危险的真准则，他们忘记了他们的神——耶和华。他们迅速丧失了启发他们祖辈与父辈将来建立一个大国的信念。简而言之，他们已经到了一个地步，城市的生活和奢华（连同前所未有的贫困），正威胁着要摧毁他们这支民族的独特性与独立性。

摩西决定要做自己同胞的拯救者。他回到对全能耶和华的信仰当中，他宣称自己是卑微的跟随者，跟随上帝伟大的指引。当他知道自己从燃烧的荆棘中听见的，是耶和华向他说话的声音，当他感到彻底信服自己的使命，他启程返回埃及，开始那项艰巨的任务——带领所有的同胞穿过无边无际的西乃沙漠，从埃及迁往另一个国家。

但是，还有别的困难。法老拉美西斯已经去世了，他的继任者麦伦普塔[①]大概从未听过摩西打死那个埃及人的事，因此摩西可以安全返回埃及，不必担心执法者逮捕他。但是，现在反而是犹太人（他的同胞）不愿意相信他。

奴隶生活毒害人的心灵，使人变得懦弱。犹太人在埃及虽然生活艰苦，但是一日三餐保证不愁。谈论在一个新国家过着辉煌自由的生活，

① 麦伦普塔，古埃及新王国时期第十九王朝的第四任法老。约公元前 1213 年 7 月或 8 月至约公元前 1203 年 5 月 2 日在位。作为拉美西斯二世第十三子，由于与之较长的十二位兄弟早于其父去世而得以继承王位。即位时已年近六旬。

耶和华对摩西说："你向海伸杖，叫水仍合在埃及人并他们的车辆、马兵身上。"

摩西就向海伸杖，到了天一亮，海水仍旧复原。埃及人避水逃跑的时候，耶和华把他们推翻在海中，水就回流，淹没了车辆和马兵，那些跟着以色列人下海法老的全军，连一个也没有剩下。

《出埃及记》14:26-28

毫无疑问是一件非常愉快的事。但是那片“应许之地”远在千里之外，并且还掌握在充满敌意的异教徒手里，届时肯定要打仗，还有要跋涉穿过炎热的西乃沙漠，最后，远行能否成功还是个未知之数。不巧的是，摩西不善言辞。摩西是个具有无比的勇气、无尽的耐心和毅力的人。但是，他就像许多其他聪明又勇敢的领袖一样，在试图说服那些不相信他的论点多么合理的百姓时，也会变得非常不耐烦。

因此，他很聪明地将初步讨论工作交给他哥哥亚伦，自己专心于诸多细节的安排，只有安排妥了，才有把握办好任何事情。

他大胆求见法老，请法老准许这支在伟大的宰相约瑟治理时期，自愿来到埃及的各犹太部族，得以平安离开。

他的请求被断然拒绝。那些在皇家砖厂里工作的可怜犹太工人最倒霉。从此他们被当做企图越狱的犯人对待（他们被严密监管，工作也比以前更粗重）。以前，他们烧砖所需的稻草是由厂里提供。现在，他们得自己张罗稻草，但是每个人每天该烧出多少砖头，数量却不得减少。这意味着要多做几小时的苦工。这项新规定让犹太人对摩西很火大，都是因为他插手才会发生这种事。摩西从哪儿来最好就回哪儿去，让他的同胞能清静过日子，以免法老在盛怒之下把他们全灭了。

摩西终于开始清醒意识到，自己的处境极其危险。

他先把陪伴自己回来的妻儿送回远在米甸的岳父家，然后开始严肃认真地为接下来的日子做准备。他几次三番告诉犹太人该做什么，但是少有成效。他设法说服他们，说这是耶和华在对他们说话。如果耶和华给亚伯拉罕的应许，也就是以色列将成为大国的应许要得成就，他们就必须立刻离开这个奴役他们的国家。

犹太人听在耳里，嘴里却嘀嘀咕咕的不肯采取行动。多年来的奴役生活已经摧毁他们的信心，他们对自己古老的上帝的力量充满怀疑，他们愿意一辈子被奴役。

摩西明白，如果不用强制手段，法老跟犹太人两边都不会有任何改变。他独自一人的力量既不足以说服自己的同胞，也没有希望说服法老。唯独耶和华能做这件事，而耶和华在他忠心的仆人有需要的时刻，也没有抛弃他。他告诉摩西再去找法老，警告法老说，如果他不听犹太人的上帝的警告，将会大难临头。摩西和亚伦第二次进宫，请求法老准许他们的同胞和平地离开埃及。

他们再次遭到拒绝。

于是，亚伦举起自己的手杖击打尼罗河的河水，水立刻变红，不能饮用，百姓被迫挖井取水，以免渴死。法老听见干渴百姓的呼号，但是他拒绝让犹太人离开。

这是第一个灾害。

接下来是第二个。

尼罗河岸经常到处是青蛙。但是，这次有数以百万计、全身黏腻的青蛙从栖息的沼泽里爬出来，在埃及全地乱跳。它们进入住家，跌进新挖的井里，让所有的人都很不舒服。法老看着自己王宫的地板密集布满了绿色的活青蛙，他犹豫了，并要求摩西把青蛙弄走。他保证，只要青蛙一走，灾害消除，犹太人就获准离开埃及。于是，摩西一声令下，青蛙都死了，而法老眨眼忘了自己说过的话。犹太人的恶劣处境一如既往。

接下来是第三个灾。

一团团如同云雾、嗡嗡作响、令人恶心的苍蝇笼罩了全国。它们到处散播疾病，埃及人的食物都被糟蹋了，开始有人死亡。

法老想要妥协。他向摩西提议，犹太人可按照自己的习俗前往沙漠一段时间，向他们的神献祭。只要他们保证献祭完了就回来，那么他们可以有个简短的假期。

摩西终止了苍蝇的肆虐，法老很高兴能摆脱这场噩梦，当最后一只苍蝇被赶离他的饭桌之后，他便将自己的承诺忘得一干二净。

接下来是第四个灾。

埃及所有的牛都染上了致命的神秘怪病。没多久，新鲜的肉类就稀缺了。

法老还是拒绝。

接下来是第五个灾。

无论男女，全身都长满脓疮，没有医生知道该怎么治。

接下来是第六个灾。

一场冰雹把田里的庄稼全都毁了。

接下来是第七个灾。

雷电击中那些储存着亚麻和来年谷种的谷仓。

接下来是第八个灾。

成群结队的蝗虫涌入这个可怜的国家，一天之内所有的树木和灌木都被吃光，连一片叶子都不剩。

这下法老彻底吓到了。他召见摩西，提出让犹太人离开，但是犹太人必须留下孩子当人质。但是摩西拒绝了。他宣布过，他的同胞必须带着自己的儿女一起走，否则他们就继续待着。

接下来是第九个灾。

从沙漠刮来一场可怕的沙暴。连续三天，遮天蔽日，伸手不见五指，埃及全地笼罩在一片黑暗中。

法老召摩西速速进宫。“我会让你的百姓离开。”他发誓说，“但是他们得把牲口留下来给我。”

“我的同胞会离开，并会带着他们的儿女、牲口和所有的家当一起走。”摩西说完就离开了。

接下来是第十个灾。

居住在尼罗河流域里的每个家庭，长子都死了。

唯独犹太人逃过了这可怕的命运。他们事前接获警告，用小羊羔的血涂在门框和门楣上做记号。当死亡天使奉耶和华的命巡行过这个不幸的国家时，他击杀了所有埃及人的子女。但是当他看见有羔羊血做记号的人家，他便会“越过”那个住着亚伯拉罕后裔的家庭。

终于，法老明白自己是被一个比自己更强大的力量击败了。他不再拒绝让犹太人离开。相反地，他求摩西尽快带着自己的同胞离开，好结束这些可怕的天谴。

那天傍晚，流便、利未、犹大、西缅、以萨迦、西布伦、但、拿弗他利、迦得、亚设、以法莲和玛拿西这十二个部族，在埃及地吃了他们最后一顿晚餐。当夜幕降临，他们赶着牲口踏上了前往约旦河畔的故乡的路。

但是，因长子死亡而暴怒的法老，对自己说出去的话再次反悔了。他率领军队追击“逃亡者”，要把他们抓回来，为众多无辜丧命的孩子报仇。

他们在接近红海海岸时看见了犹太人拖家带口的庞大队伍。但是，一大团云（摩西相信那就是耶和华）遮住了犹太人的营地，让埃及的军兵看不见他们。

隔天一早，在摩西一声命令下，红海的海水分开，所有的部族顺利过到对岸，连一个人都没落下。

紧接着，那团浓云散开，法老看见敌人正纷纷攀上陡峭的对岸。法老立刻一马当先跃入浅浅的海水中。未料，海水像先前突然分开一样，又突然合拢。随着一阵滔天大浪打来，法老和他所有的将士兵卒全都葬身海底。

没有人回去述说始末。

现在，犹太人进入了沙漠。他们自由了，但是，在接下来漫长的四十年里，他们一直在旷野中漂流。

7.
旷野漂流
WANDERING IN THE WILDERNESS

犹太人再次在沙漠中度过许多年。

他们经常灰心丧志，但摩西以看见应许之地的异象来维持他们的勇气。

摩西教导他们许多有用的事物。但是，就在摩西即将把他们带进那片有望找到自由和独立之地时，他过世了。

/

大家常问，我们那些贫民窟里的人为什么不离开他们凄惨破烂的家，迁到辽阔的西部去？在那里他们可以自己当家做主，还可以让自己的孩子有机会长得健康又强壮。

答案很简单。

这些可怜的人已经习惯了相对舒适的城市生活，他们惧怕前往一个未知之地，因为在那里他们得靠自己维持生计。

住在城里，诸多事务都由政府那双看不见的手帮我们办理了。就算是最穷的市民，打开水龙头也就有想要的水可用。一个刚从埃利斯岛[①]迁进城里的人，要是肚子饿并口袋里有几毛钱，他能跑到杂货店里买一堆全都煮好，干干净净装在方便的罐头里的吃食。

但是，在渺无人烟的野地里，拓荒者必须自己从邻近的河里打水，自己宰牛来吃，自己种植谷物和马铃薯。

有许多的人不知道怎么做这些。他们也害怕冒险去学。

因此，他们出生、成长、死亡都在同一个地方，除非真的闹饥荒，否则没有什么能使他们离开原地。

人类向来本性难移。三千年前的犹太人跟今天的我们没多大差别。他们在埃及遭受可怕的奴役，过得并不幸福。现在他们自由了，却再次怨声载道。他们厌恶沙漠，厌恶沙尘和酷热；过没多久，他们就都怪起摩西，是摩西将他们带离了埃及人的住处，让他们突然陷入一种比皇家工头的鞭子还令他们感到害怕的生活里。

四十年的旷野生活，是一部无尽的怨恨不快的记录。要不是摩西那无比过人的毅力，这些犹太部族恐怕不到一年就都全部返回埃及去接受奴役了。

不过，当犹太人看见他们的埃及敌人在眼前全军覆没的头一刻，他们还是欣喜若狂，尝到了片刻的胜利和喜悦。

---

①埃利斯岛是位于美国纽约州纽约港内的一个岛屿，与自由女神像的所在地自由岛相邻。

摩西领以色列人从红海往前行，到了书珥的旷野，在旷野走了三天，找不着水。

《出埃及记》15:22

他们唱道："耶和华啊，谁能像你？在世上众神之中谁能像你？至圣至荣，可颂可畏。"

但是，当他们在西乃无尽的丘陵中折腾数月之后，他们已经想不起那个曾经光荣击败埃及军兵、既是他们的力量也是他们的倚靠的上帝了。他们把上帝忘得一干二净，只要求返回埃及，返回上帝费尽周折才把他们解救出来的地方。

他们咒诅令人无法忍受的旷野，公然表示厌恶摩西，厌恶他这个愚蠢的计划。随着存粮日益减少，他们干脆说所有的人都要饿死了，并且纷纷去找领袖摩西，要求说："给我们吃的，要不然就让我们回去。"信心坚定的摩西告诉他们，耶和华会在他们有需要的时刻供应他们。

看啊！隔天早晨，他们发现荒漠的地表上覆盖着无数雪白的小薄片，收集起来可以揉成面团，做成风味绝佳、香甜如蜜的饼。知道这种植物的埃及人称它"玛努"，而犹太人称它"吗哪"，并相信是耶和华使它们在一夜之间生长，好让他们有食物吃。他们每天收取新鲜的吗哪，只有第七天除外，因为这天他们要守安息日，他们吃前一天多收的吗哪过活。

这类神迹展现出上帝对犹太人的支持，使他们又顺服了一阵子。不过，这种情绪向来无法持久。很快，又冒出了缺水的问题。各部族的族长又来找摩西，要求返回他们在尼罗河畔的旧家园。于是摩西举起手杖（按耶和华所说的）击打岩石，只见一股泉水从坚硬的花岗岩中喷涌而出，他们把水罐、碗、锅子都装满了，并且喝到心满意足为止。

然后，他们再等新的理由来抱怨。有一支凶猛的阿拉伯部族叫做亚玛力人，他们总是不停设法盗取犹太人的牛群。当然，犹太人可以抵御这些盗贼，他们够强，足以保卫自己。但是，正如我前面说过的，他们在城市城墙的保护下住了太久，以至于惧怕刀剑和弓箭。他们宁可损失一些羊群和驴子，也不肯上前打仗。这当然使亚玛力人变本加厉，越发骚扰犹太人的队伍，直到摩西决定采取行动终止亚玛力人这种大

耶和华对摩西说："你手里拿着你先前击打河水的杖，带领以色列的几个长老，从百姓面前走过去。我必在何烈的磐石那里站在你面前，你要击打磐石，从磐石里必有水流出来，使百姓可以喝。"摩西就在以色列的长老眼前这样行了。

《出埃及记》17:5-6

规模的偷盗。他把约书亚召来，他知道约书亚年轻又勇敢，过去他曾多次托付约书亚去执行特殊任务。

“把那些亚玛力人赶走。”摩西告诉他。

约书亚听从吩咐，带着一些志愿者离开营地。约书亚一走，摩西便向天高举双臂。只要摩西高举着手，约书亚并他所带的军队便在耶和华的帮助下打胜仗。但是，当摩西累了手臂垂下来时，亚玛力人便卷土重来攻打并杀了许多犹太人。

犹太人看见这种情况，亚伦和户珥便上前扶住他们领袖的双臂，直到日落时分，亚玛力人被彻底击败，耶和华将胜利赐给忠心跟随他的人。

这事之后不久，犹太人的队伍到达了米甸，摩西的岳父就居住在此。老人很高兴再次看见女婿，他向耶和华献祭表达感谢之意，如今他也敬拜耶和华，承认他是天地间独一的主宰，当犹太人向北前进时，他允许儿子何巴加入犹太人，做他们的向导。

如此，这些漂流的部族离开沙漠，进入了山区，这些山脉环绕着一座名叫西乃的石山，西乃这名字源自亚洲的月亮女神“欣”[①]。如今，摩西已经清楚明白，除非他让这群跟随者承认耶和华是他们唯一的神，否则他永远也别想达成目的。亚伯拉罕、以撒、雅各都知道耶和华是他们唯一的神，但是他们的子孙已经在一群信奉几百个神明的百姓当中生活了太长的时间，早已失去了从前那种个人与天地间独一的全能主宰之间的亲密联系。

摩西吩咐百姓在西乃山脚下扎营，告诉他们待在原地等他回来。他会给他们带回最重要的消息。

---

①欣，又作“南纳”、“纳兹纳尔”，苏美尔语；“祖恩”，古阿卡德语；“苏因”，古亚述语；是阿卡德、亚述和巴比伦等美索不达米亚神话中的月神。

以色列人出埃及地以后，满了三个月的那一天，就来到西乃的旷野。他们离了利非订，来到西乃的旷野，就在那里的山下安营。

《出埃及记》19:1-2

摩西带着约书亚一人（亚伦留下来作为最高统领），爬上了那座古老的石山。接近山顶时，他吩咐约书亚留下，他独自上去聆听耶和华所传达的消息。

他去了四十昼夜。

这段期间，整座山都笼罩在浓厚的乌云中。

然后，摩西回来了。看啊！他带着两块巨大的石板，石板上镌刻着耶和华的律法，也就是后来我们所说的十诫。

不幸的是，犹太人在领袖走了之后，开始胡作非为。亚伦是个懦弱的领导人。他无法让百姓服从纪律，整个营地很快就变成一个地地道道的埃及村庄。妇女和少女摘下她们的金饰，用这些金子造了一尊让众人追忆起圣牛的金牛。从远古开始圣牛就是尼罗河畔百姓崇拜的对象。当摩西进到营地时，他们正围着金牛载歌载舞。

摩西大怒。他远远就听见众人唱歌欢呼的声音，现在他知道是怎么回事了。他在盛怒中将手里的石板猛摔在地，石板就此碎裂。接着，他把金牛推倒并捣毁，当这一切做完，他又召集志愿者平定这场危险的叛乱。

对此，只有利未一族支持他。利未族是众部族中最强的一支，他们起来攻击他们的同行者，毫不手软地杀了那些拒绝承认耶和华的人、发起叛乱反对摩西的领导者，以及趁摩西不在惹是生非的人。

是夜，和平降临到整个犹太族群的营地。被杀的男人就有两千，他们空洞的双眼瞪着西乃山顶。在那山上，耶和华曾亲口向伟大的众先知中的第一位说过话，此后众先知一直设法向人类表明，怯懦和不义是何等愚蠢。

因此事深受失望打击的摩西，再次采取严厉的行动。他意识到他的同胞需要的不仅是领袖，他们还需要成文的法律，并且必须强迫他们遵从族中长老的话。要不然，整个远征之举将以混乱无序告终，而犹太的男男女女也永远不会成为一支团结统一的民族。

他再次上到西乃山顶。当他下山回来，他的脸清楚地显示出他见

摩西挨近营前，就看见牛犊，又看见人跳舞，便发烈怒，把两块版扔在山下摔碎了，又将他们所铸的牛犊用火焚烧，磨得粉碎，撒在水面上，叫以色列人喝。

《出埃及记》32:19-20

过从来没有人见过的事物。他的双眼发出刺目的光，没有人可以直视他的脸。

他带回了两块新的石板，上面镌刻着跟上次那两块同样的诫律，此前那两块在摩西返回营地发现百姓敬拜金牛犊时，被他摔碎了。

以下就是耶和华交给摩西，用来引导管理犹太人的十诫：

除了耶和华以外，你不可有别的神。

不可像埃及地的人一样，为自己雕刻偶像。

不可妄称耶和华的名。

六日要劳碌做工，第七日当守安息，用以敬拜上帝。

当孝敬父母。

不可杀人。

不可奸淫，男子不可与有夫之妇通奸，女子不可与有妇之夫通奸。

不可偷盗。

不可作伪证陷害邻里。

不可贪恋他人的房屋、仆婢、牛驴，并其他一切所有的。

现在，犹太人有自己的法律了。但他们需要一个能聚在一起敬拜耶和华的地方。因此，摩西下令建造会幕。实际上，它就是一所教堂。四壁为木造，上方覆以顶棚。多年后，当这群漂流的百姓再次在城市中定居下来，他们用砖、大理石和花岗岩重建了起初的会幕，那便是举世闻名的耶路撒冷圣殿。

再来需要的是，在会幕中根据既定的规章供职的祭司。由于利未一族在摩西镇压崇拜金牛犊时站在支持的一方，他们被选上担任祭司一职。我们将听见“利未人”一词贯穿了整部犹太人的历史。摩西自任无冕王，领导幸存的犹太人。他按着岳父多年前给他的建议来办，他规定，每当上帝要将命令传达给信徒时，只有他能进入会幕去面见

耶和华对摩西说：“你上山到我这里来，住在这里，我要将石版并我所写的律法和诫命赐给你，使你可以教训百姓。”

《出埃及记》24:12

耶和华。

此外，他任命哥哥亚伦在他死后接任祭司的职务，这份工作将由亚伦的子孙世世代代继承。

在沙漠跋涉的旅程中，摩西经常苦于从早到晚聆听百姓告状，因为不同的家族不知道该认谁做自己的顶头上司。因此，摩西把百姓分成固定明确的群组。每一组他任命一个可靠的长老，称这长老为“士师”，负责聆听各种鸡毛蒜皮的抱怨，解决各种小纠纷，好让百姓能够在一起和睦居住。

等这一切都做好之后，他才指示拔营。一年多来，这群漂流者的头顶上方一直高高飘着一道云柱，为他们在沙漠中指路，现在云柱落在圣柜（又称为“约柜[①]”）上，柜中装着镌刻了十诫的神圣石板。利未人抬起了始终放在圣殿的中心的约柜，族中余下的七千男女孩童[②]随着一同继续上路。

但是，随着他们越来越靠近祖辈居住的故土，麻烦也随之增加。摩西的妻子西坡拉已经过世了，他又娶了一个古实部落的女子。在别的犹太人眼里，她是个异族人。他们讨厌她，并且毫不掩饰自己的厌恶之情。摩西在最困难的时候，连他哥哥姐姐都不支持他。他在这个新成立的国家里给了兄姐很高的职位，但是他们嫉妒他，想要获得更多的荣誉。他们对摩西直说，摩西在反感之余直接带亚伦上到何烈山[③]顶，剥夺了他之前所有的官职。

终于，迦南遥遥在望，他们却遭到成群出没于该地的毒蛇的袭击。

---

① 约柜，又称“法柜”，是古代以色列民族的圣物，“约”是指上帝跟以色列人所订立的契约，而约柜就是放置了上帝与以色列人所立的契约的柜。柜长 110 厘米，宽 66 厘米，高 66 厘米，用金合欢木所做，内外用纯金包柜，上端四周都镶上金边。

② 不知作者从何得来“七千”这个数字。按《圣经・民数记》第四章最后所载，利未家族从三十岁到五十岁的男丁共有 8580 人。

③ 西乃山的别名。

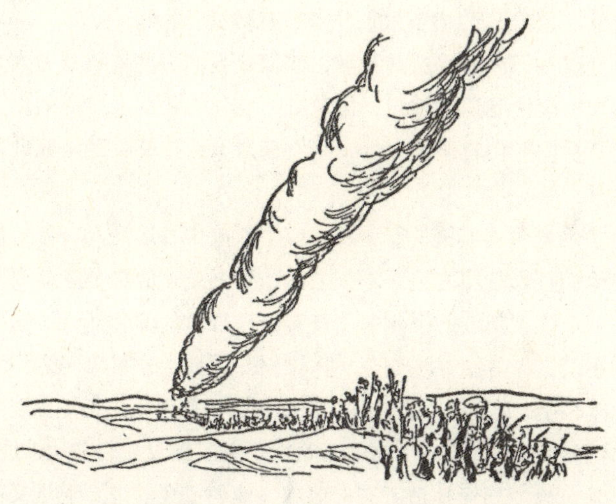

日间，耶和华在云柱中领他们的路；夜间，在火柱中光照他们，使他们日夜都可以行走。日间云柱，夜间火柱，总不离开百姓的面前。

《出埃及记》13:21-22

于是，摩西造了一条巨大的铜蛇，将铜蛇高挂在木杆上，让所有的人都能看见。此后，凡被蛇咬的，一望这铜蛇就活了。

然而这些部族越接近约旦河，他们敌人的态度越咄咄逼人。犹太人的营地里很快就谣言四起，据说有一支称为亚衲人后裔的巨人，如今占据着从前亚伯拉罕的农场，这农场是摩西打算收回给他的百姓居住的地方。

为了平息这些谣传，摩西从十二个部族中各选一人，派他们去侦察那块他们打算征服之地。不久之后，约书亚（他总是参与要事）和迦勒（一个犹大部族的少年）便扛着一串巨大的葡萄回来。这些葡萄是他们在以实各山谷中发现的。他们回报，那地十分肥沃，盛产奶和蜜。当然，若不打上几场仗，是不可能从现有的居住者手里把地夺过来的。不过，他们很有把握犹太人能击败敌人，并且建议立刻向敌人进军。

但是，恐慌已经横扫所有的部族。他们已经前进、前进又前进，饱受饥饿、炎热、干渴和毒蛇攻击之苦，现在又要求他们公然上前去对付凶猛致命的西台人、耶布斯人、亚摩利人、迦南人和亚玛力人。这太过分了。于是，他们再次发动叛变。

许多狂热分子公然鼓吹着返回埃及。他们四处叫嚣，发表演说。摩西和这时已经恢复一些勇气的亚伦，还有勇敢的约书亚，试图说服他们的同胞，在这种情况下是不可能退回埃及的，但是他们的劝说完全徒劳无用。大家已经失去了理智，他们已经厌倦了这场无休无止的旅程。他们想要和平度日，哪怕是遭受奴役的和平。

于是，耶和华发怒了。他的耐心已经耗尽。他的声音从会幕的圆顶上传来，说犹太人一再违背他的旨意，由于他们缺乏信心，将被罚在旷野中漂流四十年。

即便如此，一些愚蠢的犹太人依旧脱队一意孤行。他们全都被迦南人和亚玛力人给杀了。

但是其他人接受了自己的命运。他们转身背向应许之地，在旷野

每逢云彩从帐幕收上去，以色列人就起程前往；云彩若不收上去，他们就不起程，直等到云彩收上去。

《出埃及记》40:36-37

中漂流了四十年，和他们的先祖亚伯拉罕及以撒一样，成了牧羊人。

渐渐地，他们的子女忘记了所有父辈们在埃及所过的日子，因着情势所逼，他们回到了祖先所过的那种简单的生活。

这正是摩西打一开始就设法要达成的。他有理由感到满足。他的任务完成了。

这位伟大的先知将特定的律法交给了雅各的子孙，这律法直到今天还存在。他这时已经老了，也很疲惫。当他感觉大限将至，他指定约书亚，而非同样年迈衰弱的亚伦，做他的继承人。然后，摩西登上了位于死海东岸的毗斯迦山的山顶，从那里俯瞰整个约旦河谷。

他独自去世，没有人知道他葬在哪里[①]。

---

① 按《圣经·申命记》最后一章的记载，摩西死在摩押地，耶和华将他葬在伯毗珥对面的谷中，没有人知道他的坟墓。摩西死的时候120岁，眼目没有昏花，精神没有衰败。

他们到了以实各谷，从那里砍了葡萄树的一枝，上头有一挂葡萄，两个人用杠抬着，又带了些石榴和无花果来。因为以色列人从那里砍来的那挂葡萄，所以那地方叫作以实各谷。

《民数记》13:23-24

摩西从摩押平原登尼波山，上了那与耶利哥相对的毗斯迦山顶。耶和华把基列全地直到但，拿弗他利全地，以法莲、玛拿西的地，犹大全地直到西海，南地和棕树城耶利哥的平原，直到琐珥，都指给他看。

耶和华对他说："这就是我向亚伯拉罕、以撒、雅各起誓应许之地说：'我必将这地赐给你的后裔。'现在我使你眼睛看见了，你却不得过到那里去。"

《申命记》34:1–4

8. 找寻新牧场

FINDING NEW PASTURES

数千年来，西亚一直有人定居，犹太人想要在那里谋得片土地，势必有许多仗要打。然后他们才能建立自己的国家，在自己所选择的法律下生活，并遵照摩西的教导敬拜他们自己的神。

/

现在，犹太人赢得新家园的大战开始了。三四十年前那一小群从埃及的奴役下逃出来惊魂未定的犹太人，现在已经团结起来，组成一支强大可畏的四万人军队。

在夜空的映衬下，犹太营地的营火红光漫山遍野，远远就可望见。难怪居住在约旦河对岸的人民惊恐不安，开始举国备战。

但是，曾经身为摩西的副手，从导师那里继任了统帅一职的约书亚，是个谨慎的领袖。他做事从不碰运气，他在渡河踏进敌人的领地之前，先深思熟虑制定了周详的计划。

他将指挥部设在什亭的村里，并暗暗派了两个人进入迦南探查地势，然后回报。

两名探子离开犹太人的营地，前往耶利哥城。该城是那个地区最重要的要塞。犹太人想要有任何深入的进展，都必须先拿下耶利哥。

这两个犹太士兵溜过城门，进入了耶利哥。他们与当地人聊了一天，打探城墙的坚固程度、城市的管理方式，还有士兵的士气等等。到了晚上，他们去到一个名叫喇合的女人家里。喇合在交朋友方面向来不怎么挑剔，她给了两个陌生人一个房间，并且什么也没问。

但是，不管怎样，城里来了两个外国长相的人这件事，官府还是知道了。警察立刻追查闯入者的行踪，并且立刻怀疑到喇合头上。喇合的名声不好，只要城里一有事，总是先搜查她的家。

不过，喇合比任何人预料的更可靠。当她听见敲门声，她立刻将两个犹太人带到屋顶平台上，将他们藏在一整垛亚麻底下。城里家家户户都用屋顶来晒干亚麻，警察没发现任何异常，只得离开，前往城中别处去搜查。但是他们到处找不到可疑分子，于是认定情报有误（这种事常发生）。他们返回营房，不久整座城便宁静入梦了。

然后，喇合带着一根新麻搓成的红绳子回到屋顶。

她对那两个被迫躲藏的人说：“我用这根绳子把你们垂到底下的街上。你们可以很容易逃出去，因为现在城墙没有人看守。一旦出城，就往山丘那边去，再等机会过河。不过，请记住这一点：今天我救了

于是，女人用绳子将二人从窗户里缒下去，因她的房子是在城墙边上，她也住在城墙上。她对他们说："你们且往山上去，恐怕追赶的人碰见你们。要在那里隐藏三天，等追赶的人回来，然后才可以走你们的路。"

《约书亚记》2:15-16

两位的性命。改天你们的人攻下耶利哥的时候（他们有可能攻下），我希望你们保证我、我的家人朋友，都能安全。这是我的条件。”

这种时候，两个探子当然什么都答应。他们告诉喇合，当约书亚的大军进城的时候，把这根红绳子绑在她家的窗户上，作为记号，这样犹太士兵就知道在这屋子里的是朋友，从而放过屋中的人。

喇合觉得这很公平。她将绳子绑在屋顶的一根梁木上，两个探子顺着绳子下到空无一人的街道。我不知道他们是怎么出城的，但是他们一出到城外空旷的地方，就又被发现了。他们拼命跑，逃到那些山丘上去。三天之后，他们找到机会游泳渡过了约旦河。

接下来的路程都很顺利。他们很快就回到了族人当中，并把所经历的一切向领导做了报告。

当约书亚得知耶利哥城的百姓都处在惧怕中，他决定己方的大军一旦过河，就立刻进攻。

渡河出乎意料地容易。祭司们像往常一样抬着约柜走在军队前面，当他们抵达约旦河边时，河水停止了流动。祭司们抬着约柜走到河中央站定，直到所有的士兵都安全抵达对岸。几分钟之后，河水复流，一切如旧。犹太人终于回到了他们祖先居住过的家乡。

短途行进之后，军队在吉甲附近的村落停了下来。这天是逾越节。

自从在西乃大沙漠中度过第一个神圣的节日以来，过去四十年可说是一言难尽。他们有理由感谢上帝恩待他们。

但是要完成的事还很多。在士兵们欢庆节日的这片原野再过去，坐落着耶利哥城。想要攻下这样一座城市，如若不经过长期围城似乎不可能。

向来行事谨慎的约书亚，知道靠自己的力量是不行的。他祷告，他恳求耶和华帮助他。耶和华派了天使来告诉这位犹太将领该怎么做。

此后，连续六天，每天早晨军队都绕着耶利哥的城墙，缓慢肃穆地行走。

他们到了约旦河，脚一入水（原来约旦河水在收割的日子涨过两岸），那从上往下流的水，便在极远之地、撒拉但旁的亚当城那里停住，立起成垒；那往亚拉巴的海，就是盐海下流的水全然断绝。于是，百姓在耶利哥的对面过去了。

抬耶和华约柜的祭司在约旦河中的干地上站定，以色列众人都从干地上过去，直到国民尽都过了约旦河。

《约书亚记》3:15-17

走在队伍最前面的是七个祭司，他们肩上高抬着约柜，边走边吹着用公羊的犄角做成的号角。

到了第七天，他们绕城走了七圈。

然后突然全部停下脚步。

祭司拼命吹响号角，用力到额头的血管都要爆了，而所有的士兵全都大声高喊赞美上帝的话。

那一刻，耶和华实践了他的应许。

耶利哥的城墙就像春天第一道炽热阳光下融化的雪，轰然倒塌。

这座雄伟的城市落到了犹太人的手中。

除了喇合并其亲友，犹太人杀了城中所有的居民并一切有气息的牲畜，无论男女老少，鸡犬牛羊。然后他们占领了废墟，并为下一仗做准备，现在，从他们所在之处一直到地中海，其间的土地似乎都已成为他们的囊中之物。

但是，唉！约书亚的阵营里也不是诸事顺遂。这场起头顺利的远征，突然面临着失败的威胁。

就在进攻之前，约书亚下过几道最后的指令，明确禁止士兵夹带私藏任何的战利品。所有一切必须上交到会幕去。

大部分的人都遵守了这些命令，但是有个犹大部族的士兵名叫亚干，私下偷了几百个金币银币和一些衣服，藏在自己的帐篷底下。

约书亚当然不可能知道这件事。他继续往西前进，满心期待耶和华会继续赐给他胜利。与耶利哥相邻的艾城百姓，虽然对耶利哥城刚发生的事惧怕不已，却未投降。犹太人一进攻，他们立刻突围，并且打乱了进攻者的阵脚，迫使进攻者狼狈撤退，而且伤亡惨重。

于是约书亚明白，这必定是有人没遵守命令所致。他召集了溃败后所有幸存的士兵，告诉他们自己的怀疑，要求那位有罪之人自己认错，以免连累他人。然而，本该上前自首的亚干却未出声，只暗暗希望自己能躲过这场麻烦。

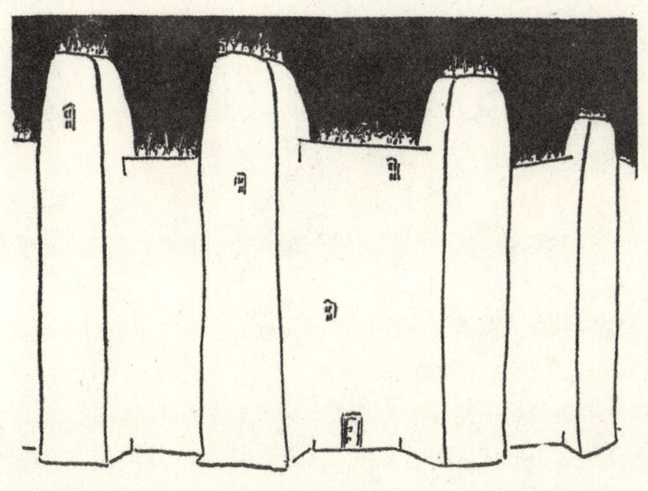

七个祭司拿七个羊角，在耶和华的约柜前，时常行走吹角，带兵器的在他们前面走，后队随着耶和华的约柜行。祭司一面走一面吹。第二日，众人把城绕了一次，就回营里去。六日都是这样行。

《约书亚记》6:13-14

等了一阵子之后，眼看没有人愿意主动认罪，约书亚决定用抽签来找出这个贼。抽签的结果抽出了亚干，他被迫说出自己将所偷的东西藏在何处。那些金银和衣服被搜出来扔进了火里。

等东西烧掉之后，士兵们转向亚干，杀了他。

此后甚久，亚割谷一直堆放着一小堆石头[①]，提醒过路者第一个违背耶和华律法的犹太士兵的下场。

约书亚撤回了军队，然后对这个蔑视他们的城市制定了一个新的进攻计划。

他将军队分成两路，一路由三万人组成，趁夜埋伏到艾城后方的伯特利山上。随后，又有五千人来加入他们。

约书亚领着另一路五千人，大胆地朝艾城的城门迈进。当守城的士兵看见这么少的一队犹太士兵，以为他们是几天前被打败的残余兵力。他们放声大笑，纷纷离开城墙的要塞，打算到更易于杀敌的开阔处来严惩这群不知死活之辈。

但是约书亚没待在原地等他们，他率领士兵朝山岭奔去。

艾城的人这时将临敌的谨慎抛得一干二净，他们拼命狂追，不久，便发现自己追到了一个狭窄的山谷中。约书亚在谷中停了下来。

他挥动顶端绑着布条的长矛，向埋伏在西边山上的伏兵示意。他们冲出埋伏的壕沟，从后方攻击艾城人。这些遭到前后夹击的异教徒，全数落在犹太人手里。

几个小时后，他们全部遭到歼灭。犹太人不费吹灰之力便占领了艾城，因为艾城的门还大开着。

艾城人的命运如同耶利哥城的百姓一样，无论男女老少，悉数被杀，整座城被放火烧毁。那天晚上，迦南上空通红的火光再次诉说了这支新入侵者的到来和胜利。这支入侵者宣告迦南为他们所有，那些

① 按《圣经》记载，亚干被带到亚割谷，以色列众人拿石头打死他，并在他的尸体上堆了个石堆。

于是百姓呼喊，祭司也吹角。百姓听见角声，便大声呼喊，城墙就塌陷，百姓便上去进城，各人往前直上，将城夺取。

《约书亚记》6:20

胆敢不听命令违抗他们的，都将遭到毫不留情的对付。

有几个迦南的城，在恐惧中设法运用诡计来逃脱自己的厄运。

其中一个几乎成功了。那座城就是基遍。

基遍人争论说：“犹太人是要来这儿永久定居。他们太强大了，我们打不过他们。我们应该尽力跟他们达成协议。他们很快就会变成我们的邻居。假使我们能让他们相信基遍远在千里之外，他们或许会和我们立约。如此一来，他们永远不会发现我们的村就在大道边上。”

这推断很聪明，而且起步很成功。一天傍晚，一队基遍城的代表来到犹太人的营地，求见约书亚。

这群可怜的家伙看起来精疲力竭，几乎连路都走不动了。他们一身尘泥，似乎因为缺水而疲惫不堪，身上只带着一点食物，还都发霉了。他们解释说，为了前来犹太人的营地，他们跋涉了许多日子，以至于食物都坏了。

约书亚信了他们所说的故事。

他问他们是从哪来，这些人回答从基遍来，说基遍离犹太人的营地非常遥远，他们几个代表差点死在路上云云。

然后他们告诉这位犹太统帅，自己的同胞希望和新来者和平相处，盼能签订友好条约。他们一再指出，要和居住在千里之外的人和平相处是很容易的事。

这些话听起来都很合情理，于是约书亚上当了。等他发觉基遍城就在他预定行进的路线上，为时已晚，他已经答应放基遍人一条生路，神圣的承诺是不能收回的。但是，他在愤怒中谴责基遍人，罚他们永世做犹太人的奴隶。

从此，基遍人和其子女虽然逃过一死，却变成为犹太人劈柴挑水的仆役，永远没有报偿。这是个悲惨的命运，但是随后听见所发生之事的其他迦南部族，他们的命运更悲惨。

其他那些部族并非懦夫，为了保卫自己都不惜一战。耶利哥和艾

当下，约书亚从耶利哥打发人往伯特利东边靠近伯亚文的艾城去，吩咐他们说："你们上去窥探那地。"他们就上去窥探艾城。
他们回到约书亚那里，对他说："众民不必都上去，只要二三千人上去，就能攻取艾城；不必劳累众民都去，因为那里的人少。"
于是，民中约有三千人上那里去，竟在艾城人面前逃跑了。艾城的人击杀了他们三十六人，从城门前追赶他们，直到示巴琳，在下坡杀败他们。众民的心就消化如水。

《约书亚记》7:2-5

城都被摧毁了，而今一个强大的城市，一个可以一起作战自卫的盟国，不发一箭一矢就投降，真是太可耻了，基遍这种行为必须严惩，以免其他城群起效尤。

立刻，在耶路撒冷王亚多尼洗德的率领下，五位国王缔结盟约，互相承诺共同抵抗犹太人，并那些接受犹太人统治的部族。他们集合兵力，朝基遍进军，要惩罚这座城市的背叛行为。

腹背受敌的基遍人派使者去见约书亚，向他求援。

约书亚知道这是关键的一战。他以急行军的方式，在敌方盟军尚未察觉之前，已来到基遍附近。他想要攻其不备，未料战争根本没打成，因为五王的军队闻风而逃，而五王自己设法躲入一座山洞，希望追赶的犹太人在匆忙中会错过他们。

但是，他们被发现了。

犹太人立刻滚来几块大石堵住洞口。如此一来，山洞变成了监牢。而约书亚的大军继续追赶敌人，等忙完了再来处置这五位国王。

不过，敌方联军也趁此重整士气。他们也明白，这是他们为自由和独立的最后一场大战。他们停下来不再逃，拼死反击。如果他们能再顶住几小时，就能借夜色保护逃过追击。

约书亚需要速战速决，取得胜利，以免功亏一篑。他再次呼求耶和华的帮助。耶和华立刻命令太阳在基遍上空停止不动，命令月亮停在亚雅仑谷。

就这样，明亮的白昼又持续了十二小时。犹太军队能够继续攻击，并取得了胜利。当太阳终于下山，以色列的子民已经成了整个迦南地的主人。

即便如此，他们也未休息。他们返回监禁敌方联盟领袖的山洞，将耶路撒冷王、希伯仑王、耶末王、拉吉王、伊矶伦王全部擒住，处死，给迦南地区其他三十几个统治者做示范。随后不久，他们就按照约书亚开出的条件纷纷投降了。

如此，约书亚功成名就。

基遍的居民听见约书亚向耶利哥和艾城所行的事，就设诡计，假充使者，拿旧口袋和破裂缝补的旧皮酒袋驮在驴上；将补过的旧鞋穿在脚上，把旧衣服穿在身上。他们所带的饼都是干的，长了霉了。

他们到吉甲营中见约书亚，对他和以色列人说：“我们是从远方来的，现在求你与我们立约。”

《约书亚记》9:3-6

约书亚在位于示剑和吉甲之间的示罗搭建了会幕，期许那城成为新建立的犹太国的属灵[1]中心。至于征服得来的那些土地，由各宗族部族均分，他们曾在沙漠中患难与共，他们的英勇和忍耐力如今应当同得奖赏。

就这样，犹太人终于觅得自己的家园。在经过数百年的城市生活和沙漠中毫无止境的跋涉后，正如摩西所盼望的，他们终于回归祖先单纯的生活方式。

他们不再被迫居住在埃及城镇的贫民窟里。他们再次成为牧羊人。

每个人都拥有一小块自己的地，每个家庭都拥有一所房子作为保护家人的城堡。

过去世世代代以来各自散居的部族，现在属于一个强大的国家。他们认可一个共同的理想，都敬拜天地的主宰耶和华，他领他们脱离了奴役，建立了一个自由、独立的强大国家。

① 属灵，指的是一个人可以尊主为大，思想、言语、行为都不违反上帝的心意；而“不属灵”就是以自我为中心，与自己的欲望妥协。一位基督徒应该是“属灵”的，活出上帝的形象，而不是“属肉体”，虽然相信上帝，却向自我的罪性屈服。

那五王逃跑，藏在玛基大洞里。
有人告诉约书亚说："那五王已经找到了，都藏在玛基大洞里。"
约书亚说："你们把几块大石头滚到洞口，派人看守。你们却不可耽延，要追赶你们的仇敌，击杀他们尽后边的人，不容他们进自己的城邑，因为耶和华你们的神已经把他们交在你们手里。"

《约书亚记》10:16-19

当耶和华将亚摩利人交付以色列人的日子，约书亚就祷告耶和华，在以色列人眼前说："日头啊，你要停在基遍；月亮啊，你要止在亚雅仑谷。"
于是日头停留，月亮止住，直等国民向敌人报仇。这事岂不是写在雅煞珥书上吗？日头在天当中停住，不急速下落，约有一日之久。

《约书亚记》10:12-13

9. 征服迦南

THE CONQUEST OF CANAAN

犹太人在几位精力充沛的领袖的带领下，终于在原本属于迦南人的领土上建立了犹太国。

/

迦南地被征服了。原来的居民若不是被杀，就是被迫沦为奴隶。但是，犹太人要成为巴勒斯坦——也就是今日我们所说的地中海沿岸的西亚地区——全地所认可的主人，还有很多事要做。

年老的约书亚寿终正寝，安然去世。犹太众部族为他举行了庄重的葬礼，随后，他们决定不指定继承人。

如今战争已经结束，似乎没有必要设立统帅一职。无论何时，若有什么需要，示罗的大祭司会解释耶和华的律法，这点毋庸置疑。同时，选举新的军事领袖只会挑起各大望族之间的宿怨。此外，过去数年来战事频频，大家现在只想远离所有跟军事相关的事。他们梦想和平的生活，只谈论农事耕作。

但是，大家很快就意识到，在众敌环伺之下，一个新兴的国家若连个名义上的领袖都没有，恐怕很难生存。

对摩西和约书亚训练有素的军队而言，要击败迦南那些小王轻而易举。但是西部边界再过去的美索不达米亚谷地里，盘踞着几个强大统治者，其中的巴比伦王从一开始就严重威胁着年轻的犹太国的安全。

当巴比伦王进军迦南，攻占了几个偏远的外围地区后，犹太人被迫重新审视自己最初的决定。他们不太愿意把自己的国家转变成正规的王国，但是他们默认有绝对权威，称之为“士师”的单一领袖。（在两三百年后，士师的权力大增，从这个拥有大权的职位逐渐演变出了犹太王国，你将在随后的篇章中详知此事。）

第一位士师名叫俄陀聂，他因为率军攻下亚衲族巨人的首都基列西弗城而名扬天下。正是这些身高力大的亚衲族巨人，把摩西率领的上一代犹太人吓得半死，但是现在他们要不是全死了，就是少到微不足道，像我们的印第安人一样，不能构成威胁了。俄陀聂还有另一件事有名，他娶了迦勒的女儿为妻。四十年前，迦勒和约书亚一起去到以实各谷为摩西打探敌情。

“求你将耶和华那日应许我的这山地给我，那里有亚衲族人，并宽大坚固的城，你也曾听见了。或者耶和华照他所应许的与我同在，我就把他们赶出去。”

《约书亚记》14:12

俄陀聂将巴比伦的军队成功逐出了犹太人的领土，随后三十年，他做了这个国家的无冕王。

俄陀聂去世后，犹太人又陷入对上帝置若罔闻的旧习中。他们娶那些异教邻居的女儿为妻，也从少数幸存的迦南原住民中物色妻子。这种婚姻中诞生的孩子，倾向学习母亲的语言和崇拜母亲那边的神灵。总之，犹太人忘记了耶和华曾是他们在困苦流离时的领导者，若没有他，他们不过是一支闪族的小部落，完全得听那些强大邻国的摆布。

结果，他们很快就失去了身为命运共同体的感觉，而这感觉是摩西民族复兴大计中首要，且是最重要的一点。他们开始互相争吵，当这种内部失和的消息传到那些虎视眈眈的邻邦里，摩押人、亚扪人以及更令人惧怕的亚玛力人便结为同盟，在短时间内便夺回了几年前被约书亚攻占的土地。

犹太军队被击败后，接着而来的就是一段新的遭人奴役的时期，前后持续了将近二十年。这段期间，希伯来各部族承认摩押王伊矶伦为他们的主人。

后来，是便雅悯部族中一个名叫以笏的人，将百姓从奴役中拯救出来。

以笏是个左撇子，这给他带来意想不到的好处。他将匕首藏在斗篷下身体的右侧。伊矶伦的护卫当然不会去搜查右边，一般人不会把刀藏在右侧。

一切都准备好后，以笏求见伊矶伦，说自己带来一些秘密消息，必须单独禀报陛下。伊矶伦就像所有的东方暴君一样多疑，他预期自己会听到一则即将发生的叛乱消息，于是遣退身边所有的人。房门才一关上，以笏便拔出匕首。伊矶伦从王座上一跃而起，试图自卫。但是太迟了。以笏一匕首刺中伊矶伦的心脏，伊矶伦倒地身亡。

这件事成了犹太人大举起义对抗摩押人的信号。摩押人被赶走之后，为了肯定以笏的功劳，他被推选为以色列的士师，犹太人再次享

以色列人又行耶和华眼中看为恶的事，耶和华将他们交在非利士人手中四十年。

《士师记》13:1

有一段和平并相对独立的短暂时光。

此后，士师一个接一个，迅速更替。不变的是，他们都是性格强悍之人，多半终其一生在边境上与异教徒作战。要是探险家约翰·史密斯[1]和丹尼尔·布恩[2]生在那个时代，我敢肯定，他们也会位列于伟大的犹太士师当中。

很不幸，边境战争往往非常残酷。无论何时，只要非利士人烧毁一座希伯来村庄，犹太人就会摧毁两座非利士村庄作为报复。接下来，非利士人会认为自己有责任洗劫三座犹太村庄，而犹太人这边为了报复，会更进一步掠夺四座非利士村庄。这种厮杀没完没了，其间也做不成重要的事。

但是，几乎每个国家在开疆拓土的初期，都经历过这种流血的痛苦。因此，谴责犹太人犯了我们所有祖先都犯过的罪行，未免愚蠢，因为这不是某个民族所特有的。

因为我们对《旧约》的研究极其仔细，因此我们对犹太人的历史比对巴比伦人、亚述人或西台人的历史知道得更多。主要的差别就在这里。因为其他这些西亚居民，肯定比他们的希伯来邻居好不到哪去。说完这点题外话，我们继续回到《圣经》的记载。

随着时间的推移，边境战争越演越烈，甚至到了妇女都动员起来参战的地步。迦南地区的小城已经不再是威胁。它们一个接一个被征

---

① 约翰· 史密斯（1580 – 1631），英帝国士兵、探险家。他在北美洲建立了第一座永久性英属殖民地：维吉尼亚州的詹姆斯镇。

② 丹尼尔· 布恩（1734 – 1820），生于美国宾夕法尼亚州伯克县，著名拓荒者与探险家。他的探险事迹使他成为美国的民间英雄，其最著名的事迹，是在 1775 年，成功通过了坎伯兰峡，开拓了荒野之路，使得现在被称为肯塔基联邦的地区被纳入美国联邦。

服和摧毁。不过，有一个敌人依旧一如既往，危险又充满威胁，那就是非利士。

接下去的章节，我们会一直提到非利士人。非利士人跟犹太人并其他西亚的居民不同，他们不属于闪族。

他们是克里特人，在著名的古城克诺索斯被毁后，他们离开了自己国家所在的岛屿，而克诺索斯在近千年的历史中一直居于世界文明的中心。

该座古城如何被毁，出于什么原因被毁，以及被谁所毁，我们都不知道。我们只知道这场悲剧的幸存者经由海上逃离。起初他们尝试要在尼罗河三角洲定居，但是，埃及人把他们驱离了。

于是他们沿着亚洲的海岸向西航行，最后占领了地中海和犹大地西部丘陵区之间的一块狭长地带，而这块地方前不久刚被约书亚征服。

当然，犹太部族想拥有几个自己的海港，而非利士人想把由沿海上至约旦河的所有土地都据为己有。这就导致了困在内陆的犹太人和他们善于航海的邻居非利士人之间，接连不断地战争。但是，由于克里特人在治国方略（和兵法作战）上都遥遥领先他们的亚洲邻国，因此，粗鲁不文的以色列部族要战胜敌人非利士（又称非利士纳或我们如今说的巴勒斯坦）是不可能的。

《旧约》所记载的八百年来的冲突中，许多最著名的战役都发生在这两个地中海沿岸的强大争夺者之间，而几乎每次战役都是从前的克里特人获胜，因为克里特人拥有铜盾、铁剑和铁甲战车（一种古代的坦克车），而犹太人的木盾、石矢和弹弓只能让他们免于大败。

不过，有几次希伯来人意识到他们是在为耶和华而战，这时他们就会获胜。其中一场胜利发生在女先知底波拉的时代。

士师珊迦刚去世，耶宾王的军兵立刻跨过边界，他们偷牛、杀人、掳夺妇女和孩童。这些攻击唤起复仇的念头，但是谁来领导犹太人？

指挥耶宾军队的是一个叫西西拉的外国人，他似乎是个到北方来拓展事业的埃及人。就像所有的职业军人，他精通当时最新的战术，并建立了一支专门用马来拉的铁甲战车军队。这支军队势如破竹，轻易冲破了犹太人的战线。据说，西西拉拥有不下九百辆的战车。这数字或许有几分夸大，但是这个埃及人确实强大到足以完全摧毁年轻的犹太国，以至于约旦河谷地和两岸山区的居民都陷入了巨大的恐惧中。

那时，伯特利的村庄附近住着一位名叫底波拉的女子。

她享有奇特的恩赐，也就是幼年的约瑟得以成名的天赋。她能预测未来。

无怪乎整个西亚地区的人，无论旅行、出征、开业或结婚，都会先来找她求问一番。

于是，犹太人来找她，求她出谋策划。幸亏底波拉是个有胆识的女子，她没有建议同胞投降，相反地，她要他们出战。

她传话给拿弗他利部族，请他们当中一个叫巴拉的人来见她。巴拉是个在当地颇有名气的军人。但是，当底波拉告诉他大胆进军去对抗西西拉时，他却迟疑说："我们的军队根本抵挡不住他们那些铁甲战车，一定会大败亏输的。"

底波拉回答说，只要犹太人采取反攻，耶和华必与他们同在，会让敌人看不见他们。但是巴拉脑子里还是充满那九百辆铁甲战车，因此，他婉拒了担任犹太人统帅的荣誉。

绝望之下，底波拉提出，如果她的陪同能让巴拉有勇气的话，她就陪他一起上战场。同时，她也警告他，即将到来的胜利将不会归给他，而是归给一个女人。终于，巴拉同意出兵，下令他的军队离开安全的他泊山要塞。

西西拉在耶斯列平原上将铁甲战车一字排开，攻击从山丘上下来的犹太人。但是，耶和华与犹太人同在。耶宾的军队绝望苦战，却注定被摧毁。只有少数残兵逃跑，就连趾高气扬的西西拉也被迫抛下战车，徒步逃命。

有一位女先知名叫底波拉，是拉比多的妻，当时作以色列的士师。
她住在以法莲山地拉玛和伯特利中间，在底波拉的棕树下。以色列人都上她那里去听判断。

《士师记》4:4-5

西西拉朝西逃，但是他不适应这项剧烈的运动，很快就疲惫不堪。他看见路边有一间房子，就进去讨东西吃。

那是基尼人希伯的家。

希伯不在，但是他妻子雅亿在家。

她听说了这场战斗，知道面前这个人必是西西拉。因为他看起来像外国人，并且头戴黄金头盔，他指使她这个女人就像一个惯于发号施令的人。因此，雅亿给这位不受欢迎的客人一些东西吃喝，然后，见这人明显精疲力竭，便告诉他可以躺在地毯上休息。同时她还保证，她会帮他把风，如果有犹太士兵来到附近，她会叫醒他让他逃跑。

西西拉相信雅亿说的每一句话，不一会儿就睡死了。

于是，雅亿拿起一根大长钉（当时这种长钉是用来做钉帐篷的桩），从西西拉的眼睛扎下去，将这敌人杀死在自己家的地板上，然后她跑到巴拉的士兵那里，自豪地将自己的壮举告诉他们。

故事到此结束。耶宾失去了他信得过的将领，被迫跟犹太人讲和。犹太人再次获得自由，他们为雅亿和底波拉的贡献感到无比高兴，并给了她们极高的荣誉。

不幸的是，这种相对安宁的时期，似乎对犹太人整体的精神信仰非常不利。摩西曾经制定好一切规矩，要求他们时刻警醒敬拜耶和华。但是，当我们生活舒适，只关心怎么花钱能更爽快，并对整个广大的外界毫不在意的时候，要继续对精神上的信仰保持兴趣就不容易了。

在击败西西拉后，紧接而来的一连串的故事让我们清楚看见，那位在飞沙走石中带领他们的伟大上帝，已经完全被忘记，年轻一代的犹太人蔑视他的律法，他们只知吃喝玩耍，找乐子度日，根本不去想明天的问题。

就拿米迦这令人厌恶的故事做例子。米迦是以法莲村一个富裕寡妇的独子，他偷了母亲的银钱，可是母亲发现后不但原谅他，还把银

米迦将银子还他母亲，他母亲将二百舍客勒银子交给银匠，雕刻一个像，铸成一个像，安置在米迦的屋内。

《士师记》17:4

子拿去熔了，造一尊偶像送给她的宝贝儿子当礼物。

米迦很喜欢这个银光闪闪的玩意，他在自己家中建了一个小神堂，还雇了一个利未人（世世代代做真会幕的守护者）来当他私人的祭司，为他主持祭祀，这样他想拜神的时候就不用出门去教堂了。

所有这一切做法都严重触犯了上帝启示给摩西的古老律法。

就连当时对信仰不怎么虔诚的犹太人都大感震惊。

但是，米迦有钱，他能随心所欲。

但是，有一天，有几个往西走，给自己的牛找寻新牧场的但族人，闯进米迦的家。他们偷走了米迦的神像带回自己的村子。

至于应该做米迦的祭司的利未人，神像被盗之后，他就跑了，跑到那个盗了他主人神像的人那儿，继续效劳。

耶和华当然有理由感到生气，并且很快就显示了他的愤怒。

他派米甸人侵扰以色列人的领土。每年夏天米甸人就频频来偷犹太人地里的大麦和谷子。他们在犹太村庄散布恐慌，以至于犹太人一看见米甸匪帮出现，就逃往山上的山洞里躲藏，并且躲上一整个冬天。最后，在无比绝望中，他们甚至连庄稼都不种了。于是，犹太地很快就闹起了饥荒，大家开始饿死。

只有零星几个犹太人仍在耕种，这当中包括基甸的父亲约阿施。约阿施自己不怎么信奉本国的律法，他也拜这地原住民所信奉的异国神明。但是，他儿子基甸依旧忠于古老的信条，并且，基甸跟底波拉、约瑟一样，也能说预言。

当他父亲约阿施为巴力建立祭坛，年少的基甸（在夜里梦见有个天使让一块岩石吞了他摆在岩石前的食物）在半夜起来，去拆了那个丑陋的旧偶像的祭坛，并在同一地点建了一座给耶和华献祭的祭坛。

到了早晨，约阿施居住的村子里的百姓发现被捣毁的石坛，弄清楚发生什么事后，他们跑到约阿施家，大声叫喊着要约阿施惩罚儿子亵渎神明的恶行。

幸好，约阿施还算头脑清楚有些常识。他说，要是巴力像大家所

当那夜，耶和华吩咐基甸说：“你取你父亲的牛来，就是那七岁的第二只牛，并拆毁你父亲为巴力所筑的坛，砍下坛旁的木偶。在这磐石上，整整齐齐地为耶和华你的神筑一座坛，将第二只牛献为燔祭，用你所砍下的木偶作柴。”

基甸就从他仆人中挑了十个人，照着耶和华吩咐他的行了。他因怕父家和本城的人，不敢在白昼行这事，就在夜间行了。

《士师记》6:25-27

说的那样神通广大，他肯定会因基甸所做的事杀了他。但是基甸继续活得开开心心的，几个礼拜后，当邻里见什么事也没发生，他们于是改变了想法。就这样，基甸成了众所周知的耶路巴力（意思是巴力神坛的摧毁者），一个受人欢迎的英雄，名声传到了许多别的城市去。

后来，当米甸人的攻击日益大胆，犹太人被迫必须反抗，否则就要全体灭亡，这时基甸自然而然被犹太人推举为领袖。他在古老的耶斯列平原上召聚了一支队伍，设法将他们训练成可以打仗的军队。然而，他这支军队的士气很差，他们对战争不感兴趣，而且贪生怕死，大家只想回到温暖舒适的山洞里去，就算挨饿也不想劳动身体。

当基甸公开问他们是否想回家，大部分人都喊道："对，越快越好！"

基甸让他们回家，只留下几千个看似可靠的人。但是，即便是这数千人，他也信不过。他求耶和华给他一个证据，作为赞成他行动的依据。他将一些羊毛放在自己的帐篷外，隔天早晨，他拿起羊毛，整团羊毛都被露水湿透了。但是，羊毛底下并周围的草地却都是干的。这意思是，在接下来的战斗中，耶和华将与基甸同在，他可以按照自己的计划行动。

于是，基甸带领士兵长途远征。当众人都很累时，他把他们带到河边。在这数千人中，只有三百人有足够的作战知识，他们用手捧起水来喝，并观察河对岸的情势。其他人却没费周折一头扎进河里，（像许多干渴的动物）舔水猛喝。

基甸留下这三百人，其余的都解散，因为他们在面临战斗时只会添麻烦。

随后，这三百个忠信之士接受了指示。

基甸给他们每个人配了一个公羊角的号角和一束火把。火把藏在陶罐里，这样火光就不会被敌人发现。

午夜时分，基甸率领着这三百人对米甸人发起攻击。

他们一边奔跑，一边吹响号角，然后在信号下打破陶罐。众多火

基甸和跟随他的一百人，在三更之初才换更的时候，来到营旁，就吹角，打破手中的瓶。三队的人就都吹角，打破瓶子，左手拿着火把，右手拿着角，喊叫说：“耶和华和基甸的刀！”

《士师记》7:19-20

把突然发出的光照得米甸人睁不开眼睛。他们陷入恐慌中（东方人经常发生这样的情况），开始溃逃。战场上被抛下数千伤亡的人。

至于基甸，犹太人公认他是无冕之王，并且他担任他们的士师许多年。

但是基甸死后，麻烦更多了。基甸结过几次婚，留下了一个大家庭。他才刚下葬，儿子们就开始争吵由谁继承父位。他们当中名叫亚比米勒的儿子非常具有野心，他想当所有犹太人的王，也认为自己有这个资格。这样的年轻人在熟识者当中很难获得赏识，因此，亚比米勒离家前往示剑的村庄，那是他母亲的老家。他在示剑开始密谋夺位。他没有资金，但是示剑人看出他如果夺位成功，他们将有利可图。因此他们借钱给他，他拿这笔钱雇了几个职业杀手，要他们去谋杀他的亲兄弟。

基甸所有的儿子在一夜之间全部被杀，只有最小的约坦逃过一劫。

约坦逃到山里躲藏起来。

示剑人拥护亚比米勒做王，并大肆庆祝。

随后四年，亚比米勒和他的得力助手西布勒巩固了自己的统治，并强迫其他的村庄和城市承认他们的统治。他们偶尔会听到约坦的消息。那男孩经常出其不意地出现在市集上，谴责他邪恶的哥哥。不过，亚比米勒一点也不在乎。约坦身无分文，又没有追随者，他对这个嗜杀的兄长的剧烈谴责，纯粹是白费口舌。那些说词只会逗乐群众而已。

然而，亚比米勒在示剑的光彩日子没有持续很久，他是个自以为是的蠢材，臣民很快就对他感到不满。有个名叫迦勒的人起来领导叛乱，在接下来的战斗中，亚比米勒和西布勒打赢了。迦勒和同伙的人被逼进了一座高石塔中。

亚比米勒攻不下这座要塞，便派兵去森林中伐木取柴，将这些木柴在塔下堆成很大一垛，放火将迦勒并跟随他的人全部烧死。

以色列人对基甸说：“你既救我们脱离米甸人的手，愿你和你的儿孙管理我们。”
基甸说：“我不管理你们，我的儿子也不管理你们，惟有耶和华管理你们。”

《士师记》8:22-23

几年后，提备斯城又有一桩起义的事。亚比米勒再次击败叛军，而他的敌人又躲进了塔里。但是，当亚比米勒傲慢地走上前去点燃那个火葬柴堆，打算像上次在示剑一样把他们全都活活烧死时，有个女人从塔的高处倾出身来，朝他扔了一块石头。这石头打断了他的背脊，愚蠢的亚比米勒为了不死于妇人之手，命令他一个手下在他伤重身亡之前先结束他的性命。

此后的一小段时间里，所有想联合以色列各部族成为一个王国的努力，都以失败告终。但是边境的战争和部族内部的冲突却愈演愈烈。首先是米甸人威胁要征服约旦河两岸所有的土地。几年之后，亚扪人也想这么干。

亚扪人掠夺和烧毁了许多犹太人的村庄，犹太人不得不长时间搁置自己内部的纷争，一起打击共同的敌人。他们推举玛拿西部族的耶弗他为统帅。耶弗他是个敬畏上帝的人，不久，亚扪的势力就攻破了。

但是，就在犹太人取得胜利的时刻，各部族间又是旧怨重提，并且变本加厉。有些士兵指控其他人（以法莲部族的人）没有尽忠职守。以法莲人很不幸在敌人开始撤退时才抵达战场参战，他们对此感到很抱歉，可是他们也无能为力，因为他们必须从河对岸过来，距离很遥远。然而耶弗他是个偏执狂，他既不接受道歉，也不聆听解释。

他派兵把守所有约旦河的渡口，下令不许任何人通过。

然后，他将所有疑似属于这个不忠的部族的人，全部聚集起来。要从这群人当中查出哪些是以法莲人很简单，因为以法莲部族的人不能流利发出“示”这个音，他们会把希伯来语的“示播列”（意思是“河流”）说成“西播列”。凡是看上去像以法莲部族的，就要他念“示播列”。如果他说出来的是“西播列”，就把他拉去吊死。

就这样，按《旧约》记载，被处死的以法莲人有四万多。这事处理

城中有一座坚固的楼。城里的众人，无论男女，
都逃进楼去，关上门，上了楼顶。
亚比米勒到了楼前攻打，挨近楼门，要用火焚烧。

《士师记》9:51–52

完之后，耶弗他骑马回家，他曾在击败亚扪人之前对耶和华发了个誓，只要战胜，他就把回到家时第一个遇见的生灵拿来献祭。他当时想的大概是他的爱犬或马。但是，不幸的是，第一个奔出来迎接他的，是他的独生爱女。

耶弗他守住了誓言。

他将女儿杀了献在耶和华的祭坛上作为燔祭，以色列再次恢复了和平。

故事至此变得单调乏味，没多久，非利士人和犹太人又再次拼个你死我活。

这次的战斗比过往都残忍，整个犹太人的聚落都被夷为平地，接着，犹太的民族大英雄参孙出现了。他像赫尔克勒斯[①]一样强壮，像罗兰一样勇敢，但是智谋比不上历史上那些著名的伟大领袖。

参孙是玛挪亚的儿子，从小就以双臂力大无穷闻名。

他看上去不像和善之人。他的头发从来不梳，胡子长得乱七八糟[②]，很少换干净的衣服穿。但是他的双手就像一对铁锤，并且他从来不知道“危险”是什么意思。

他给父母惹了许多麻烦。当他十八九岁时，他爱上了一个非利士女子，坚持要娶她为妻。当然，他的亲友和所有的邻居都认为娶一个外国人的主意太可怕了。然而，参孙还是自顾自地前往亭拿迎娶他的新娘。

在往西去的路上，参孙遭遇一只狮子的攻击。他赤手空拳搏狮，双手抓起狮子就如抓小猫一样，把狮子打死并把尸体扔到路旁的灌木丛里。随后，当他再次经过同一地点，他发现蜜蜂在死狮子嘴里筑了巢，

---

① 赫尔克勒斯，希腊神话中的大英雄。

② 按《士师记》第十三章的记载，玛挪亚的妻子遇见耶和华的天使对她说，你必怀孕生一个儿子，不可用剃头刀剃他的头，因为这孩子一出胎就归神做拿细耳人（古代希伯来人中一批经过洁身归圣的人，拿细耳人不可剃发，不可饮酒，不可触摸尸体）。

基列人把守约旦河的渡口，不容以法莲人过去。以法莲逃走的人若说：“容我过去。”基列人就问他说：“你是以法莲人不是？”他若说：“不是。”就对他说：“你说示播列。”以法莲人因为咬不真字音，便说“西播列”。基列人就将他拿住，杀在约旦河的渡口。那时，以法莲人被杀的有四万二千人。

《士师记》12:5-6

而且忙碌地酿蜜。参孙取了蜜吃了，然后继续上路。

最后，他抵达了新娘居住的村庄，当地人为这对新人办了许多宴会。参孙在这种喜宴场合里显得笨手笨脚，远不如在家乡打仗来得灵活，但他还是尽力而为，设法扮演好快乐新郎的角色。一天晚上，当所有的宾客都在互相猜谜取乐，参孙也说了个自己的小故事当谜语。他还答应谁猜中了，就送谁三十套衣服。大家猜了又猜，却没有人猜中。

参孙出的谜语是这样的："吃的从吃者出来，甜的从强者出来。这是什么呢？"

亭拿的人猜来猜去，都猜不出参孙的谜底。他们痛恨犹太人，不想在这个来自犹太敌国的粗野汉子面前显得愚笨，因此他们去找参孙的新娘，说："这人爱你，他会为你做任何事情。设法让他把谜底告诉你。"

这女子不聪明，否则她能预测这么做会有什么后果。她在参孙面前哭，直到参孙受不了，生气地说谜底是那只死狮子，它的尸体成了所有其他动物的食物，它的口变成了蜂窝。

于是，得知答案的非利士人开心大笑。他们去找参孙，大喊道："你的谜题很容易啊。我们当然知道答案，还有什么比狮子更强壮？还有什么比蜂蜜更甜？"

参孙知道自己被耍了。勃然大怒的他二话不说离开了喜宴，撇下新娘走了。

他去到亚实基伦城，在那里遇到一群没惹事的非利士人，他把他们全杀了，一共三十人。他脱了他们的衣服，拿去送给婚宴上猜中谜语的客人。然后他返回父母家，坐着生闷气。

因为他深爱那个非利士姑娘，无法割舍对她的思念。最后他忍受不了分离之苦，回去找她，希望能重修旧好。

但是，他来迟了。那姑娘在几天之前嫁给了同族的另一个人。发现自己被遗弃的参孙自尊心十分受伤，他决定要报复。

他进到山里捕捉了三百只狐狸。

耶弗他回米斯巴，到了自己的家。不料，他女儿拿着鼓跳舞出来迎接他，是他独生的，此外无儿无女。

耶弗他看见她，就撕裂衣服说：“哀哉！我的女儿啊，你使我甚是愁苦，叫我作难了，因为我已经向耶和华开口许愿，不能挽回。”

《士师记》11:34-35

将狐狸的尾巴一对一对捆上，将火把捆在两条尾巴中间，接着点着火把放它们乱窜。可怜的狐狸当然被烧得疼痛难当，在田野间四处奔跑，冲进站着的禾捆和未收的麦地里打滚，想要扑灭火焰。

晒干的禾稼全着了火。火焰接着蔓延到了葡萄园和橄榄林，仅仅一夜，非利士的领地就被一把大火烧毁。

愤怒的非利士人做了一件蠢事。他们把自己碰到的惨况全怪到参孙原来的新娘头上。他们闯进她家，将那姑娘和她父亲都杀了。

参孙听到噩耗后，召集了所有支持他的人，侵入非利士的领地，杀了数百人。他这么做只为取乐。

那时，边境地区正处于和平状态，参孙私人的小战斗令犹大部族的某些人非常不满，他们就住在边界地区，并且想和那些非利士邻居维持友好的关系。他们抓了参孙，绑上他双手，将他扛到非利士去。他们不想担负杀害自己同胞的罪名，因此，他们决定让非利士人来杀参孙，自己在一旁当看客就好。

当非利士人看见犹大人押着犯人沿路走来，个个欣喜若狂。参孙静静等着，等他们几乎围困住他时，他挣脱绳索，捡起路旁的一块驴腮骨，冲进非利士人当中，左劈右砍，把他们全打死了。

从那时起，这位犹太大英雄的敌人知道，所有图谋参孙性命的举动都是白费力气。

他们无法在公开的战斗中打败他。

他们必须用阴谋手段来毁掉他。

不过，这看起来也非常困难。

但是，唉！参孙最大的敌人是他自己。

他总是不停地跟这个女人那个女人谈恋爱。

一旦坠入情网，他便毫无顾忌，不计一切代价，宁可冒险牺牲国家安全，也要获得自己的快乐。

一天晚上，非利士人得知参孙要去迦萨城访友。

他们说："这下我们可逮到他了！"

参孙睡到半夜起来，将城门的门扇、门框、门闩一齐拆下来，扛在肩上，扛到希伯仑前的山顶上。

《士师记》16:3

他们关了城门，等到天亮。参孙回家的路上必须经过这座城门，有五十个全副武装的士兵守住门在等他。

参孙一定得知了这个计划。他半夜起来，离开了朋友家，把厚重的城门从绞链上拆下来，背在背上，一直从迦萨背到了希伯仑山顶。他把城门立在那里，作为对所有敌人的警告。

参孙显然是打不倒的，即使犹太人不喜欢他的粗鲁举止，也不得不承认他有能力做他们的领袖。他们立他为士师，参孙统治以色列将近二十年。他本来可以带着大力士和边界战士的盛名，在完满的荣耀中寿终正寝。但是，在他老的时候，他再次爱上了一个非利士女子，这场恋爱给他招来了杀身之祸。

那女子名叫大利拉。她一点也不喜欢参孙，然而，她的族人威胁她，她若不嫁给参孙，找出他那不可思议的力量的来源，就要杀了她。

非利士人承诺说，如果她出卖丈夫的秘密，就给她一千个非利士银币，但是，如果她失败了，（她被告知）他们将拿石头打死她。

他们俩一结婚，大利拉就开始奉承参孙，夸他比所有的男人都强壮。她说，有件事情她一直想知道，为什么她聪明的丈夫有这么宽的肩膀和如此强而有力的手臂？参孙只是笑，并编了个蠢故事告诉她。他回答说，如果用七根未干的青绳子来捆他，他的力量就会消失。

大利拉信了他的话。那天晚上参孙睡着以后，她让非利士邻居进到家里来，用七根青绳子来捆她丈夫。

参孙被他们弄出的动静吵醒。他环顾四周把敌人看了一遍，随即挣断青绳，继续躺回去睡觉，而那些非利士人早已落荒而逃。

日复一日，这样的诡计反复再三地发生。参孙像个鲁莽的年轻新郎，对于自己力量之源的问题，他用各种荒诞的故事来哄骗大利拉。参孙似乎从中找到无穷的乐趣，而非利士人始终抓不住他。

要是参孙离开大利拉，这会对他好得多，因为这女人关心自己的族人远胜过自己的丈夫。但是参孙太爱她了，做不到离开她。他一直待在大利拉身边，当然，到最后他被大利拉磨得失去了耐性。一天晚

大利拉说：“参孙哪，非利士人拿你来了！”参孙从睡中醒来，心里说：“我要像前几次出去活动身体。”他却不知道耶和华已经离开他了。
非利士人将他拿住，剜了他的眼睛，带他下到迦萨，用铜链拘索他，他就在监里推磨。

《士师记》16:20-21

上，参孙对大利拉说了真话，如果他的头发被剃掉，他就会衰弱无力，不能自保。

大利拉赢得了她那一千个银币。她叫来了非利士人。他们悄悄进到屋里，就在参孙熟睡时，她剪掉了他的头发。

她猛然叫醒她丈夫。

“醒醒！”她喊道，“快醒醒！非利士人来了！”

参孙面带笑容起身。这样的叫喊他过去听多了，每次他只要怒目而视，敌人就像老鼠见了猫一样四处逃窜。

唉！这次他的力气消失了。他的两条手臂垂在身侧，软弱无力。非利士人抓住他捆了起来并且剜了他双眼，将他扔到迦萨的磨坊去推磨，为那些从前一听到他的名字就会发抖的人磨玉米。

瞎了眼永远落在黑暗中的参孙，终于有时间为自己的鲁莽行为忏悔，并与耶和华和好。他的头发在囚禁期间又渐渐长出来了。但是非利士人因为胜利而得意忘形，没想到这个微不足道的细节。

这天，天气晴朗，非利士人为他们的神大衮举办了盛大的庆祝宴会。

国中远近各地的百姓都来到城里出席庆祝会。突然，有人想起了磨坊里那个犹太囚犯。“让我们把他带到这里来。”那人喊道，“把他带到这里来！让我们好好取乐。我们可以嘲笑那个老家伙，我们可以朝他扔泥巴。他曾经杀了我们几百个同胞，现在他的力量消失了，变得跟小猫一样无用。我们把他带到这里来吧！”

参孙被带到神庙来，让所有的非利士人都能看见他，骂他骂到高兴为止。

听见成片的喧闹吼叫声，参孙知道了怎么回事。他求耶和华听他最后一次祈祷，让他恢复从前的力量，就算片刻也好。

他们让参孙坐在神庙中央的一把椅子上。那椅子位在两根支撑屋顶的巨大柱子之间。

参孙的手指慢慢摸到了冰冷的石柱。

那时房内充满男女，非利士人的众首领也都在那里。房的平顶上约有三千男女，观看参孙戏耍。
参孙求告耶和华说：“主耶和华啊，求你眷念我。神啊，求你赐我这一次的力量，使我在非利士人身上报那剜我双眼的仇。”
参孙就抱住托房的那两根柱子，左手抱一根，右手抱一根，说：“我情愿与非利士人同死！”就尽力屈身，房子倒塌，压住首领和房内的众人。这样，参孙死时所杀的人，比活着所杀的还多。
参孙的弟兄和他父的全家，都下去取他的尸首，抬上来葬在琐拉和以实陶中间，在他父玛挪亚的坟墓里。参孙作以色列的士师二十年。

《士师记》16:27-31

当群众围着他疯狂地高兴吼叫时，他的双手抓住花岗岩石柱，猛然耸起他宽厚的肩膀，用力向外推出去。

石柱被推倒砸成碎块。

屋顶坍塌下来。

神庙里的人和屋顶上的人，全部砸死摔死。废墟之下躺着一位英雄的残躯，他以死赎罪，偿清了年轻时所犯的愚蠢错误。

就在这些引人注目的大事发生的同时，也有其他一些非常细微的影响在起作用，将四分五裂的犹太部族转变成一个真正的国家。犹太人民还是不愿意称他们的统治者为国王，但是士师的权力在稳定增大。事实上，若有人具有摩西或约书亚的人格力量，犹太人会很高兴请他做他们的君王。

然而，参孙的继承者以利是个软弱的人。他的两个儿子，非尼哈和何弗尼，个性更是卑鄙。他们从来不把耶和华放在心上，只关心世间的享乐，并利用父亲高高在上的权位干尽所有的坏事。

该是有一个极不寻常的领袖出现的时候了，当然，这人在所需要的时刻诞生。他就是著名的先知撒母耳。

撒母耳出生在一个叫拉玛的小村子，父亲名叫以利加拿，母亲名叫哈拿。

哈拿婚后多年始终没有生育，她每年都到示罗的圣殿去祈祷，希望上帝能赐给她一个儿子。当孩子出生，这位快乐的母亲给他取名撒母耳。等撒母耳会走路后，她带孩子去到示罗，请以利留他在圣殿里做点事，好让孩子能一直跟耶和华同在。

以利喜欢这个聪明的小男孩，由于他已经完全放弃那两个没出息的儿子，他开始把小撒母耳当做继承人来训练。

一天晚上，当以利关上圣殿的门，他听见有个声音喊撒母耳。已经在长榻上睡着的孩子惊醒过来，说：“主人请说，我在这里，您有

非利士人就这样行，将两只有乳的母牛套在车上，将牛犊关在家里，把耶和华的约柜和装金老鼠并金痔疮像的匣子都放在车上。牛直行大道，往伯示麦去，一面走一面叫，不偏左右。非利士的首领跟在后面，直到伯示麦的境界。

伯示麦人正在平原收割麦子，举目看见约柜，就欢喜了。

《撒母耳记上》6:10-13

何吩咐？”

以利回答说，他什么都不需要，并且他没有喊撒母耳。

男孩回去躺下睡觉，但是，那声音第二次喊他说：“撒母耳！”

这事接连发生了三次。于是以利明白过来，这是耶和华在说话。于是，他把撒母耳单独留下。耶和华告诉男孩，以利的两个儿子必因所犯的罪被处死，因为他们的邪恶行为将毁掉以色列所有的百姓。

隔天早晨，撒母耳把昨天夜里所获得的启示告诉以利。

这事很快就传得人尽皆知。此后，大家都很敬重撒母耳，彼此口耳相传，说这孩子长大必定会是个伟大的先知，说不定还会成为他们的领袖。

但是，还没等到那天来临，依旧是以利在当士师的时候，非利士人又再次来犯。

犹太人那时有个习惯，不管什么时候上战场去打仗，都要抬着约柜一起去。

以利当时既是士师又是大祭司，他命两个儿子非尼哈和何弗尼把约柜送到犹太人的营地去。

他们俩虽然触犯了犹太人全部的律法，令耶和华大为不悦，但还是听从了父亲的吩咐。

若无耶和华的灵同在，约柜只不过是个木头盒子而已，当然无法在这种情况下消灾解厄，战争的结果以希伯来军队大败告终。不但以利的两个儿子被杀，连约柜都被敌人掳走。当这不幸的消息传来，以利长叹一声跌倒而死，撒母耳被选为士师，继任他的位置。

这是犹太人历史上最惨的一天。

一路从埃及抬到迦南来的至圣的约柜，现在摆进了非利士人新建的神庙里，这庙是建造在参孙推倒的古庙废墟上。约柜虽然是个战利品，却依旧能够影响国家的命运和人的生命。非利士人一将约柜抬到他们的神大衮面前，那尊神像就像遭到一双无形的手击打，摔在地上跌得粉碎。

非利士人在极度恐惧中，把约柜运到了迦特去。迦特的人立刻全都生了病。此后，可怜的非利士人就厄运不断。他们把约柜从北运到南，从东运到西，但是，不管约柜运到哪里，灾祸就跟到哪里。最后，无比绝望的非利士人把约柜装满金子，再把它抬上一辆车，车前拴上两头牛，然后任牛拉着车随便往哪儿走，他们只求牛把这可怕的咒诅拉离自己的国家。

无人驾驭的牛车往东去了。在一个美丽早晨，几个正在田里劳动的犹太农民看见一辆拉着约柜的牛车停在路当中。他们匆忙筑起祭坛，所有住在附近的人都纷纷赶来敬拜。稍后，他们将约柜送到一个名叫亚比拿达的利未祭司家。约柜一直停放在那里，直到多年后，当大卫做王的时候，才运到耶路撒冷去。大卫一直梦想要建那著名的圣殿，但最后是由他儿子所罗门建成。

约柜的归回似乎预示着好日子即将到来。不过，百姓越来越厌倦这种以士师统治为特色的松散形式的政府，因此，他们去找撒母耳问道，万一他要是死了，他们该怎么办。撒母耳也有两个儿子，但是他们跟非尼哈和何弗尼一样糟糕，没有人希望他们继承父位。

撒母耳求问耶和华这事该怎么办。

耶和华谈到设立国王。他厌倦了这些犹太信徒一而再地悖逆他。长久以来，犹太人一直吵闹着要设立一个自己的国王。好吧，耶和华会让他们如愿以偿。但是国王会要他们的儿子为他当兵，会要他们的女儿做他的仆婢，他会收取他们的谷物、油和酒来喂养他的随从，他还会从臣民拥有的财产中抽取十分之一的税赋，会用铁杖来统治他们。

当犹太各部族听见这消息，事实上他们很高兴。他们的野心是成为一个可以和埃及、巴比伦以及亚述的光荣抗衡的大帝国。他们没有考虑要付出的代价，等明白过来也为时已晚。当他们变成远方城市的统治者的奴隶，不再是自由的农民和牧羊人时，他们才开始领会，他们要求耶和华拿走自己的自由时，所牺牲的是什么。

10. 路得的故事

THE STORY OF RUTH

路得的故事，向我们展现了巴勒斯坦人早期生活的朴素魅力。

/

上一章述说了以色列全地在士师统治时期，希伯来人各支派的故事，其中论及许多战争和杀戮，我们不得不描述众多残酷又可怕的事件。然而，犹太人的生活还有截然不同的另一面，这一面十分迷人。

现在我们就来跟你说说这个故事。

伯利恒城里住了一个名叫以利米勒的人，他妻子名叫拿俄米，他们有两个儿子，名叫基连和玛伦。以利米勒原本生活宽裕，但是当伯利恒一带闹饥荒时，他失去了一切。

以利米勒有个近亲[①]名叫波阿斯，是个大财主。但是以利米勒自尊心强，宁可带着妻儿离乡背井迁到摩押地重新开始，也不愿去伸手求援。不久，以利米勒就开始辛苦操劳养家。不料，他突然过世，留下妻子照顾两个儿子。

这两个儿子都很懂事，会帮忙母亲劳作农事。他们长大后，娶了附近摩押村落里的姑娘为妻[②]，也都指望在他乡和善的异族人中度过一生。

但是基连和玛伦似乎遗传了父亲虚弱的体质，先后染上疾病，相继去世。他们母亲拿俄米悲痛万分，决定要返回故乡，在那些她从小识得并说着她熟悉乡音的族人当中，度此余生。

拿俄米甚是喜爱两个儿媳妇，但是凭良心讲，她不能要求两个媳妇跟她走。拿俄米跟她们实话实说，于是基连的遗孀俄珥巴同意婆婆所言，认为离开家乡是不智之举。她与拿俄米亲吻话别，留在了摩押地。

---

① 因着年代久远资料太少不可考，犹太人自己也说不清楚《路得记》中几位主要人物的确切亲属关系。在犹太教对律法和伦理进行通俗阐述的宗教文献《米德拉什》中，对拿俄米并其家族的族谱细节有些补充。按照记载，以利米勒、撒门（波阿斯的父亲）、不知名的买赎者，以及拿俄米的父亲，四个人是兄弟，都是拿顺的儿子，亚米拿达的孙子（这都记载在《圣经·路得记》的最后）。换句话说，以利米勒不单是拿俄米的丈夫，还是拿俄米和波阿斯的叔叔。但根据其他的《圣经》解释资料，以利米勒又是波阿斯的兄弟或堂兄弟。

② 按照摩西律法的规定，犹太人不可与异族通婚。

路得说："不要催我回去不跟随你。你往哪里去，我也往那里去；你在哪里住宿，我也在那里住宿；你的国就是我的国，你的神就是我的神。你在哪里死，我也在那里死，也葬在那里。除非死能使你我相离，不然，愿耶和华重重地降罚与我！"
拿俄米见路得定意要跟随自己去，就不再劝她了。

《路得记》1:16-18

可是玛伦的遗孀路得拒绝离开如今已经年迈，在世上又举目无亲的婆婆。她既嫁入以利米勒家，就必须为丈夫舍下自己的族人。她决定留在拿俄米身边，认为这是自己的本分。她宣告说，没有任何事物能使她与亡夫的母亲分离，然后她温柔体贴地拥抱了婆婆。

于是，两个女人一同跋涉回到了伯利恒。

当然，她二人一贫如洗，连买饼[①]吃的钱都没有。但多年以前，律法颁布者[②]摩西很有智慧，他了解那些境况困难的人有时候会遭受饥饿之苦，于是定下命令，收割时落在地上的麦穗当留给穷人拾取。农民有权收获田中一切谷物，但在收割过程中，那些没有土地的人根据上帝所赐的权利，可前来拾取少数掉落在田间的麦穗。

当拿俄米和路得回到伯利恒时，正是收割大麦的时候。

以利米勒的近亲波阿斯并其仆人正在田间忙碌收割，而路得跟着拾穗的人捡拾，盼望能得些粮食奉养拿俄米。

她如此忙碌了数日。

在伯利恒的犹太妇女中，路得是个异族人，大家不免对她问长问短。不久，人人都知道了她的经历，而这些事最后也都传到了波阿斯耳中。他很好奇路得是个怎样的女子，于是借口巡察田地，跟她说了些话。

到了中午吃饭时间，他邀请她来跟自己以及收割的工人一同用餐，并且让她尽情享用，要吃多少饼就给多少饼。

路得只吃了一点点，将其余的都带回家给年老无法干活的拿俄米。

---

① 此处将原文的 bread 翻译为饼而非面包，是参考《圣经·路得记》第二章 14 节，波阿斯对路得说："你到这里来吃饼。"无论古代还是现代，中东地区吃的饼是烤馕，而不是现代人所见的面包。

② 耶和华借由摩西颁布律法，见《圣经·出埃及记》第二十章起。因此，摩西是颁布者而非制定者。

摩押女子路得对拿俄米说：“容我往田间去，我蒙谁的恩，就在谁的身后拾取麦穗。”

拿俄米说：“女儿啊，你只管去。”

路得就去了，来到田间，在收割的人身后拾取麦穗。

《路得记》2:2-3

第二天一早，路得又回到田间拾穗。波阿斯想减轻她的劳动，又不想伤她的自尊，于是吩咐收割的人不要收得太干净，并要从收获中抽些出来，留在地上任她拾取。

路得忙碌了一整天，晚上当她把大麦打了要扛回家，才发现自己捡了许多，几乎要扛不动。

她告诉拿俄米这天所发生的事，自己如何遇见波阿斯，如何在一个早上拾到比从前一周忙碌所拾的还要多。

这让拿俄米非常高兴。她感觉自己年纪老迈，将不久于人世，如今她希望波阿斯能娶路得为妻，如此一来，她便能确定这孩子的余生能有个舒适康泰的家。没错，路得是个外国人，但她嫁给了波阿斯的远房亲戚，这可说已让她成为一个伟大的犹太家族的一分子，而且大家都喜欢她。

于是，事情就这样成了。首先，波阿斯应当买回属于他近亲以利米勒的田产（按照摩西的律法，这是波阿斯当尽的本分，好保存田产的所有权人不受剥削）。然后，他可以向路得求亲，做路得的丈夫。

路得接受了波阿斯做她丈夫，拿俄米搬去与他们同住，直到老死。

拿俄米活到了见到路得的长子出生，并给孩子取名叫俄备得。

俄备得长大后，生了一个儿子名叫耶西，而耶西的儿子叫做大卫。大卫后来做了犹太人的国王，并且，大卫又是马利亚的直系祖先，而马利亚是拿撒勒木匠约瑟的妻子。

如此一来，性格温柔的路得顺着自己善良体贴的心意，离乡背井照顾那善待她的婆婆，从而成为耶稣的祖先。

于是，波阿斯娶了路得为妻，与她同房，耶和华使她怀孕，生了一个儿子。
妇人们对拿俄米说："耶和华是应当称颂的！因为今日没有撇下你，使你无至近的亲属。愿这孩子在以色列中得名声。他必提起你的精神，奉养你的老，因为是爱慕你的那儿妇所生的。有这儿妇比有七个儿子还好！"

《路得记》4:13-15

11. 犹太王国

A JEWISH KINGDOM

扫罗和大卫做王之时，犹太人还只是一支无足轻重的牧羊人部族。但是当所罗门登基时，犹太人在商业和贸易领域已经占有重要地位。他们在不到一百年的时间里，从一个松散的部族联盟一转成为一个东方专制君主统治的强国。

/

犹太人这时已在约旦河两岸的山区和谷地生活了数百年。

在和迦南地的原住民并东南西北四方邻邦没完没了的苦战后，犹太国终于在一个相对和平的时期安定下来。

新的道路开通，商旅队开始利用贯穿亚洲大陆西边一角的许多便利大道，将商品从孟菲斯运到巴比伦，从小亚细亚运到阿拉伯。

这意味着犹太人的生活开始发生缓慢却显著的变化。

犹太人一直喜欢城市生活，即便是在摩西的时代，他们宁可待在埃及的贫民窟中遭受奴役，也不愿到应许之地的孤单牧场上自由度日。摩西费尽周折，才将那些不情不愿的族人拖离了安全舒适的城市生活。

然而，现在各部族都自己当家做主了。摩西已死，他伟大的继承者约书亚也已经去世，大家开始忘记那些艰难与胜利交织的岁月。

农民和牧羊人的生活确实不易。每天工作的时间长，很少有机会消遣娱乐。另一方面，沿着繁忙的通商大道，任何一个贸易站都可轻易赚大钱。

这是个令人难以抵制的诱惑。许多人离开村庄返回城市。很快财富增加了，但是贫困也增加了。在此期间，民族独立和个人自由的理由开始受到冲击，直到无法挽回的地步。

那些在征服的战争中指挥部族军队的著名士师，确实经常以绝对君主的权威来统治国家。

但是，他们没有一个胆敢称王。

他们的臣民不容他们这么做。

他们会杀了那个践踏他们自由的人。

只要国家还处在危难中，他们就愿意顺从士师的领导。但是，当和平恢复，士师就只是一群半独立部族组成的小联盟的统治者而已。人民尊敬他（如同我们尊敬美国的大法官一样），但远非君臣的效忠关系。

一旦国家不再是农业社会，变成以商业立国，所有一切开始发生变化。多数的犹太人不再关心国家的事，他们只想不受干扰，能把心力全放在自己的事务上，照管好自己的农场或自己的生意。同时，他们也十分愿意让少数职业军人来保卫这国的产业，让少数祭司来照顾国民灵性上的福祉。

当然，他们讨厌纳税。我们都讨厌纳税。不过，那些税金若保持在特定的合理范围之内，人民不会有异议，也不会抱怨。如此一来，国家自然而然朝着日趋集权的政府形式发展。最后，正如我们在本章中所要告诉你们的，它在不到一个世纪的时间里，成长为一个成熟的东方专制政体，变成绝对的王国。

所有这一切改变并非没有预兆。

历史一如自然，没有什么事是突然发生的。

尽管通常看似如此。但是，隐藏在急遽变化背后的秘密原因，已经运作了数百年。一座山的崩塌或一个旧制度的垮台，也许只在顷刻之间。但是预备工作和缓慢的破坏，可能是几代人的努力。

犹太国那时就处在这样一个转型时期，尽管十万个百姓里未必有一个明白确确实实正在发生的事。

这话或许有点夸大。并非所有的人对国民的心灵所面临的危机完全视而不见。有些人比他们周遭的人更敏锐，看得更清楚事情，并说出不祥的警告。

他们被称为先知。

随后我们的故事中会一直提到他们，所以我们该先跟各位介绍一下这群人。

什么是先知？

这个词很难定义。

也许，我们将先知定义为犹太人的精神领袖最为恰当。

许多先知都是伟大的诗人。但他们远不止如此。

他们当中有几个颇有演说天赋。但他们又不仅仅是演说家。

他们有一个共同点——他们敢于坚持自己所见的真理。

他们当中有好些人心胸非常狭隘，完全容不下跟自己观点不同的意见。但是他们都勇于坚持自己的信念，面临原则问题时，也敢牺牲一切（包括自己的性命）。

每当以色列王或犹大王犯了错，就会有个先知出来指出他的错误；每当百姓偏离上帝公义的窄路，先知就会站出来提醒他们走错了路；每当民族犯了罪，先知就会预言全能的耶和华的愤怒即将临到。

直到先知的声音成为民族良心的化身。

数百年后，当犹太国被自身的愚蠢埋葬在废墟之下时，这国的良心，这些约有五十个人所留下的著作，成为以色列百姓和犹大百姓赋予整个人类的珍贵遗产。

在接下来几章中，我们将叙述一段极其复杂的历史时期。

首先，几个半独立的小游牧部族结盟，变成大卫统治下的一个王国。

这王国很快就变成一个大卫之子所罗门绝对专制统治的国家。结果自然引发对暴政的起义行动，犹太国分裂成两个王国，彼此对对方恨之入骨，互相征战不休，直到最后被他们东方的强邻摧毁为止。

接着，他们进入一个外国统治和流亡的时代。

然而，忠心虔诚的犹太人一旦有机会，他们便返回耶路撒冷重建圣殿。

不久，国家又再次遭到入侵。犹太人的独立终于走到了尽头，不过，犹太精神的精髓却超越了地域狭小的犹大和以色列国界，征服了整个西方世界。

接下来几页，我们会看见一长串国王和女王的名单。罗波安、亚撒、耶罗波安、巴沙、米拿现、约阿施、亚玛谢和其他十数人，最后一个

从前以色列中，若有人去问神，就说：“我们问先见去吧！”现在称为先知的，从前称为先见。

《撒母耳记上》9:9

是坏到极处的希律，他们都是以卑鄙残暴的手段来取代前一位统治者。

他们在世上做王统治的年日，充满了谋杀和掠夺。他们颁布过律法，却已被人遗忘；他们建造过城市，也早已从地表上消失。

他们动辄开战，他们大肆庆祝胜利，他们征服了辽阔的疆土（他们也再次失去这些领土），他们新建的行省的名称，也被时间抹去。

他们的光荣只在废弃的迦勒底宫殿的泥砖图书馆中被随手记上一笔。

他们就像成百上千的其他国王一样，我们越快忘记他们越好。

他们得以闻名，完全是不由自主的，只因他们的臣民中出了几位先知。三千年前，当迦勒底人兵临耶路撒冷的城门前，亚述人威胁撒玛利亚时，这些先知留下的言论和思想，至今依旧如当年一样真实和崇高。

出于这缘故，也仅仅是出于这缘故，我们就该知晓以色列和犹大的历史。

这段有史以来最伟大的属灵历史，也有这般世俗的背景。

我们结束上一章的叙述时，撒母耳还是犹太人的士师。

他警告追随者说，他们很快就会成为一个国王的臣民，这国王会夺走他们的儿女和货财，供自己享乐。

然而，那正是大部分百姓想要的。他们只看见自己幻想中的帝国的光荣，没有思考需要付出的代价。

于是，为人实际的撒母耳，开始找寻犹太王位的适合人选。

他在基比亚的村庄找到了这个人。

那男孩名叫扫罗，是基士的儿子，属便雅悯部族。

这两位犹太英雄的相遇十分偶然。基士丢了几头母牛[①]。这些母牛离开牛群，下落不明。基士要扫罗去把牛找回来。扫罗一个村子一个

---

①按《圣经·撒母耳记上》第九章记载，基士丢了几匹驴。

村子去找，在每个地方询问大家有没有看见他父亲的牛，但是连一丝线索也没找到。

扫罗在绝望之下去找撒母耳，请撒母耳给点建议。撒母耳看着扫罗，立刻知道这年轻人是蒙受召唤来做犹太人的统治者。

他如实告诉扫罗，扫罗却吓到了。对一个害羞的小伙子来说，这是过大的荣誉。

当扫罗要被膏抹[①]做王，让百姓来认识他这个新王的时候，他是被人从驮着他父亲行李的驴群中拖出来的。他躲在那些衣箱后头，本想找机会溜之大吉。

然而，撒母耳是个严厉的导师，扫罗只好认命，从今以后接受训练，准备做王。

首先，他被任命为军队的统帅，和亚扪人、亚玛力人、不可避免的非利士人，以及其他从未被完全征服过的迦南部族打了许多场大仗。

他还有许多事要学。

撒母耳总是坚持要绝对、毫无异议地顺服耶和华的旨意，但是一个聪明又喜爱自由行动的年轻人可不同意这想法。此外，他牢记人只能活一辈子，于是开始享受新地位带给他的众多好处。

通常，军队打胜仗后会获得许多战利品。撒母耳坚持大多数战利品要缴给会幕用于献祭。扫罗却认为该留下一小部分给自己和底下的士兵。

最后，无法避免的事发生了。久经沙场，各种阅历丰富的扫罗，在撒母耳的眼里变得越来越世故。

而年迈的撒母耳总是坐在自己的屋子里看书和思考，坚决认为每个人都该以他的严以律己为榜样，只要醒着，就该祈祷敬拜上帝。

扫罗并未疏忽自己的宗教责任，不过，用我们今天的话来说，他

---

①膏抹是以油或香油抹在受膏者的头上，使他接受某个职位的意思。在《旧约》中是一件极严肃与神圣的事。设立祭司，需要膏抹；设立君王，也用膏抹。

有点太“实际”了。

在他击败亚玛力王亚甲之后，他决定要给军队一些适当的犒赏。因此，他把原本该按规矩缴交给祭司的，属于亚甲王的牛羊，暗暗保留了下来。更糟的是，他饶了亚甲的性命，根据当时的犹太律法，他应该要处死所有的战俘。

当撒母耳听见这事，他责骂扫罗违背了耶和华的旨意。

扫罗没有认罪，反而为自己辩解。

他说，自己之所以留下那些牛羊，是想把它们先养肥一点，然后才宰杀献祭。

撒母耳知道扫罗根本没打算那么做，他直接戳穿扫罗，指责扫罗玩两面手法，不诚实，并警告他，这种糟透了的行径所导致的结果，是使他不再配当犹太人的王。

扫罗对此没有反驳。

他返回自己在基比亚的家。

但是他感觉深受伤害，并且很快就怒气爆发。

大家都说，也都深切相信，撒母耳能够预测未来，是个本事高强的算命术士和占卜者。

扫罗当然也知道这点，他下令把他自己统治范围内所有的算命术士一律处死，或驱逐流放。

撒母耳这边也没闲着。

他很生气，打算说话算话。他开始找寻更适合坐上王位的人。这次，他打算找个愿意聆听老人智慧之言，不像扫罗那般我行我素的人选。

他打听了几个不同年轻人的讯息，有人跟他提及一个名叫大卫的男孩，是伯利恒人耶西的儿子，耶西是路得和波阿斯的孙子。

这男孩是个牧羊人，他在自己的村子里因勇敢而小有名气。

有一次，一只狮子袭击了他的羊群；另一次，他的羊遭到一头熊的攻击。两次大卫都没有求救，而是凭一己之力打死了狮子和熊，救了羊群。

此外，大卫还是个杰出的音乐家。他不但会唱歌，还自己学会了弹竖琴，在寂寞又漫长的放羊时光中，他一向自己作词编曲来唱。他所唱的“诗篇”（他作的那些歌被这么称呼）非常有名，众人从四面八方前来听他唱诗歌。

当大家知道大卫享有撒母耳特别的喜爱，注定会有伟大的前程时，到处都有人说，这是个绝佳的选择，会给整个国家民族带来幸福。

只有一个人对这个年少的竖琴家不感兴趣。

那就是扫罗。

他的良心十分不安。

他知道撒母耳说他留下亚甲的牛羊是违背耶和华的诫命，这个指责很对。

现在他每天一想到大卫就害怕，一心只想除掉这个讨厌的对手。

可是他能做什么呢？犹太人都在密切注意着他们二人，扫罗无论做什么都得非常小心。

幸运的是，一场新的战争帮了他的忙。非利士人卷土重来了。他们重组军队，威胁着扫罗治理下的东部谷地。

领导非利士人的是个名叫歌利亚的巨人。他高壮如一栋房子，身穿巨大的甲胄，犹太人从未见过这样的甲胄。

他每天早晚都在犹太和非利士两军之间的战线上高视阔步，向犹太人骂战，问有谁敢离开战壕出来跟他单挑。

他手里凶猛挥舞着一柄七英尺长剑，大骂犹太人是懦夫，百般嘲笑侮辱他们，要让他们对他恨之入骨，出来交战。

一天又一天，一星期接一星期，没人敢上阵。犹太士兵对自己的恐惧深感羞耻，希望有人能出来对这羞辱的情况担起责任。

扫罗身为统帅，便成了他们的替罪羊。

他为什么不上前去跟那个非利士巨人决一死战？

原因很简单，他病了。他罹患了可怕的抑郁症，这病症很快就开始影响他的心智。他坐在营账中闷声沉思，想个不停，日复一日，周复一周。最后，他的将军们都开始担心了。

扫罗似乎失去了理性。他不跟人说话，别人问他问题他几乎都不回答。一定要做点什么来改变这情况，而且得马上去做。

古人已经知道音乐有奇妙的治疗功效。于是，有人建议用大卫的美妙的诗歌来为扫罗解忧。这主意似是绝佳，大卫也受召而来。大卫的演奏非常出色，扫罗不禁潸然泪下，暂时忘却了自己的烦恼，并说自己感觉好多了。

即便如此，扫罗依旧没有离开帐篷，军队依旧按兵不动，歌利亚继续辱骂犹太人，每天时间一到，非利士人就离开防御地，四处站着捧腹大笑，笑到腰痛。

若不是大卫偶然回到犹太人的营地，这情况还不知会持续多久。

大卫家中连他一共八个兄弟，他有三个哥哥在军队里当兵。

犹太士兵都要自备军粮，自己做饭，耶西的儿子传话给父亲，他们需要新的补给品了。耶西吩咐大卫送一袋玉米到前线去。当大卫扛着玉米抵达军营时，听到每个人都在议论那个可怕的巨人，似乎凭他一人就令整支犹太军队陷入了绝境。

大卫不理解为何一个凡人能让大家如此惊慌失措。大卫像大部分独居者一样,花许多时间深思过宗教问题。他对耶和华的力量深信不疑。他相信获得伟大的犹太之神支持的正义之士，不会遭遇不幸。

他自告奋勇，要单凭己力去杀族人的这个劲敌，不需要任何士兵帮忙。

军中将士告诉他，这么做既轻率又愚蠢，但是大卫坚持要去。当他的战友见他是说真的，只好设法帮他做好战斗的准备，除了国王，大家纷纷借他铠甲。

但是大卫说：“不用。”他不需要长剑、长矛和盾牌。

大卫打死非利士人回来，押尼珥领他到扫罗面前，他手中拿着非利士人的头。

扫罗问他说："少年人哪，你是谁的儿子？"大卫说："我是你仆人伯利恒人耶西的儿子。"

《撒母耳记上》17:57-58

他需要耶和华的精神支持。这就足够了。

他走到河岸边，捡了一把又亮又圆的鹅卵石，然后带着弹弓离开了战壕。

当非利士人看见来了一个小毛头要跟有他两倍大的人作战，他们把自己的英雄叫出来，要他拿这小子开刀，杀一儆百。歌利亚不用人催促，立即挥舞着长剑朝大卫冲去。

大卫用弹弓甩出小石头，正好击中了歌利亚的眼睛。歌利亚冷不防挨了一下，一个趔趄跌倒在地，剑也脱了手。

大卫快如闪电扑到他身上。

一把抓起巨人的剑。

一剑猛砍而下。

只一剑就砍下了那颗巨大的头颅。

他拎起头颅返回欢声雷动的犹太士兵当中。

非利士人溃退奔逃，众人向大卫欢呼，称他是国家的救星。

大卫立下这样的功劳后，就算是扫罗也不得不对这位民族英雄给予公开称赞。他请大卫来做客，却始终无法消除一直以来对大卫的猜疑。当他知道自己的儿子约拿单和这个从伯利恒来的牧羊人一见如故，他对大卫的不喜上升到了厌憎的地步。

更糟的是，他女儿米甲爱上了这个英俊红发的大卫。扫罗告诉大卫，想娶米甲，先去杀一百个非利士人。当然，杀一百人不是小数目，毫无疑问，扫罗是想让大卫在执行任务的过程中被杀。

但是，就跟做别的事一样，大卫又成功了，于是他娶了米甲，这两个竞争做王的对手，现在成了翁婿的关系。

这也难怪扫罗的旧病忧郁症又复发了，并且比从前更严重，当医生用尽一切方法后，他们只能再次建议办个音乐会。然而，这次音乐演出，差点让不幸的竖琴手送命。

大卫才弹了几个和弦，扫罗一下子暴跳如雷。

他抓过长矛掷向大卫。大卫一跃而起逃到室外，这才保住性命。他不想再见到国王，于是离开王室的帐篷逃走了。

于是，扫罗的怒气转而向约拿单发泄，想要杀了自己的儿子。但他的随从抓住他双手，阻止了这起谋杀。约拿单对刚才发生的事感到极其沮丧，觉得自己该去找大卫解释。两个好友最后一次见面，情深意重地道别，随后大卫逃进沙漠里，在一个叫做亚杜兰的山洞里避居藏身。

然而扫罗的士兵很快就发现了大卫的藏身之处。不过大卫接获警告，先一步逃向旷野更深处。士兵来时山洞已经空无一人，受害者已经跑了。

沙漠中的生活很单调，为了打发沉闷漫长的时光，大卫写了更多的诗。其中一些你们可在《旧约》的诗篇中找到，在此我就不赘述了。数世纪前，这些诗篇被翻译成完美的英文，若我想用自己的话来重复它们，未免太愚蠢。此外，我只想叙述犹太人的冒险经历，而诗篇跟真实历史没有太大关系。不过，这些诗歌是犹太民族的古老诗歌精神的瑰丽展现，跟《旧约》中致力于叙述无止境的内乱外战的纯粹历史书卷相比，它们包含了更多的美好和智慧。

回过头来讲大卫吧。现在，他正在经历他漫长又曲折的一生中最奇特的冒险。他正处在一个极其艰难又很尴尬的状况里。理论上，他是犹太人的王，扫罗在处理亚甲的事上违背了耶和华的旨意后，撒母耳已经废黜了扫罗，接着便膏抹大卫做扫罗的继承人。

然而，广大的群众没能跟上这么快的政治变化，他们依旧茫茫然地尊扫罗为王。假使我们说得白一点，那就是他们把大卫当成了正式的继承人，也就是太子，随时会被召唤出任摄政王。

不幸的是，那时谁掌权谁就是王法（其实现在也是）。

无论扫罗的实际身份是什么，他依旧住在王家的帐篷里，贴身卫士和侍从人员环伺左右。他统率着一支全副武装的军队，他们随时听他号令行动。

另一方面，从法律上讲，大卫只是一个逃犯。他住在旷野的山洞里，不能在任何邻近的城市或村庄里出现，否则就有遭到逮捕的危险。

日后，当大卫成为犹太人公认的统治者时，这段流亡岁月就需要好好解释了。有些时候，我们的英雄看来无异于一帮匪徒的匪首。最后，他甚至去给非利士人效力。

但是我们不应该对大卫过于苛责。他曾受到扫罗最不公平的对待，却继续以最谦恭有礼和慷慨宽容的态度来对待他的敌人，他这行为应当受到最大的赞扬。

按照我们现代的标准来衡量，扫罗是个十足的疯子。他总是焦躁不安地从一个地方匆匆赶往另一个地方。

有一天，他穿越沙漠走到天都黑了，只得到一个山洞里去过夜。碰巧这山洞是大卫逃亡避居的地方。大卫看见那位不速之客走进来，立刻躲起来等着。

到了半夜，他悄悄来到熟睡的扫罗身旁，将他的外袍割下一块。隔天早晨，当扫罗启程时，大卫追出来喊他名字，把那块割下的外袍给他看。

“看看这块布，”他说，“然后想想我能对你下手，却没那么做。你当时落在我手里，我可以轻易杀了你。然而我饶了你一命，尽管你一直持续迫害我。”

扫罗当然知道大卫说得对。但是他恨大卫，像个没有理智的疯子一样憎恨他，虽然他咕哝着道歉并召回他的士兵，但他没有要大卫跟他一起回宫去。

不久之后，撒母耳过世了。

大卫和扫罗在丧礼上碰了面，但是两人并未和好。

一切照旧，并持续了很长一段时间。

到了路旁的羊圈，在那里有洞，扫罗进去大解。大卫和跟随他的人正藏在洞里的深处。跟随的人对大卫说：“耶和华曾应许你说：‘我要将你的仇敌交在你手里，你可以任意待他。’如今时候到了。”大卫就起来，悄悄地割下扫罗外袍的衣襟。

《撒母耳记上》24:3-4

在扫罗没完没了的奔波中，他又一次落入了他憎恨的对手大卫的手里。

从内心的本质来讲，扫罗至死都是一个朴实的犹太农民。他讨厌城市，拒绝住在房子里。只要有可能，他就去住在沙漠中。这天，他再次离开自己的村庄，前往旷野享受那里的和平与宁静。午后天气非常炎热，他在一块高耸的岩石底下睡着了。这块巨石正好是大卫常来的地方，他来这里聆听太阳和风的声音，它们或许会告诉他一些奇怪的秘密，他会在事后将听闻写进诗歌里。

押尼珥是扫罗的堂兄弟，也是他军队的统帅，这时就睡在扫罗的旁边。

大卫在这两人朝岩石走来时就看见了他们。他悄悄爬下陡峭的小径，来到岩石脚下，然后取了押尼珥的剑和长矛，再返回原处。

然后他大喊道："噢，押尼珥！押尼珥！"

押尼珥惊醒过来，大卫训斥他玩忽职守，没有保护好国王，竟让一个陌生人偷走了他的武器；又说这真是个忠心臣仆的行径啊！等等之类的话。

即使饱受打击的灵魂正处在痛苦折磨中，扫罗也必须承认大卫的心胸十分宽大。大卫第二次饶了他的命。这次，他对自己曾经残酷恶待大卫的行径道歉，并请大卫跟他一起回去。

于是，大卫收拾了几件自己的东西，返回宫廷，只是为时短暂。

扫罗的情况越来越坏。几个礼拜之后，一切又恢复了老样子，大卫留在宫廷里已经不再安全。

当然，身为犹太人唯一真正合法，受过膏抹的统治者，大卫可以坚持他的权利。但是他知道扫罗来日无多，所以他没有去争这件事。

他离开了，从此跟这位宿敌再未见过面。

不久之后，大卫在洗革拉村安顿下来。这村子坐落在边界上，属于迦特王亚吉的领地。

大卫在这里的处境很糟糕。

大卫一直很能吸引人，他身边总是围绕着一群喜欢冒险的青年，希望能当他的士兵和臣仆，借此发家致富。

大卫人在旷野，却以这种方式一度聚集了四百多名志愿军。这数目在我们听来不算大，因为我们听惯了百万大军，但是，在公元前 11 世纪，四百人可是一支令人畏惧的军队，而大卫毋庸置疑是那整个省份的统治者，许多有关他的奇特功绩的故事，一直流传到今天。

大卫似乎自愿受雇于农民，担任他们的私人保镖，保护他们免受盗匪劫掠。至少，我们知道有一次是迦密的族长拿八拒绝付他保护费。根据这故事的记载，大卫对这不公正的情况火冒三丈，他召集了手下所有的人，打算去把拿八全族杀光。当拿八的妻子亚比该得知这事，急忙带上礼物去见大卫，并许下种种承诺，这才平息了这位打败非利士人的伟大战士的怒火。

顺带一提，亚比该回到家里，想把当天下午发生的事告诉丈夫，却发现丈夫大醉不省人事。第二天，当他被告知差点临头的大难，他吓得魂不附体，十天后就死了。这下亚比该成了寡妇。她与大卫的那次会面，时间虽短，却给大卫留下很深的印象。当大卫听说她丈夫死了，便求她嫁给自己，她也接受了。

大卫显然已经厌倦了扫罗的女儿米甲，他将她送给了住在迦琳村的朋友[①]，然后娶了亚比该，带着亚比该去了希伯仑，他们在那里生了一个儿子，名叫基利押。

然而，新婚之喜无助于解决大卫的其他难题。他仍有一帮忠心的

---

① 按照《旧约·撒母耳记上》二十五章 44 节的记载，是扫罗将女儿米甲给了迦琳人拉亿的儿子帕提为妻。

追随者，但是没有多少保镖的工作可做，这令大卫入不敷出。最后，这位几年前被非利士人视为灾星的人物，差点被迫去为非利士人效命。

事情是这样的。他所在之地的主人亚吉王突然通知他，非利士人打算向犹太人开战。亚吉王按照自己所签订的协约，有义务助非利士人一臂之力。而大卫既然接受亚吉王慷慨的款待，亚吉王便期望他能站在自己这一边，支持非利士攻打犹太人。

大卫无计可施，只好模棱两可地回复，尽量拖延时间。由于拖延未果，他最后只好去了非利士的兵营。不过，非利士人的统帅非常明智，他看这支援军的背景，觉得实在不可靠，于是默许大卫返回洗革拉，没再麻烦他。

当他一回到洗革拉，便发现亚玛力人趁他离开之际洗劫了整个村子。他立刻追踪那群劫匪，攻击并打败他们，除了逃掉四百人，其余全部杀尽，然后他返回西缅一族的村落，再次恢复平静的生活。

非利士人按照计划对犹太人开战。

结果十分出人意料。当扫罗被告知一场新的侵略之险已迫在眉睫，他又陷入了极糟的忧郁中。

他感觉所有事情的结局终于临到了。

他对自己和家人的未来非常绝望，竟决定去找一名女巫求助。但是，所有的巫师不是死了，就是逃到外国去了。他们是扫罗自己下令驱逐出去的。

最后，有人告诉国王，有个老女巫住在隐多珥，那村子离雅亿杀死西西拉的家不远。

扫罗对自己要做的事感到很羞愧，因此等到三更半夜才去见女巫。然而，那女人知道施行巫术会遭到可怕的处罚，害怕接待他，拒绝给国王开门。

扫罗再三跟她保证。

他承诺说，如果她能让他跟几年前过世的一个人的鬼魂说话，她将得到重赏。

女巫问他这话什么意思。

扫罗回答说，他想跟自己从前的导师撒母耳说话。

那时，有个裹着一身黑斗篷的老人的身影，从地下冒出来。

这就是撒母耳的鬼魂。

活着的国王扫罗，和死亡的士师撒母耳面对面了。撒母耳告诉扫罗，等在他面前的是可怕的命运，他将落入非利士人的手中。

当撒母耳说完，扫罗昏了过去。

但是，这位久经沙场的老将有个勇敢的灵魂。

第二天一早，他对非利士人发起了进攻。

还不到中午，他的军队就已全军覆没。他的儿子约拿单、麦基舒亚和亚比拿达都被杀了，扫罗受伤后扑在自己的刀上穿心身亡。他谨记参孙的命运，宁可自杀也不落入敌人之手。

非利士人找到他的尸体。

他们砍下他的头，传送到全境，让这头颅带着胜利的喜讯传达给全民。

他们将缴获的盾牌、长枪和铠甲都送到亚斯他录的神庙里，跟其他无数在这场战争中所获的战利品放在一起。

然后，他们将扫罗的无头尸体和三名战死的王子的尸体，全都钉在伯珊的城墙上。

当基列雅比的人得知此事后，他们决定去抢回扫罗的尸身，因为扫罗曾在他们遭到围困时解救了他们。他们趁着黑夜潜入伯珊，将扫罗和他三个儿子的尸体取下带回，秘密葬在自己村里的柳树下。

这个可怕的民族悲剧，是以一种奇怪的方式传到大卫耳里的。有个非利士人想要讨好新犹太王，快马加鞭赶到了洗革拉的村子，将扫罗的死讯通知了大卫。他还说明了事情发生的经过，扫罗是跟他那么多个儿子一起战死的。

“我在基利波山附近突然遇见他们，”他撒谎说，“我就把他们全都杀了，因为我知道他们是你的敌人。”

他没获得所期望的奖赏。

大卫下令将他绞死，当这事执行之后，他深切哀悼自己的故主和他最亲爱的朋友约拿单。

就像往常一样，他从音乐和诗歌中寻得了安慰。他谱写了那首高贵的诗歌，开头几句是这样的：“以色列啊，你尊荣者在山上被杀。大英雄竟何死亡。”你们可在《撒母耳记下》第一章找到这首诗歌。

然后，他禁食了很长一段时间，以表达他的哀痛，也让所有百姓知道他深切的悲伤是真诚的，他也准备好要继承王位了。

他问耶和华，他应该先去哪里？耶和华告诉他先去希伯仑山。

在希伯仑山，犹太部族所有的人都出来迎接他们的新君王，大卫正式被膏抹做扫罗的继承人。

大卫做王将近四十年，统治着犹太领土的大部分地区。

他是个决策能力很强的人。否则，统治犹太国这项几无指望的任务恐怕早就失败了。

首先，得解决非利士人的问题。犹太人跟非利士人打了几百年的仗，始终没摆脱这个长期以来的威胁。我们一而再地读到，非利士人被永远打败了。但是，几年之后，他们又卷土重来。非利士人打仗的本领高强，每当两军对垒作战，非利士人总是每战皆捷。犹太国被迫每年向这个可恨的邻邦纳贡，直到犹太亡国的那一天。

其次（这个问题更棘手），大卫苦于应付犹太部族间没完没了的纷争。犹太各部族互相嫉妒，就像小村子里的村民那般小鸡肚肠。

他们想要一个王。

可是当他们一有了王，他们就开始怨恨他的权力。

即便是大卫这样众望所归的王，当他要惩罚一个犯了法但人缘甚好的士兵时，也无法力排众议和偏见，坚持自己的判决。

比如，他自己的外甥，在军队中担任元帅的约押，谋杀了扫罗忠心的臣仆押尼珥。大卫厚葬了押尼珥，仅此而已，他不敢处死约押。

约押始终没有遭到审判，而大卫日后将会为当时饶他一命而后悔不已。

大卫凭着自己所有的才智和不屈不挠的意志力，终于逐步做了犹太全地的绝对统治者。

不久，扫罗还活着的儿子有一个被自家仆人杀害了，大卫可没放过他们。他吊死了那些凶手，并宣布今后有谁胆敢触犯法律，将获得跟他们同样的下场。

这终于让犹太人对耶和华有了敬畏之心。接着，大卫进一步采取了对新王国极为有利的措施。

他将首都迁到了耶路撒冷。这城位于非洲到美索不达米亚的大道上，地理位置十分便利。

他在那里为自己建造了一座宫殿。

当宫殿建成，他开始讨论修建圣殿来取代会幕的计划。

从无人驾驭的牛车将约柜自非利士地拉回那日开始（那真是个值得纪念的日子），约柜就一直安放在基列耶琳村的亚比拿达家中。现在，是给它在新首都寻找一个安置之所的时候了。对在沙漠中流浪的人而言，会幕已经够好，但是对已经壮大成强国的犹太国，有能力兴建一座真正的圣殿，百姓认为这项兴建工作已经成为全民族的责任。

犹太人初步的决定是，将约柜运到耶路撒冷来。

因此，大卫率领全军往东去，要迎回约柜。祭司们将约柜放上新车，由亚比拿达的一个儿子，名叫乌撒的负责赶车。

未料车子在半途陷入车辙，有一头牛失了前蹄，约柜差点翻倒在地。乌撒下意识伸手去扶，以防约柜翻落在地。

乌撒立刻被击杀了。

根据古老的犹太人律法，唯独祭司可以触碰约柜，一般人无权这么做。

由大卫领头的这支欢欢喜喜的迎接队伍，霎时停了下来。

安葬了乌撒后，约柜运到了迦特人俄别以东的家中停放。

约柜在那里停放了三个月。

此后，大卫率领全军返回。约柜再次被搬上车子。

这次约柜安全运抵了耶路撒冷，安放在新的圣所里。日后，大卫的继承人所罗门将这圣所改建成了名闻遐迩的圣殿。

从那时起，耶路撒冷不仅是犹太国的首都，它同时也成为所有宣称是亚伯拉罕后裔之人的宗教中心。巴勒斯坦还有其他的圣地，但是都不如耶路撒冷这座圣殿壮观辉煌。

此外，垄断犹太祭司职务的利未族人很聪明。他们不容许有任何竞争对手，并且坚定地拥护国王。国王也投桃报李，下令关闭国内所有其他的圣所，强迫所有的朝拜者都必须到他的首都来献祭。

当宗教方面的事处理好之后，大卫将心思转到了军事上。

首先，他划定了本国疆界。

其次，他坚定彻底地击败亚扪人，让他们永远不能再骚扰犹太人。

第三，他跟非利士人达成停战协议，让非利士人从此不再攻打他。

从世界的观点来看，大卫统治下的王国非常成功。

但是，身为一国之首的大卫也并非事事如意。

至高无上、毫无限制的权位，开始腐蚀他。

大卫像撒母耳一样，在许多方面都是个很软弱的人。他很仁慈、睿智、和蔼，甚至对敌人也是这样。他对扫罗唯一活着的孙子，亦即他的知己约拿单的儿子，非常慷慨。

这可怜的孩子双腿残疾，大卫收留他，视为己出，在他有生之年都让他跟自己住在耶路撒冷的王宫中。

但是，当事情涉及个人享乐，大卫就变得跟他最坏的臣民一样卑劣残忍。

一天傍晚，大卫在王宫的屋顶乘凉（犹太人在酷热的炎夏有这种屋顶乘凉的习俗），远远望见了一个女人。

他喜欢那女人的模样，便说要娶她为妻。

但是，他打听后得知，这女人已经嫁人了，是赫人乌利亚的妻子，而乌利亚是约押手下一名在前线服役的军官。你们还记得吧，约押就是那个谋杀了押尼珥却未受到惩罚的将军。

当然，大卫原本应该立刻忘了这女人，但他没这么做。

相反地，他把她丈夫邀请到宫里来。

他好好款待了乌利亚，送他礼物，然后送他返回军队并带一封信给约押。大卫在那封信里告诉约押，要把乌利亚派到最前线去，并将他留在最前线让他被敌人所杀。

约押就跟一般的罪犯没两样，正适合安排这种冷血谋杀的勾当。他不但没提醒乌利亚危难临头，反而大加恭维这个可怜的家伙，说他作战英勇，为了酬报他，将前线最危险的职务托付给他。乌利亚信以为真，愉快地担下先锋指挥官的职务。

当进攻开始，一切便按照大卫的计划严谨地执行了。

乌利亚一直往前冲。

其他士兵却在约押一声令下纷纷撤退。

乌利亚被留下孤身奋战，直到战死。

这使得乌利亚的妻子拔示巴成了寡妇，不久之后，大卫便娶她为妻。

大卫误以为耶路撒冷的百姓不会知道自己这桩邪恶的行径。

但是，前线的士兵（他们通常会知道很多事）把这件事告诉了自己的亲友。国家小，消息传得快，没多久所有的犹太人都知道了他们的国王垂涎别人的妻子，于是先安排那个做丈夫的被杀，然后再娶了那个寡妇。

不过，国王就是国王，即便出了这事，还是有许多人认为大卫不会行差踏错。

至于其他看法不同的人，也不敢说出自己的想法，以免惹来牢狱之灾或杀身之祸。

这时，本章一开始所提及的，犹太人历史上最伟大的时刻之一来临了。

当所有的犹太人都三缄其口时，民族的良知开口了。

先知拿单来到大卫王的宫殿，说自己刚听了一个小故事，想讲给大卫听。

大卫吩咐他说。

于是，拿单开始说："从前，有一个富人和一个穷人比邻而居。富人有许多的羊，但穷人只有一只小羊羔。穷人非常喜爱这只小羊羔，待它犹如自己的孩子，当家中没有足够的食物可吃时，他会把自己的面包和牛奶分给所爱的小羊羔，天冷时，他会用外套裹着小羊羔，以免它受冻。

"有一天，富人要款待一个朋友。他可以杀一只自己的羊，这并不麻烦。但是，他没这么做，他非得去偷穷邻居的那只小羊羔，让人杀了端上餐桌，以此博得客人欢心。"

大卫听到这里，极其愤怒。他对拿单说，这是他所听过最卑鄙的罪行。

他承诺一定要严惩此事。

那个被偷了羊羔的穷人当获得七倍的赔偿[①]。

至于那个犯下如此罪行的恶棍，应当被立即处死。

于是，先知拿单起身说："王啊，那人就是你。你杀了乌利亚因为你想霸占他妻子。因此，耶和华将使你和你家人遭受不幸，你和拔示巴所生的儿子将会暴死，以赎父母之罪。"

大卫闻言又怕又悔。不久之后，他的幼子就病了。预言部分成真。

---

① 按《旧约·撒母耳记下》第十二章 8 节记载，大卫说的是偿还四倍。随后，在一连串的事件中，大卫死了四个儿子。

大卫以灰盖头，在耶和华面前以各种方式羞辱自己。他七天七夜不吃不喝。到了第八天，孩子死了，拿单的话应验了。

从那时起，大卫看自己是谋杀了亲生儿子的凶手。他向耶和华忏悔，承认他处理乌利亚的事是大错特错。他愿意以苦行来赎罪。他乞求、祈祷、哀求，希望能得到饶恕。这样真诚的忏悔显然打动了耶和华，大卫也暂时没有遭到更进一步的惩罚。

不久，拔示巴又生了一个儿子，取名所罗门。大卫非常高兴，承诺孩子的母亲说，他会立这个儿子做继承人，所有其他的孩子都被排除在外了。

当然，这消息令合法的继承人押沙龙和亚多尼雅极其不悦。

亚多尼雅精力有限，对发生的事不太关心。然而，年轻鲁莽的押沙龙（其母出生于炎热的叙利亚沙漠），却开始筹划谋反父亲。

他以自己的方式四处博取耶路撒冷百姓的欢迎。他是个英俊的年轻人，一头长长的金发披肩，总是出现在人群聚集之处。他喜欢摆出护卫穷人抵抗富人压迫的姿态。因为大卫变得越来越专制，赋税不断增加，群众的牢骚不满可多了。他们都渴望在这个突然失去王位继承权的王子面前诉苦抱怨。

如此煽动群众四年后，当押沙龙认为能倚仗的追随者数目够多了，他便离开耶路撒冷去了希伯仑，借口说是向耶和华献祭，但实际是发起反抗他父亲的活动。

这对大卫是个可怕的打击。

他爱押沙龙胜过其他的孩子，也感觉自己对他不公。他无法忍受要与自己的骨肉之亲兵戎相见，遂离开王宫出逃，渡过约旦河，住到了玛哈念的村子。

大卫出逃的结果，是让国家陷入了内战。但在这个挫败和羞辱的时刻，百姓记起了大卫是那个对抗非利士人，杀死歌利亚的光荣领袖，他们忘了大卫王曾经偷偷霸占另一个人的妻子。

他们以最大的忠诚一同前来支持大卫。

很快，整个国家便分成了两派。一派支持大卫，一派忠于押沙龙。不过拥护大卫的人占大多数。

一场战争在约旦河东以法莲的森林中爆发。战争开打前，大卫恳求手下的士兵善待押沙龙。自从他的丑闻和叛乱发生以来，他始终关心这个儿子，比他所愿意承认的更加关心。

国王和王子的军兵激战了一整日，双方伤亡惨重。到了傍晚时分，效忠大卫的队伍逐渐占了上风，押沙龙被迫撤退。

押沙龙骑着骡子尽力奔逃，但是，他的长发被一棵树的树枝给缠住了。他所骑的骡子受了惊吓跑了，留下他被吊挂在半空中。

有个大卫的士兵发现了押沙龙。他知道国王要求宽待那些叛乱者，就不肯杀押沙龙。

他跑回去告诉了约押。

约押这个冷漠的罪犯毫无顾忌，他拿起三根长矛，前往发现押沙龙的地方，见他上不着天下不着地无助地悬着，便杀了他，将他的尸体扔在橡树下的一座坟里，然后叫来一个黑奴，命他去将此事告诉国王大卫。

黑奴去到大卫王的营帐，兴高采烈地向老国王报告了击败叛军，并杀死他儿子的经过。大卫不但没有高兴，反而伤心欲绝。

他想起了自己所犯的罪，以及先知拿单的咒诅。

现在，他打了胜仗，所有反叛的部族都赶来跟他求和，但是，这都无法挽回可怜的押沙龙的性命，大卫在宫中来来回回，不住哀哭。

接着，另一串不幸的事又接二连三临到。国王这时年老力衰，来日无多。他已经无力领军作战，而非利士人不久又再度来犯。

押沙龙的兄弟亚多尼雅趁机发起了叛乱。

这激起大卫做了他最后一件大事。

他下令加冕所罗门做犹太人的王。

亚多尼雅知道所罗门这个弟弟比他聪明，于是向所罗门投降求和。所罗门也原谅了他。

所有这些事，大卫都不关心。他坐在王宫中一个黑暗的角落里，喃喃说着疼爱押沙龙的话。押沙龙胆敢向父亲发动战争，至终被杀。

仁慈的死神终止了大卫的痛苦，给他带来从他破坏摩西和约书亚的上帝诫命后，再不曾有的安宁。

现在，所罗门是犹太人的王。自从起初先驱者离开吾珥的沙漠地区，来到一般西亚人称之为幼发拉底河的“大河”两岸的山区和谷地定居下来以后，许多事都已经不同了。

当亚伯拉罕想要招待客人时，他会叫仆人去杀一只羊羔。

所罗门的生活是完全不同的级别。每天必须送上他餐桌的东西有：三十份的面，七十份的粗谷粉，十头肥公牛，二十头瘦公牛，以及数十只的鹿、雄獐子、鸡和其他野味。

当亚伯拉罕迁移到一个新领地，他给自己搭了个简单的帐篷，睡在几张旧地毯上。

另一方面，所罗门花了二十年的时间给自己建造了一座新的宫殿，并用纯金的盘子进餐。

这看起来很有意思，却要耗费大量的钱财。数百年后，当犹太人流亡到巴比伦，回顾记述过往时，总爱沉浸在所罗门时代的荣耀里。按照他们的说法，所罗门是幼发拉底河和地中海之间全部领地的主人，这事无可争议。

可是，这位强大君主的臣民却被迫服劳役，做所有的公共建设，并被迫缴纳年税，用以维护王宫、圣殿、米罗的梯形堡垒、耶路撒冷的城墙，以及所罗门重建并加固的三座边陲城市。众民对这一切并不热心，并且，坦白说，他们随时处在叛乱的边缘。

幸好，所罗门是个精明的人，他故意将宫廷的花费控制在一定范围之内。

就像约瑟和其他几个伟大的犹太领袖一样，所罗门睡觉时也常做异梦。他登基后不久，就梦见耶和华问他最渴望得到什么礼物。

所罗门回答，他选择要智慧。“智慧”一词，在古希伯来语中既可译为“智慧”，也可译为“精明”。

所罗门两者兼备。他聪明绝顶，却不鲁莽。

身为犹太人的王，他同时也是国家的大法官。送来给他审理的第一批案件中，有一桩是两个妇女争夺一个婴孩，她们都说孩子是自己的。所罗门命一个贴身侍卫去将婴儿抱来，预备拿刀劈成两半，分给两个女人。事情果然如他所料的发生了。

孩子真正的母亲恳求侍卫饶了孩子的性命。

她的理由是：“让假母亲拥有这孩子，总好过让孩子惨死刀下。”

如此迅速又犀利的判决，让百姓大为欢喜。这让所罗门广受爱戴。即使他晚年做出种种愚蠢的事，臣民也没有减弱对他的爱戴。

从公元前 943 年到前 903 年，所罗门一共统治了四十年。

他在位期间，始终花钱如流水。

首先，他修建巨大的王宫，宫中有许多厅堂和庭院，并且全都通往圣殿。在高墙之内有军械库，有供国王接见臣民和听取法律诉讼的觐见厅。另外还有许多宽阔的起居间给国王并所有随从居住，此外还有后宫，里面住着王的妃嫔，远离大众好奇的目光。

整个王宫都以石头建造，并以香柏木装饰。总共耗费二十年才建成。

然后是建圣殿。当然，古代的圣殿跟今日的教堂十分不同。它是百姓前来杀牲献祭给神明的圣地，而所罗门的圣殿只献祭给一位名叫耶和华的神。圣殿里不讲道说教，只有络绎不绝的朝拜者。

圣殿不需要建得很大，所罗门的圣殿占地九十五英尺乘三十英尺，大小和一般的乡村教堂差不多。

尽管如此，这建筑却耗费巨资。犹太人多半务农和经商，很少有

给约押拿兵器的十个少年人围绕押沙龙，将他杀死。
约押吹角，拦阻众人，他们就回来，不再追赶以色列人。
他们将押沙龙丢在林中一个大坑里，上头堆起一大堆石头。以色列众人都逃跑，各回各家去了。

《撒母耳记下》18:15–17

工匠的手艺。修建圣殿所需的石匠、木匠和金匠，都得从国外请来。他们大部分来自腓尼基，腓尼基是三千年前世界上最大的商业中心。

今天，推罗和西顿是两座荒凉的小渔村，但是，在所罗门的时代，这两座城是令内陆闭塞的犹太人大开眼界的港口，就像美国中西部草原小镇的居民会被纽约的繁华吓到一样。

大卫已经和推罗的统治者签订过协议。如今所罗门也与西顿王缔结同盟。

犹太王每年提供希兰王谷物，希兰王则提供相当数量的船只给犹太君主使用，并保证提供他技术娴熟的工匠来修建圣殿。

所罗门租用的船只遍访了地中海沿岸所有的港口，最远抵达西班牙的他施（罗马人称为塔特索斯），它们满载黄金、宝石和珍贵的木材回来，供所罗门的圣殿使用。

但是，地中海的世界太小，无法满足这位伟大君王的所有需求。他决定开辟一条进入东西印度群岛的贸易航线。他请来了腓尼基的造船工匠，让他们在红海东部的亚喀巴湾沿岸定居。他们在以旬迦别城附近建造了一座船坞。六百年前，当犹太人还是沙漠中的漂流者时，就曾到访过以旬迦别。这些造船者造出的船，最远到过俄斐（位于非洲东岸或印度西岸），载回了檀香木、象牙、香料，然后再由商旅队运到耶路撒冷。

和金字塔（在当时已经存在了三千年以上）以及底比斯、孟菲斯、尼尼微并巴比伦等地的神庙相比，所罗门的圣殿算不上壮观。

但是，这是西亚众多小小的闪族部落中，首次有一支部族勇敢地将这样一个雄心勃勃的建筑计划付诸实行。就连阿拉伯盛产黄金的示巴国的女王，也在好奇心的驱使下，前来参访她北方邻国的首都，觐见所罗门王，对他所完成的功绩表示钦佩。

不幸的是，我们没有在别国的历史中看见圣殿的记载，只有《列

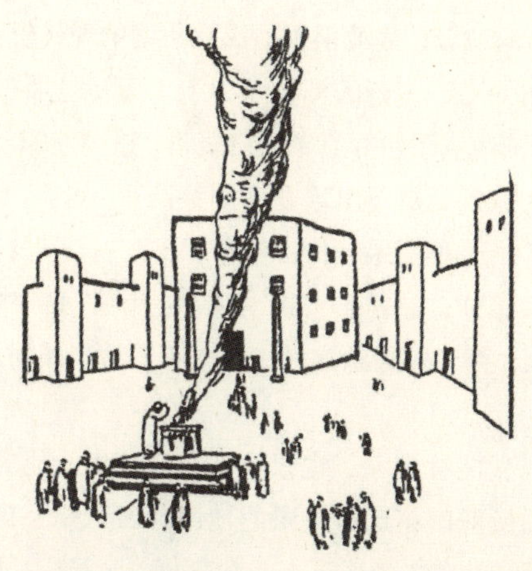

所罗门祈祷已毕，就有火从天上降下来，烧尽燔祭和别的祭。耶和华的荣光充满了殿。

《历代志下》7:1

王纪》[1]中有仔细的描述，但《列王纪》是在数百年后才写成的。那时，一般的人都相信并说圣殿耗资十万八千他连得[2]的黄金和一百零一万七千他连得的白银，相当于我们现在二十四点五亿美元。但这数目大约是整个古代世界黄金总产量的五十倍，因此，这数目很可能是夸大了。由于圣殿起初的建筑连一块石头也没留下，遗址上又覆盖着一百二十英尺高的垃圾，因此很难估出它正确的现代价值。

然而，我们知道，古老的摩利亚山上（起初是耶布斯人亚劳拿的农场所在地）逐渐盖满了错综复杂的建筑物，这些建筑经过许多世纪，一直闻名至今。它们始建于出埃及后的第四百八十年（旧约中第一个确凿的年代），并于第四百八十七年竣工。

所有的准备工作，如凿石、锯木等等，都在远离摩利亚山的地方完成。如此一来，修建圣殿的实际工程的噪音就能减到最小。

即便是那时代的犹太人，也很少住在石屋里，他们不喜欢光秃秃的墙壁。因此，所罗门将这座圣殿的地面、四壁和天花板，都覆以香柏木板和雪松板，并在表面再铺上一层薄薄的金箔。

圣殿的核心至圣所，是个长宽高均为三十英尺的正方形小室，里面伫立着两座很大的天使雕像，它们张开的翅膀下安置着约柜，这个朴素的木盒子如今已随着犹太人漂泊了将近六百年的时间。它里面安放着两块石板，上面刻着耶和华的律法，是当年他在西乃山上的云雾中向摩西显现时赐下的。

这间小室内充满永恒的肃静。每年只有一次，也就是在赎罪日那天，大祭司才能进到这个神的灵所在之处。

赎罪日那天，大祭司会脱下平日的祭司袍，换上纯白的亚麻袍子。

---

①《旧约》中的书卷，分为《列王纪上》和《列王纪下》，有关建造圣殿的记载，在《列王纪上》第六和第七章。

②他连得，古希腊重量单位，一他连得为 25.55 千克。

他一手拿着香炉，炉中装着几块祭坛用的煤炭。另一只手拿着一个金碗，里面盛着祭牲公牛的血。他将血洒在地上以示赎罪。

然后他便退出至圣所。两扇饰有花卉和棕榈图案的漆金大门随即关上，殿中只余两座沉默的天使雕像伫立在那里，它们继续守护着张开的翅膀下方的约柜。

在圣所和至圣所之间隔着一层雪松板，而圣所才是圣殿中真正忙碌之处。香坛设在圣所中，按律法要求，所有想要献祭的人，都当把一只献祭牲畜的血洒在这著名的祭坛前。

这地方从早到晚都充满了人畜的嘈杂声。

犹太人献祭的律法极为错综复杂。祭司们不断改动摩西立下的律法，每一样罪行都有与之相应的特殊献祭方式，从而自这些献祭中捞取大量的钱财。

穷人获准用无酵饼或烘烤过的谷物献祭。

但那些花得起钱的人就得去买一只公牛或绵羊或山羊，将牲畜牵到圣殿里，交给祭司做进一步的处理。

为了方便的缘故，圣殿入口附近就有牲畜出售，因此整天都可听见牛羊哀叫的嘈杂声。起初，祭祀的人应该要自己动手宰杀牲畜。然而，渐渐地，这项工作由祭司代劳了，而献祭也失去了许多自己的个性。

首先，把牲畜杀了，切成块，再把牲畜的血涂抹在香坛上，或洒在香坛前。然后，牲畜剩余的部分（或带有油脂的部分），要抛到黄铜祭坛上用煤炭烧掉，黄铜祭坛立在圣殿外俗称祭司院的地方，这样烧祭物的烟就能轻易上达天听。

献完祭后剩余的肉，由献祭者吃掉，或送给祭司。所有的祭司并其家属的住处占满了三排房间，这些房间就建在圣殿两旁，十分便利。

当圣殿竣工，准备向信徒开放时，所罗门举行了隆重庄严的典礼。

他邀请了犹太人各部族的领袖前来耶路撒冷。

他们先一同从耶路撒冷走到锡安去迎接约柜。

锡安是一座山丘的名字，起初的耶路撒冷村就建在这些山丘上。它曾是迦南地原有居民耶布斯人的要塞，他们的王被约书亚所杀，但他们继续保持了好几世纪的独立。

最后，大卫占领了锡安。

他将锡安称为大卫的城，将它变成他未来国都的核心。

当大卫从基列耶琳迎回约柜后，他把约柜安置在搭建于旧王宫中的临时会幕里。

现在，祭司将约柜从会幕中抬出来，抬往它最后安置之处，也就是至圣所内。

当约柜一安放好，便有云充满了圣殿，表明耶和华的灵降临。于是，所罗门屈膝跪下，为百姓祈祷，并有一团火从天而降，烧掉了放在祭坛上的祭物，于是国王并百姓都知道耶和华悦纳了他的新居。

接下来的盛宴持续了整整两周之久。

所罗门宰了两万两千头公牛和十二万只绵羊，其余百姓也尽己所能献上各种祭物。

这一切都大大提高了犹太人的王的声望。

有史以来第一次，他的国家引起了国际性的瞩目，并有各方访客来朝。贸易也比过往更加繁盛。许多犹太商人在埃及、地中海沿岸、幼发拉底河和底格里斯河两岸的众多城市中，都设立了自己的商号。

这是一个伟大繁荣的时代的开始。

但是，钱多了是非也多。如今所罗门很少离开王宫，他还增加了贴身侍卫的数目。所罗门也是第一个拥有专门建制的骑兵团的犹太统治者。随着年事渐高，他完全退出了国家事务的管理。他不再把自己当成是俭朴的牧羊部落的国王，而是变成一个无可争议的、强大的东方王国的统治者。

出于对国家利益的考虑，他娶了好几个更为强大的邻邦的公主为妻。这些嫔妃，无论是埃及人、摩押人、西台人、以东人、亚扪人或

所罗门建造殿宇，殿里面用香柏木板贴墙，从地到棚顶，都用木板遮蔽，又用松木板铺地。内殿，就是至圣所，长二十肘，从地到棚顶，用香柏木板遮蔽。内殿前的外殿，长四十肘。

《列王纪上》6:14-17

腓尼基人，每一个当然都保留着自己国家的宗教信仰。因此，在王宫的高墙院内，你可能会看到埃及女神伊西斯[①]的祭坛、巴力[②]的祭坛以及其他亚洲和非洲异教神明的祭坛。

有时候，为了讨某个宠妃的欢心，所罗门会允许她建一座自己的小神庙，以便她能像儿时在尼罗河流域或亚兰山丘间那样祭祀自己的神明。由此可见，所罗门仍是个眼界自由宽大的人。但这并未增加他在民众当中的威望，因为他们严格信奉独一的真神。

他们受尽奴役、无比艰辛，吃了许多说不出的苦，才把圣殿建了起来。

而今，他们众百姓的王却遗弃了耶和华的圣殿，坐在一些阴暗华丽的异教神庙里。

这引起了百姓极度的不满。

这也点燃了造反的精神，只要所罗门一去世，就会爆发公开叛乱。

我们对所罗门的晚年所知甚少。据说《所罗门行传》一书中有详细的记载，但是很不幸，这书已经失传。

所罗门安详地去世，如同他的先祖，都葬在大卫之城的家族墓穴中。

他本来可以为一个强大的犹太国奠定良好的基础，但是他对奢华生活的沉溺与对精神生活的漠视，使得这一切都不可能了。

他一死，叛乱就爆发了。

---

① 伊西斯是古埃及司掌生育和繁殖的女神。

② 巴力是古代迦南司掌生育之神。

12.
内战
CIVIL WAR

睿智的领袖或能拯救这国避免所有帝国招致的命运。然而，所罗门的继位者懒惰无知，又听信奸佞之辈。他逼得北方十个部族起来反抗他的暴政。他们拥立自己的王并建立了新的国家，取名以色列。南部地区依旧忠于合法的君王，成为众所周知的犹大国，并定都耶路撒冷。

/

所罗门和亚扪女子拿玛所生的儿子罗波安继承了王位。

罗波安愚蠢无知，没有远见。

他一继位，国家就陷入了种种灾难，最后以色列的百姓分裂成两个互相敌对的小王国。但是，将这一切都归罪于他，却有失公允。

国家的分裂，除了君主普遍不得人心，还有其他原因。

自犹太历史的开端，居住在亚割谷南部的犹大部族和居住在北部的以色列部族，彼此之间就是互相嫉妒，厌憎不和。

要弄清这些古代争端的根源，非常困难。《旧约》的前十一卷（是我们有关这整段历史的唯一来源）包含了许多的传说，但正确无误的历史甚少。写这些编年史的作者经常带有个人偏见，总是努力证明自己偏爱的观点。他们经常在书卷里加入一些与犹太民族的真实历史无关的流言蜚语。

此外，在这数百年间，犹太人所占领的疆域也一直不断在变化。许多原住居民被杀，或接受了犹太人的统治并改信了犹太人的宗教。

但是，数百年来，这里那里总有几个村庄或小城一直维持着半独立状态。因此，很难说巴勒斯坦是从何时开始成为明确的犹太国。为把这事说清楚，且容我拿当代社会来做比较。

当你研究美国大西部的历史，你会发现，要具体说明西部地区哪个地方是在哪一年从蛮荒转变成文明社会，有多么困难（几乎不可能说清）。通常，我们知道首批先驱者和他们的家人驱赶着牲口越过阿勒格尼山进入平原的日期。我们也知道圣路易斯和芝加哥这类城市最早的房屋是什么时候建的。但是，密苏里和伊利诺斯是在什么时候确切丢弃了“边疆地区”的习性，呈现出与大西洋沿岸较早建立的各州一样的内外风貌呢?

除了“19 世纪上半叶某个时候”，我们再给不出一个更明确具体的答案。

在这一点上，犹太人的历史跟美国的历史极其相似。

但是，本章还有其他一些迷惑难解和可以平行对比之处，你在阅读时需要特别当心。

“犹大”和“以色列”这两个《旧约》书卷中每页都会出现的名称，便有这种问题。它们的使用极不规范。

《约书亚记》、《士师记》和《列王纪》的作者们在写到“以色列”或“犹大”时，通常他们真正指的是“所有从迦南人、亚扪人和耶布斯人手中赢得的土地”。他们有时候甚至更漫不经心地把以色列称为犹大，或反过来把犹大称为以色列。

我再给你举个当代的例子来把这点说清楚。

假设三千年后有个作家在波士顿一处废墟的地窖里，发现一批与美国历史相关的书籍。他借助一本在博物馆找到的古英语语法辞典来阅读这些书，却不断发现这些书中提及 America、United States 和 The States 这些名词。

他要怎么知道 1932 年的历史学家在随意使用这些词汇时，究竟是什么意思？

America 指的是一块从北极延伸到南极的大陆的名称。

但是，这名称通常也拿来指加拿大和墨西哥之间的那片区域。那个未来的作家怎么会知道在这里 America 实际指的是“美利坚合众国”，而不是整个美洲大陆？还有，当他读到 The United States，他要怎么断定这名称究竟指的是南半球的“巴西联邦共和国”（The United States of Brazil）、“委内瑞拉共和国”（United States of Venezuela），还是北半球的“美利坚合众国”（The United States of America）？

等他读到 The States 这个名称时，他要怎么确定在这种情况下，这名称指的是整个国家，还是指这国家里东南西北的某些州呢？

两千年前犹太的书卷抄写员对“犹大”和“以色列”一词所指的区域，是非常明确的，绝对没有机会引起误会。但是，那个世界已经被埋在两千年来的历史垃圾底下了，因此，我们很难断定先知们口中常提到的“河对岸的人毁了这座城”，所指的“河”和“城”究竟具体是哪里。很有可能，“河对岸的人”指的是住在幼发拉底河对岸的巴比伦人，而“城”则十之八九指的是耶路撒冷城。只要我们稍微动脑思考一下，通常都能猜得相当准确。不过，我们从来不敢肯定，而进一步在美索不达米亚的考古探索或许会证明我们毕竟还是弄错了。

现在，你明白在接下去的篇章里，我们只能提出最笼统的历史说法，而本章中我们的论据也不太确定。本章只是尽力去解释，为什么犹太王国在尚未具备一个正规帝国的外显特征之前，就注定走向分裂。

以色列人（雅各的直系后裔）是否比犹大人（他们宣称自己是雅各的第四个儿子和亚杜兰村的一个女子的后裔）更精力充沛，我们不得而知。

以色列人居住在北方宽阔舒适山谷中的许多村庄和城市里，犹大人居住在南方暗石林立的贫瘠高原上，并且牧羊时期养成的族长习惯也比以色列人持续得更久。但这些是否造成两者之间的差异，我们无法准确地告诉你。

不过，有一件事实是，几乎所有犹太人的领袖，从约书亚、基甸、撒母耳、扫罗到施洗约翰和耶稣，全都出生在北方。

南方除了大卫，没出过第二个声誉卓绝之士，这是事实。

如果是一个北方人将各部族联合成一个国家，犹太人是否能从中获得更多利益，这是个开放性问题，没有定论。

但这种历史假设没有什么价值。如果俾斯麦是巴伐利亚人，今天的德国[①]无疑会是个更令人愉快的国家。

但他是个普鲁士人，就像大卫恰好是犹大人一样，没有什么能改变那些事实或它们对其后所有历史发展所造成的影响。

有一件事可以肯定。大卫躲过扫罗的怒气（扫罗很可能因为他是

① 指作者身处的 1920 年代。

“南方人”才对他心怀偏见）被立为犹太的王之后，他采取了非常明智的安抚和解政策。

大卫在迫切想安抚北方人的偏见的过程中，经常做过头而招来自己族人的愤怒反对。但是他的王国建立在稳定并妥协的牢固基础上，因此，即便君王年纪老迈无法征战沙场，一旦有叛乱发生还是很容易弥平。

所罗门在其统治的前半时期，力图依从同样的政策。然而，他的真诚和慷慨都及不上大卫。

那些威胁到国家安全的危险分子，全都遭到无情的迫害并处死。

不过，在外交政策上，所罗门比他父亲成功。随着一连串战争的胜利（前去作战的是他的将军，国王本身并不喜爱艰苦的军旅生活），他保卫了边疆不受所有敌人的侵害，使自己的百姓获得和平和繁荣的保障。

他在短时间内便让自己在北方获得跟在南方一样的欢迎。但是，中年之后的所罗门开始犯错，这些错误最后导致了犹太帝国的沦亡。现在我们就来跟你说说。

大概是出于战略考虑，耶路撒冷被定为整个国家的首都。事实上，以色列人更想看见皇宫和圣殿建在自己北方的领土上，但他们还是欣然接受了所罗门的决定，每当想要献祭给耶和华时，便不辞千里跋涉前去。

接着，所罗门开始大兴土木。

当然，也有其他君王为了自己宏图大志的建筑美梦，把百姓逼得民穷财尽。但很少有国家像以色列和犹大那样，被一个“和平的君王”把举国上下的金银全部搜刮一空。

起初，以色列人并未反对。他们觉得自己是在为耶和华的荣耀效力，并心甘情愿做出重大的牺牲。但是，当耶路撒冷变成一个野蛮俗气的首都，当国王自己开始将每年王室的收入浪费在修建摩洛、基抹和十几个异教神明的神庙上时，群众开始抱怨，心生不满。

最后，他们实际上已沦为奴隶和农奴，所罗门还下令要他们从俄斐运来金子，用船从他施运来银子，以至于他们威胁着要造反。

但是，在他们起来反抗之前，有一位先知已经挺身为全国的百姓发言。

所罗门有个官员名叫尼八（属于以法莲部族），他儿子名叫耶罗波安，是盖圣殿的工头。有一天，耶罗波安去上工时，遇见了从示罗的村庄搬到耶路撒冷来的先知亚希雅。这先知穿着一件新外袍，这种事很少见。通常先知都很穷，除了一件老旧的骆驼毛衫子，穿不起别的。

亚希雅一看见耶罗波安，立刻脱下那件精致的衣服，故意将它割成十二片，并把其中十片交给了耶罗波安。这象征着耶和华定意要耶罗波安统治以色列的十个部族。

所罗门手下的密探很能干，他得知详情后便下令处死耶罗波安。然而，像耶路撒冷这样的小城，消息传得很快，耶罗波安得到警讯后立刻逃往埃及，他在埃及获得第二十二王朝的法老示撒的庇护。

示撒是个精明的政治家，他对自己东边邻邦犹太帝国的强盛崛起深为疑惧。毫无疑问，他希望等所罗门一死，就利用耶罗波安来争夺犹太的王位。

事情果然是这样。当法老一听罗波安继承了父亲的王位，他立刻资助耶罗波安足够的费用，让他返回耶路撒冷自荐为王位的竞争者。那时，犹太国实行君主世袭的制度已经将近两代了。但是，旧日士师时代确立的“选举”形式仍然保存了下来。因此，无论何时，当统治者过世，各部族便要聚会“选举”新的君主。

当全国各地的代表会聚一堂，他们商讨政治形势。他们愿意承认罗波安做王，但在众人向他欢呼之前，他们坚持先制定“大宪章”，或我们今日所说的“宪法”，以保障他们可以反对过度苛刻的税赋。

从小在深宫中成长受教育的罗波安，很少接触臣民，他派人召来几位事奉过他父亲的老臣。

他们会给他什么建议呢?

几位老臣告诉他，国家不堪重负，百姓哀声连连，国王应当同意代表们的请愿。

然而,贪恋安逸的罗波安不乐意听到臣民谈论削减王室开支的事。

他转去征询王宫中那些与他同享富贵的年轻贵族，问他们对众民要求王室“节约”有什么看法。

他们对那些乌合之众表现出深深的蔑视，并给了罗波安胆量做出一个愚蠢的答复，这答复遗臭万年，并永远跟罗波安的名字连在一起。

罗波安是这么说的:“我父亲使你们负重轭。很好。我，你们的新王，必使你们负更重的轭。我父亲用鞭子打你们，我要用蝎子鞭责打你们。”

这成了众所周知的最后一根稻草。

有十个部族拒绝承认罗波安，选了耶罗波安做他们的王。

只有犹大和便雅悯部族依旧忠于所罗门的儿子。

就这样，犹太国一分为二，从此再未复合。

建立一个强大、中央集权的王国的机会，就此永远丧失了。但是，整个世界却从犹太帝国野心的失败中受益。犹大和以色列合在一起(面积相当于现代的比利时王国)，有可能发展成西亚最重要的国家。

分裂成两个小国，都太弱了，无法维持自己跟东方的强邻对抗。

首先(在公元前722年)，以色列国被亚述蹂躏并征服。

一个世纪后，犹大国遭受了同样的命运，落入了迦勒底人手中。

犹太人被迫流亡。

他们远离了圣殿和家园，但祭司依然一丝不苟地忠于古老的律法记载。

他们对过去丝毫不忘，也丝毫没学新事。

但是，先知们好好利用了这个意想不到的机会，拓宽了自己对人对事的视野，研究了自己的百姓和世界其余民族的关系。这给了他们机会去修正自己在宗教与心灵上的信念。

既严厉又难以理解的耶和华，曾被摩西、约书亚和大卫所敬拜的耶和华，本是居住在西亚无人知晓的角落里的农民和牧羊人小群体所敬奉的部落之神。

由于流亡先知们的勇气和远见，这位古老的希伯来的上帝，如今发展成了具有普世性和永恒性的圣灵的概念，并被现代全世界的人接受，视为真理与爱的最高体现。

13.
先知的警告
THE WARNING OF THE PROPHETS

两个犹太小国连年交战，彼此削弱，导致落到永远听凭邻国摆布的地步。然而，他们最终的不幸不在没有人发出警告，就在国王、政客和祭司都玩忽职守之时，一小群被称为先知的勇敢之士挺身而出，试图引导百姓重新回到对耶和华的真实敬拜，却总是徒劳一场。

/

众多士师、大卫和所罗门，都梦想建立一个伟大的犹太帝国，都未能实现，并以悲剧告终。一道由各种防御工事筑成的强大防线，从约旦河附近的吉甲（曾是约书亚的指挥总部）一直延伸到非利士边界的基色城，将犹太的领土划分成南北两国。

统一，他们就能维持共有的独立性。

分裂，他们就会任由强邻宰割。

以下，我们要对你讲述一个不幸之民族的悲伤故事。数百年的内战和无政府状态，带来的是两百年的流亡和奴役。这段时期是一连串黑暗事件——突发的谋杀和徒劳的野心所构成的记录。但它为我们了解古代最引人注目的灵性争斗提供了恰当的背景。

如果我们想了解众先知中最伟大的那一位[①]的生平，我们就必须知道这段复杂的历史时期里，那些主要的事件。早在那位最伟大的先知出生之前，犹太人仅剩的一丁点独立，都已被庞培[②]的军队给摧毁了。

伟大的所罗门逝世于公元前940至前930年之间。

五年后，所罗门帝国的分裂已成定局，人民也都接受这项事实。

这两个新生国家的实力是可以做比较的。以色列的领土是犹大的三倍，人口是犹大的两倍。跟境内有四分之三都是荒凉旷野的犹大相比，以色列的牧场远比后者富饶。这并不意味以色列比其南方的邻国强大两倍或富裕三倍。相反地，领土辽阔正是以色列的一大劣势。领土小而集中的犹大，享有更集中的政府统治，也更易于抵抗外敌入侵。

犹大东边是一片面临死海的岩石旷野，这个咸而酷热的谷地低于地中海海平面一千两百英尺，是一道抵御摩押人和亚扪人入侵的天然屏障。

---

① 也就是耶稣。

② 格涅乌斯·庞培（公元前106年－前48年），古罗马政治家和军事家。勇悍善战，凶残嗜杀。他攻下了耶路撒冷，终结了犹太人的独立，将犹大纳入了罗马帝国的版图。

南边则是一片一直延伸到阿拉伯半岛的沙漠。

西边的边界与非利士地接壤。这些在古代逃来此地的克里特人，已经远不如先人那般凶猛，他们已经安定于农场和作坊的和平生活，如今很少再去侵扰邻国犹大，他们还保护犹大抵御了刚刚占领邻近希腊半岛的野蛮人的入侵和劫掠。

另一方面，以色列国却是四面受敌。约旦河本该是以色列最佳的天然屏障。但是，几场胜仗打下来，使以色列的领土往东扩展了好几百英里。在那个时代，似乎只有中国人才有耐心修建横越沙漠的防御城墙。

有好几次，以色列人似乎就要在这地区构筑防御事工，却因国内政局不稳而建不成。此后，以色列人只能听天由命，当然最终被其强大的东邻击败，这邻国的牢固信心是建基在他们效能强大的弓箭手和骑兵上。

以色列王国还深受另一个严重劣势之苦，它是由十个不同的部族组成。各部族成员总把“团结”和“合作”挂在嘴边，但他们就像美国最早的十三个州，全都顾着自己的利益不放。他们甚至无法决定合适的首都地点。位在以法莲领地的示剑是座著名的古城，从各方面看，似乎都是以色列未来国家中心的正确选择。亚伯拉罕当年西行找寻应许之地时，曾经造访过此地，过去十个世纪的犹太历史也与示剑密不可分。

但是，通过叛乱才登上王位的耶罗波安（永远疑心重重，总是防着各种真真假假的敌人），却认为示剑不够安全。他把自己的宫殿迁往更东边的得撒。

五十年后，以色列的首都又从得撒迁到位于山顶上的撒玛利亚，以便于俯瞰周围的形势。

小小的以色列王国无法好好定下首都，使它的正常发展受到了妨碍。自有历史以来，许多强国都是因为首都不定而灭亡。

然而，以色列衰弱的潜在原因，跟地理疆界或政治中心没什么关系。它另有截然不同的因素。打从一开始，犹太国就是一个神权政治的国家。“神权政治”是指这个国家是由“神”或“上帝”来统治。由于神不住在人间，他对自己领地的统治便借助专业的祭司阶层。祭司不时借由做梦或特定的预兆，比如圣树上树叶的沙沙声，或献祭之后来自天上异象的显露，来传达神的旨意。

“神”（无论他是耶和华还是朱庇特）当然不是普通百姓能看见的。因此，他的祭司便成了他在人间的代言人，以及他的命令的执行者。他们的权力跟派驻印度的总督一样，总督以住在遥远的白金汉宫中的神秘帝王的名义，统治着千千万万的百姓，那位帝王是加尔各达或孟买的居民永远见不着的。

几乎每个国家在其政治发展上，都曾经经历过“神权政治”这样一个特定的阶段。我们在尼罗河谷地和巴比伦发现过这种阶段。我们在希腊和罗马的历史上也听过。这观念强大到足以在中世纪的混乱中存续下来。让英国的国王成为“信仰的捍卫者”。它给了俄国沙皇机会，巩固自己成为国家和教会的半神式领袖。即使到了今天，我们也能在美国参议院、众议院和所有各州的州议会中，发现神权政治的蛛丝马迹。在议会开始前要先由牧师祈祷，承认若无上帝的灵的引导，就难以达成明智的决策。

原始的人类在面对所有大自然的力量的摆布时，求助于那些神圣的祭司来保护他们免遭神明的愤怒，是很自然的。同样地，一个国家中如此有特权的职位会给一个社会阶级带来无限的权力，这种权力绝不会被自愿放弃，以至于从神权政体转为纯粹的君权政体的过程中，必然伴随着可怕的战争。

几乎在所有的民族当中，唯独犹太人的神权政治观念根深蒂固、牢不可破，紧紧控制住他们的想象力。

从一开始，摩西就坚持神权政治的统治形式。“十诫”事实上是他这个新国家的宪法。在他的命令下，大祭司成为众民的元首。在某种意义上，会幕就是国家的首都。

征服迦南的战争暂时削弱了教会的力量[①]，也必然给军事领袖带来大量的好处。即便如此，许多祭司也是士师，对国家的生活有着双倍的影响力。

在大卫和所罗门统治的时代，眼看国王即将建立起绝对的君主专制，在这制度中，大祭司将执行其世俗主人的旨意，而不是耶和华的旨意。

然而，耶罗波安的革命和国家分裂成两个王国，给了祭司阶层新的力量，也给了这些精明的人机会，重新获得他们古老的威望。

逆境不幸，也有它的好处。

犹大王罗波安虽然失去了三分之二的臣民和四分之三的领土，但他保住了耶路撒冷，而这座城是犹太人的宗教中心，其价值远超过撒玛利亚和示剑。你若记得这点——在公元前 10 世纪，耶路撒冷的圣殿实际上垄断了犹太全地百姓敬拜祭祀的活动——事情就很清楚了。

这一情景并不容易想象。今天我们各自属于不同的教派。我们是卫理公会、天主教、犹太教、基督教科学派、浸信会或路德派等等。但是我们彼此和睦相处。我们在星期天（或其他我们喜欢的日子）去自己喜欢的教会，按着自己良心的指引去敬拜神。

但是，古代的犹太人没有这种选择。他们必须在耶路撒冷圣殿的祭坛上献祭，否则就是怠慢疏忽了自己的宗教职守。

由于国家很小，意味着去一趟耶路撒冷不那么艰难费事。总之，绝大部分的犹太人一辈子会去圣殿两三次，并且只有在非常庄严隆重的节日里才去。他们不在乎必须花几天时间才能抵达至圣所。但这使

---

① 原文是 the power of the church。当时没有教会，房龙的意思是指神权统治的力量。

得耶路撒冷对百姓握有巨大的影响力。

中世纪时有句谚语：条条大路通罗马。在古代巴勒斯坦，是条条大路通所罗门圣殿。

当以色列诸王筑起屏障，将自己的臣民和隔壁可恨的犹大国隔开时，耶路撒冷出人意表获得了尊严，扮起受崇敬的殉道者的角色。圣殿的祭司与犹大诸王达成共识，拒绝承认“不合法”的以色列统治者。他们公开指责北方的“叛乱者”，认为北方拒绝接受王位“合法”继承人，是违背了耶和华的旨意。他们事实上开除了所有以色列人的教籍①，并对以色列人的邪恶加以咒诅。当可怜的北方王国沦为牺牲品，遭政治贪婪的亚述并吞时，犹大神坛的守护者们欣喜若狂。

他们宣称，耶和华惩罚了他不忠贞的孩子，现在总算万事大吉了。

唉！岂料一百年后，他们也遭受到同样的命运。随后数世纪的流亡好好教训了他们一次，做人需有怜悯和宽容。

我们当代的孩子很难清楚明白这种情况。如果他们父母（因为某种原因）不喜欢他们的牧师，他们可以悄悄换到另一所教会聚会，不必感觉犯了罪良心有亏。但是，公元前 10 世纪的以色列人，以及跟他们同时代的犹大人，都是耶和华忠心的仆人，他们否认自己是“异端”，就好比今天我们美国的公民，仅因自己不像大多数邻居和市民一样投同样的票，就被视为政治无赖是同一个道理。以色列想跟圣殿保持联系，但圣殿在耶路撒冷，而耶路撒冷是敌对国家的首都。出于无奈，他们被迫建立了几座自己的圣殿。

然而，这么做没改善情况。

相反地，事情变得更糟。以色列的处境，就如 14 世纪那些大胆选

---

① 开除教籍是一项纪律程序，仅在非常情况下使用——即某人犯了大错却不认罪悔改，因此将该人从教会会员中除名。

举自己的教皇，来对抗众所公认居住在罗马的教会之首的欧洲人一样[①]，进退维谷。

很抱歉我们在本章牵扯了这么多历史说明。然而，这是我们希望读者清楚了解以色列和犹大两国复杂又不幸的关系的唯一方式。

以色列享有一切世俗的优势。

犹大则维持着自己巨大的宗教优势。结果证明，犹大是两者中的强者。

现在，我们必须简要叙述一下，两个王国从分裂时期到流亡时期的政治发展。

以色列和犹大之间的争执，被来自东方的一股侵略势力粗暴地打断了。亚洲的冒险家示撒已经做了埃及的主人，在埃及建立起一个新王朝，并且一直密切注意着犹太国的情势。你还记得吧，耶罗波安在所罗门的震怒下逃到埃及，示撒款待他，向他表示友好，并鼓励他返回耶路撒冷发动革命，最后耶罗波安夺得了大卫家的大半壁江山。

就当这古老王国的各部族陷入内战之际，示撒把握最佳机会，入侵了以色列[②]。他占领了耶路撒冷，并允许士兵掠夺破坏了圣殿。接着他又挥兵北上，占领并摧毁了以色列国一百三十三座城和村庄，然后满载着从犹太国掠夺来的财物返回埃及。

以色列很快从战争中恢复，但是犹大国损失惨重，整个国家的财富被掠夺一空。圣殿虽然重建了，但是已经耗尽的财富让新圣殿远不如原先那般豪华。铜铁代替了金银。古老的辉煌已逝，再也没有好奇

① 1309 年，罗马教皇克雷芒五世被法国国王菲利浦四世掳到法国的亚维依，是为亚维依教廷。1377 年，格里高利十一世把教廷由法国亚维依迁回意大利罗马。格里高利十一世去世后，枢机团于 1378 年一致选出一名意大利人为继任教皇乌尔巴诺六世。但后来其中的 13 位枢机（大多数是法国人）宣布该选举无效，并另选出一名法国人克雷芒七世为教皇。两个教皇分别在罗马和亚维依聚集了自己的势力，造成天主教分裂。

② 作者不是历史学者，叙述用词并不严谨。这里应该是指犹大国，见《旧约·历代志下》第十二章。

的示巴女王来访了。

这场侵略过后不久，耶罗波安去世，他儿子拿答继位。

这位年轻人做了他许多睿智的先辈所做的，向非利士人宣战。

当基比顿城拒绝投降，拿答便将城围困。但是他还没来得及给这座要塞一点颜色看看，就被以萨迦部族的巴沙给谋杀了。巴沙似乎是他手下的一名将领。

巴沙杀了拿答所有的亲属，自立为以色列王，并迁居到得撒。他继续围困基比顿，此外，他还向犹大宣战。

那时罗波安已死，继位的是他儿子亚比央。亚比央只统治了三年，死后将王位传给了四十二个子女中的亚撒。

亚撒比在他之前的任何一个王都贤明。他拆毁自己国家中所有的异教神坛，巩固了圣殿祭司的地位。

然而，亚撒在位的这四十一年十分辛苦。首先，他被迫抵御几支埃塞俄比亚部族的攻击。当这些部族被击退，犹大又跟以色列爆发了战争。巴沙时常封锁犹大。他加强了控制南北交通要道的拉玛城的防御工事，这意味着切断了犹大和大马士革以及腓尼基之间的联系。

亚撒惧怕自己的国家会被以色列的经济政策扼杀，遂寻求外援。他派使节前往亚兰王便哈达的王宫求援（亚兰通常被称为叙利亚），亚兰王统治着从黎巴嫩山脉到幼发拉底河两岸的大片平原。

犹太人用厚礼贿赂亚兰王，要他从背后攻击自己的亲族以色列人。

便哈达同意了这个计划。

事实上，便哈达才刚刚和以色列王巴沙缔结了友好条约，但是那个时代的人并不认真看待条约。

便哈达集结兵马，离开首都大马士革，向南进军。

他占领了北边但部族的要塞，又攻下了远达加利利海的大片以色列领土。巴沙被迫求和。犹大从经济封锁中获救，通往大马士革的商路再次开放。

亚撒无疑做了看来对国家最有利的事。但是，日后他和所有的犹太人都为他们第一次将外国人拉进自家纷争的那日后悔不已。从那时起，这些东方君主何时缺钱，就何时不请自来援助以色列或犹大，有时单干，有时合伙，对两国进行掠夺，用来补偿他们“远征解救行动”中的消耗。

至于巴沙，在他统治的二十九年中，大部分时间都耗在与先知耶户较量上。

争端的起因是，要不要继续异教偶像崇拜。

犹大国的民族成分相当单一，但以色列境内却住着相当多的外国部族。这些部族有的祭祀太阳神巴力，有的崇拜金牛。许多亚洲和非洲的人民似乎都认为金牛是力量和尊贵的化身。

以色列历代国王一直很难解决这个最令国家遗憾的事情。经过这许多世纪，以色列人依旧是约书亚所征服的那片土地上的少数民族。他们干涉不起原住居民的私人主张，以免引起叛乱的危险。今天，印度有许多宗教是英国人不赞成的，但是英国政府很明智，拒绝干涉。由于特定本土军队的特定宗教偏见，引发过误会，印度曾经爆发过一次大规模起义①，英国政府铭记这次教训，对当地寺庙活动一直置身局外。

---

① 印度民族起义亦称印度反英大起义。一般指 1857 年到 1858 年发生在印度北部和中部，在英属东印度公司服役的印度士兵发动的反英统治的民族大起义。此次起义的主力为印度土兵。起义爆发的直接导火线是关于子弹润滑油的传言：1857 年初开始在雇佣兵中流传这样一种说法，东印度公司以猪油、牛油混合的润滑油涂在来复枪（步枪）的子弹纸皮包装上。由于印度教视牛为神灵忌食牛肉，而伊斯兰教则视猪为污秽之物，而在当时的技术条件下，在装弹之前，士兵又必须用牙齿来咬破来复枪子弹的纸皮，因此导致拥有这两大信仰的士兵都拒绝使用这些子弹。1857 年 5 月 9 日，第三轻骑兵团 85 名印度士兵因拒绝使用子弹，英国人把他们关进牢狱，判处 10 年苦役。这种惩罚激怒了他们的伙伴，5 月 10 日，处于密拉特的孟加拉部队第十一轻骑兵团和二十轻骑兵团首先发动暴动，释放了第三轻骑兵团士兵，并攻击欧洲人居住区。他们击毙了英国军官，杀死所见到的欧洲人和土著基督教徒，并烧毁房子。英军的指挥失误加上行动缓慢，使得起义军队得以向首都德里胜利进军。5 月 11 日，起义军队到达德里后，当地的印度人纷纷加入反英运动，起义迅速扩及印度领土的三分之二的地区。直到 9 月中旬，英军得到了增援，才再次发动进攻重新夺回德里。其他地方的主要反抗活动到 1858 年被英国人逐一平定，零星的游击战持续至 1859 年，印度反英起义最后以彻底失败告终。此次兵变最直接的结果是蒙兀儿帝国从此正式终结，而英国政府也撤销了东印度公司的管理体制，改由英国政府直接统治印度。

巴沙也面临类似的难题。那时以色列国内有一小撮不安分的狂热分子，他们将所有的宽容视为道德软弱的象征。他们一直催促巴沙（和所有其他国王）将异教神明、异教祭司，以及那些拒绝承认耶和华是独一真神的人全部根除。当统治者（出于国家的实际考虑）拒绝听从这项计划，不愿政治自杀，这些狂热分子便公开指责他们是公义的敌人，不配坐在王位上。

巴沙是借由谋杀前任君王才登上王位的，当然不可能冒任何下台的危险。他被迫对那些供奉金牛的人采取非常宽大的态度，来交换他们承诺支持他去对抗他的敌人。无论何时，先知耶户觉得必须前来传达耶和华的旨意时，他总是洗耳恭听，但拒绝对那些遭人鄙视的异教徒采取任何反对行动。在他死的时候，以色列国的巴力神庙比以往任何时候都多。耶户在愤怒中预言巴沙的王朝将多灾多难，这是他不重视以色列的信仰所招致的惩罚。

这些寓言以惊人的速度应验了。

巴沙死后没多久，他儿子以拉就被谋杀了。这年轻人跟他父亲一个样。他在得撒举行了一场声名狼藉的宴会，他跟战车统帅心利发生了争执。心利拔出匕首刺死了以拉，然后自立为以色列王，占据了王宫。

以色列国的百姓虽然对流血和谋杀习以为常，但这起无耻的暴力行为仍超过了他们的容忍。他们派使者去见正在围攻基比亚的军队的统帅暗利，请他返回首都来建立秩序。当心利听见大军正向得撒开来，顿失勇气。他放火烧了王宫和得撒城。篡位不到一周，他就葬身在自己首都的火海中。

由于心利在统治的六天里暗杀了以拉所有的兄弟，因此王位没有了合法继承人。暗利身为唯一合乎情理的人选，被众人推举为王。他决定离开被烧成废墟的得撒，开始找寻一个合适的地点做自己的首都。

他往更西边去，找到一座山丘的山顶，那山属于一个叫撒玛的农民。暗利花了二他连得（约三千美元）买下那座山，在山上建了一座城，叫做撒玛，或撒玛利亚。

在此起彼落迅速登上以色列王位的诸多统治者中，到目前为止，暗利是最重要的一位。无论他有什么缺点，起码他能打仗。他在位期间，花了十二年跟便哈达打仗。战争双方实力悬殊，但是暗利不但坚守住自己的阵地，甚至把国家版图扩大了一点。

当他过世时，他留给儿子亚哈一个大加扩张的王国。

以色列真正的麻烦，是从亚哈做王开始。

亚哈是个软弱的人，但他妻子耶洗别却很强悍。

没多久，这女人就成了以色列真正的统治者，百姓也全意识到了这事实。

耶洗别是西顿王谒巴力的女儿，西顿是腓尼基人所建的城，而腓尼基人信奉太阳神。耶洗别是巴力信仰的拥护者。一般来说，王后应当改信其丈夫国家的宗教。然而，耶洗别没这么做。当她嫁到撒玛利亚，随行带着自己的祭司，并且一在亚哈的王宫中站稳地位，立刻开始在以色列首都的中心位置修建一座巴力神庙。

以色列百姓大为震惊，先知们呼天抢地祈祷上苍。但是耶洗别毫不理会，并且，没多久就开始轮番展开迫害那些还忠心信靠耶和华的人，开创了宗教恐怖统治，直到她被耶户[①]的革命推翻为止。

那些跟随耶和华而遭迫害的人，那时很幸运碰上南方王国正被一位非常睿智的王统治着，这王是亚撒的儿子，名叫约沙法。为了接掌王位，他受过缜密的训练，是个卓越的外交家和军事家。

约沙法知道自己的国家在武力上不能和以色列抗衡。因此，他要奠定两国之间的休战协议。

---

① 这个耶户是以色列军队的将领。耶户反亚哈王朝和杀耶洗别的始末，见《旧约·列王纪下》第九章。

首先，他迎娶亚哈和耶洗别的女儿亚他利雅为妻。接着，他和岳父签订攻守同盟。这样，当他获得国家北部边界安全的确切保证后，便向住在死海对面的亚扪人和摩押人发动攻击，并征服了他们的领土。这使他立下赫赫威名，却未平息老先知耶户的怒气，耶户谴责他对邪恶的耶洗别态度友好，公开斥责他与以色列签订协议是对耶和华的直接侮辱。

尽管约沙法被指责对信仰冷淡，他所做的每件事依旧成功顺利。他在公元前 850 年去世，臣民深感哀悼痛惜。他被葬在大卫城的家族墓穴里，与他的先祖们在一起。

这便是公元前 9 世纪上半叶犹大国的历史。我们将看到以色列国是另一幅大不相同的画面。

在那个可怜的国家中，每件事都走向毁坏与混乱。

耶洗别建立了一个名副其实的宗教裁判所[①]，凡是拒绝敬拜太阳神的人，若非处死就是流放。似乎没有什么能阻止这种强迫全民改变信仰的做法。

但是，就像一直以来那样，在有需要的时刻，民族的良心起来采取行动了。

先知以利亚挺身而出，把百姓从彻底的堕落中拯救出来。

我们对这位非凡人物的早年生活所知不多。他可能是加利利人（加利利是许多伟大先知的家乡），不过无法完全确定。他年轻时的岁月大部分是在约旦河东边基列的旷野中度过，其生活深受周围自然环境的影响。从根本上来说，他是个老派的人。他无须理由、毫不争论也毫不质疑地接受耶和华做他的主人。

---

① 所谓宗教裁判所，也称异端裁判所、异端审判，是公元 1231 年天主教会教宗格里高利九世决意，由道明会设立的宗教法庭。此法庭负责侦查、审判和裁决天主教会认为是异端的人，曾监禁和处死异见分子。

和舒适的城市生活相比，他宁可选择沙漠那简单又不舒服的生活方式。他的确憎恶所有的城市。他认为城市是奢侈和对宗教冷漠的温床。城市容忍甚至欢迎从腓尼基、埃及和尼尼微传来的奇怪神明。城市还是异端邪说的滋生地，应该把城市并其中的居民一同从地球表面上抹除。

在亚哈和耶洗别看来，先知以利亚是个极其危险的人物：

他对自己所拥护的公义原由充满至高无上的信心。

他勇猛如狮子。

他毫无世俗野心。

他鄙视私人财物。

他仅有的行头是一件骆驼皮毛制成的粗糙衣服。

他吃人们施舍给他的任何东西。

在食物极度匮乏时，是乌鸦叼饼和肉来喂养他（百姓是这么传说的）。

总之，他完全无懈可击，因为他不受尘世和死亡的束缚，对一个已将全部身心献给上帝并服事他的人而言，无论生活遭遇何等暴烈之事，都不算什么。

怪不得这位老师给他同时代的人留下了深刻的印象。

以利亚一生奔波不停，他具有强烈的戏剧感。他会突然出现在远方一座城市的市场上，对百姓发出不祥的警告。但在众人还没从惊愕中回过神来，这位先知已经再次消失。

几天之后，他会出现在以色列的另一处，然后像突然出现那样又神秘地消失。

直到众百姓相信他拥有某种神奇的力量，可以随意让自己隐身。

自古以来，人们就喜爱夸大英雄人物的优点。随着时间过去（故事也从父到子代代相传），以利亚越来越被视为是个伟大的魔法师。他所传讲的智慧之言已经被人忘记。但他所行的神迹在他去世数百年后依旧被人记得。犹太母亲常给孩子讲述那个能颠倒所有大自然规律的神奇人物，他能一挥手就让河水停止流动，他能把一袋谷物变成十二袋，他多次治好生病的人，有时候随手就令死人复活。

这位惊人的大人物，受到他同时代所有人的敬畏与尊崇，如今成为他那个时代伟大的宗教戏剧的主角之一。如同一道从天而降的闪电，先知出现在全未料到的亚哈王面前。国王才刚刚又对巴力妥协让步，他将听见自己要受的惩罚。

“这地必有旱灾，”以利亚说，“并有饥荒和瘟疫，因为耶和华必不容忍拜偶像的罪。”

接着他又消失了。亚哈的士兵到处都找不到他。他迅速越过以色列的高原，回到他所钟爱的沙漠。在流经深谷的基立溪岸边有一座简易的小屋，是他的家。他在那里住到夏末，因为河水干涸，他缺乏饮水，才被迫找寻另一个新住处。他从东到西穿过整个国家，来到地中海边的撒勒法村。这地归腓尼基人的推罗城管辖。但以利亚能行神迹的名声已经传到了异教徒当中，我们听见他如何使女房东的儿子从死里复活，又如何让这个有信心的女人家中油和面粉毫不短缺，顺利度过接下来好多年谷物欠收的饥荒。

但是，如果以利亚以为百姓的悲惨生活能唤醒邪恶国王的理智，他就错了。事实正好相反。蔓延全国的灾难大大激怒了耶洗别，使她更加残酷地逼迫耶和华的追随者，远胜过往。只有几个特别忠心的老祭司得以幸存，但他们全靠亚哈王宫的总管俄巴底供养。俄巴底是个好人，他将他们藏在宫里①。就在他们也将被杀之际，耶和华决定出手相救。

他命令以利亚返回以色列，再去见亚哈王一次。

以利亚当然知道，自己一旦跨进以色列的边界，就会有掉脑袋的

---

①按《旧约·列王纪上》十八章4节的记载，俄巴底把先知藏在洞里。

耶和华的话临到以利亚说："你离开这里往东去，藏在约旦河东边的基立溪旁。你要喝那溪里的水，我已吩咐乌鸦在那里供养你。"

《列王纪上》17:2-4

危险。

他一直在王宫外面等待，直到遇见俄巴底（总管正在为国王的马找寻新牧场），他吩咐这好人转告亚哈，耶和华的使者又要郑重拜见他。

国王和先知再次面对面。

亚哈极其惧怕以利亚的法力，因此十分耐心地聆听，并照以利亚的吩咐去行。他召集所有巴力的祭司，要他们前往俯瞰整个耶斯列平原的迦密山山顶，路上不得耽搁。除非饥饿和干渴得到立即纾解，否则国家将会爆发革命，这次聚会（正如亚哈被告知的）是给他一个机会拯救他的国家。

巴力祭司从四面八方急匆匆地赶往迦密山。

想要观看以利亚施展神奇法力的老百姓也蜂拥而至。

他们看见一位孤独的老人站在一座废弃且半坍塌的岩石祭坛前，那是数百年前最早占领这地的定居者修筑的。

当所有巴力的祭司都到齐后，以利亚开始对众人说话。

他说，似乎有人怀疑耶和华和巴力谁比较强大。很好。今天就把这问题彻底解决了吧。他让人牵来两头小公牛，将其中一头给了他的对手，供他们献祭，另一头他自己用来献祭。

两头牛宰杀之后，肉块摆在祭坛的木柴上。

“现在，我们来等待奇迹吧。”以利亚宣布，“我们都不点火去烧祭坛上的木柴，而是各自向我们的神祈祷，看看会发生什么事。”

巴力的祭司匍匐在他们的神前一整天，祈求他前来帮助他们。但是他们的祭坛依旧像基顺的河水一样冰冷。他们大呼小叫，念诵奇怪的咒语，却始终毫无动静。

以利亚嘲笑他们。

“你们的这个巴力真了不起啊。”他喊道，忘了自己站在多么危险的地方，“这个高贵的神竟连前来搭救自己的百姓都办不到。也许你们的巴力出门去旅游了，也许他还在睡大觉。再喊大声一点，也许他就听见了。”

以利亚对众民说："作耶和华先知的只剩下我一个人；巴力的先知却有四百五十个人。当给我们两只牛犊。巴力的先知可以挑选一只，切成块子，放在柴上，不要点火；我也预备一只牛犊，放在柴上，也不点火。你们求告你们神的名，我也求告耶和华的名。那降火显应的神，就是神。"众民回答说："这话甚好。"

《列王纪上》18:22-24

但是什么动静都没有。

以利亚容许他们一直叫喊到傍晚。

然后，他叫大家靠过来观看他。

他取了十二块石头（象征古老犹太民族的十二个支派），把半塌的祭坛筑好。接着，他围着祭坛挖了一条沟，让祭坛跟所有的人与物都隔离开来。

最后，为了加深群众的印象，他还叫人把几桶水倒在木柴和石坛上。倒了三遍水之后，整座祭坛都湿透了。以利亚开始呼喊亚伯拉罕、以撒和雅各的神。

立刻，一道烈火从天而降。

随着蒸汽的嘶嘶声和湿木柴的爆裂声，以利亚的祭物冒烟了。

耶和华的力量展现在众人面前。

以利亚充分利用了这胜利的一刻。

“杀了这些骗子。”他吼道，抬手指向那些巴力的祭司，而后以色列人扑向这些外国闯入者，将这四百五十个假祭司抓到基顺河边，一口气全杀了。

然后，以利亚再次面对亚哈，告诉他，耶和华现在满意了。天黑之前，干旱就会结束。

这项承诺言犹在耳，亚哈返家的路上才走不到半英里，天空突然被从海上飘来的乌云笼罩，变得一片漆黑，几分钟后开始下雨。倾盆大雨降在焦渴的田野里。这是三年六个月来，以色列的土地第一次得到雨水的滋润。

当亚哈把当天下午发生的事告诉妻子，王后勃然大怒，下令抓捕以利亚并将他绳之以法，因为他谋杀了她的朋友。

然而，以利亚已经消失了。他知道自己这次不能期望宽容或侥幸，于是极其小心地躲了起来。他不着痕迹地穿过以色列和犹大，一步不停，直到抵达南方王国南边边界上的村庄别是巴。

即使在那里，他仍感觉不够安全。不久，他继续深入到沙漠中，

耶和华说："你出来站在山上，在我面前。"那时，耶和华从那里经过，在他面前有烈风大作，崩山碎石，耶和华却不在风中；风后地震，耶和华却不在其中；地震后有火，耶和华也不在火中；火后有微小的声音。

《列王纪上》19:11-12

有一阵子他看似将死于饥饿和干渴。但是耶和华的天使给他带来了食物，他吃了之后，又起来继续走了四十天，其间不曾吃喝任何东西。

最后，他来到西乃半岛的一座高峰，何烈山。这是圣地。一千年前，摩西站在这山上，在闪电雷鸣中接获耶和华颁布的律法。

不过以利亚接获圣谕的经历却很不同。首先，是一阵狂风刮来，差点把先知刮下了悬崖。

以利亚仔细聆听，但什么也没听见。

接着是一阵轰隆隆大地震的声音。接着是大火。

以利亚再次聆听，但他还是什么也没听见。

突然，地震和狂风都停了。

有个微小的声音出现。

以利亚听见了耶和华的声音。

耶和华告诉他返回所来之处，在那里他会找到一个合适的接替者来继续他的工作。他被告知，他已经年纪太大，来日无多，而以色列地还有许多事情要做。

以利亚听从吩咐，离开沙漠，返回他厌恶的城市。当他来到耶斯列平原，看见一个农民正在丰饶的田野里安静地耕作。古代的士师曾在这平原歼灭亚玛力和米甸的军队。

耶和华向他示意，这少年将成为他的弟子。以利亚停下脚步，离开大路进到田间，将身上的外衣脱下披到少年的肩上。

以利沙（这少年的名字）明白这举动的意思。他放下耕作，回家跟父母亲告别，然后追随了这位新导师，他或许能学到智慧和敬虔的方法，配得上先知这个崇高的荣誉。

当以利亚和以利沙抵达以色列，他们发现国家正处在一个可怕的景况中。在耶洗别的影响下，许多事情都是每况愈下。腓尼基又派来

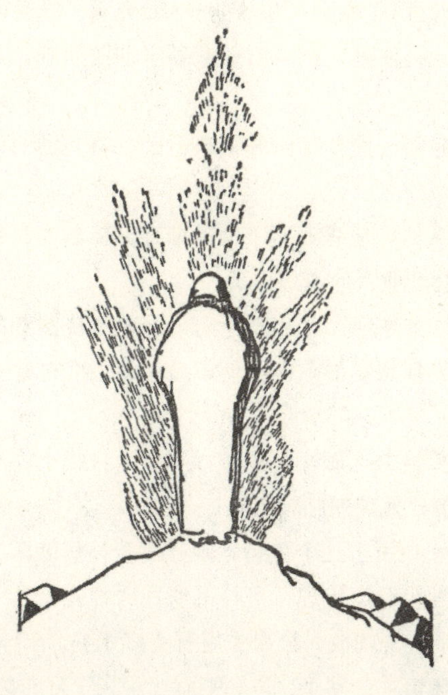

以利亚听见，就用外衣蒙上脸，出来站在洞口。有声音向他说：“以利亚啊，你在这里做什么？”

他说：“我为耶和华万军之神大发热心，因为以色列人背弃了你的约，毁坏了你的坛，用刀杀了你的先知，只剩下我一个人，他们还要寻索我的命。”

耶和华对他说：“你回去，从旷野往大马士革去。到了那里，就要膏哈薛作亚兰王；又膏宁示的孙子耶户作以色列王；并膏亚伯米何拉人沙法的儿子以利沙作先知接续你。将来躲避哈薛之刀的，必被耶户所杀；躲避耶户之刀的，必被以利沙所杀。但我在以色列人中为自己留下七千人，是未曾向巴力屈膝的，未曾与巴力亲嘴的。”

《列王纪上》19:13-18

了一群巴力祭司，这个国家又和从前一样，充满了异教迷信。与此同时，国王坐立不安，将住处从撒玛利亚搬到了耶斯列城，并给自己建了新的王宫。

碰巧，他想将一座葡萄园并入自己的王宫，那葡萄园属于市民拿伯所有。

亚哈告诉拿伯，他想要买下他的葡萄园。然而，拿伯说，葡萄园是祖上传下来的产业，他不想变卖。

耶洗别得知此事后，提出一个可以轻易解决困难的办法。亚哈是国王，岂能要不到想要的东西？何不杀了拿伯夺过葡萄园？事情就这么简单。

但是亚哈拒绝这么做。他害怕以利亚再次找上门来，为了不再跟王后解释这件事，他装病卧床不起。

耶洗别好好利用了这个机会。她趁亚哈称病卧床之际，指控拿伯卖国。这指控没有开庭审理，可怜的农民跟他几个儿子（这个令人觊觎的葡萄园继承人）就被人拉出去用石头打死了，尸体被扔去喂狗。

看哪！这事情才一发生，以利亚就出现在王宫的花园前。

一如既往，他再次不期而至。

他传达的讯息令亚哈恐惧无比。不出一年，那群舔了拿伯的血的狗，将同样舔国王的血，并且啃食被抛到耶斯列大街上的王后耶洗别的尸体。这看来太不可能也太不真实了。尽管如此，亚哈还是怕得要命，并拼命设法逃脱自己的厄运。

亚哈在以色列的专制统治十分牢固，他不怕自己的臣民。如果他注定要被杀害，那么能杀他的一定是外敌。众所周知，他的敌人住在北方。很明显，亚哈必须防备来自亚兰的新攻击。幸好，亚兰当时正遭受亚述王的严重威胁。如果从南边和东边夹击亚兰，也许能一举终结亚兰的野心，永绝后患。

亚哈决定采取主动，并且立刻就办。他派信使飞速通报犹大王约

这事以后，又有一事。耶斯列人拿伯在耶斯列有一个葡萄园，靠近撒马利亚王亚哈的宫。

《列王纪上》21:1

沙法，提议彼此联手一起攻打大马士革。

约沙法同意了，于是两位君王一同领兵北上。

巴力的祭司预言他们将大获全胜，但是，少数仍忠于耶和华的先知中，有一位米该雅却一再发出警告，国王无论多么努力逃避他的厄运，仍会被杀。

亚哈的举动表明了他是个什么样的人。在战场上，他乔装成一个普通士兵，同时，他又鼓励约沙法穿上王袍。

“如此一来，”他心里想，“亚兰人会认出约沙法，拼命朝他射箭，这样他们就不会注意到我了。”

但是，当战争开打后，身披猩红斗篷的约沙法始终毫发无损，另一方面，身穿小兵衣衫的亚哈却被流箭射中，伤重而死。

他的尸体被运回耶斯列。在举行丧礼之前，国王的战车需要清洗，把所染的亚哈的血冲洗干净。结果，在东方国家的村庄街道上常见的一些野狗，过来舔食地上的血水。就这样，以利亚的预言应验了。那辆战车正好停放在曾经属于拿伯的土地上。

亚哈的死不仅意味着王位的更替，还开始了另一场长期的混乱无序的状态。

亚哈死后，其长子亚哈谢继位。但是亚哈谢登基不久，便从撒玛利亚王宫的窗口摔下来，跌成重伤。他派使者前去巴力神庙，求问自己能否康复。以利亚半路拦下使者说：“不能！”

亚哈谢一命呜呼。

他弟弟约兰的运气比他好一些。本来每年向以色列进贡的摩押王米沙，这时起来造反。约兰向约沙法提议，联手攻打摩押，打下后瓜分土地。

犹大王约沙法觉得这主意甚好。

这场远征从一开始就厄运连连。不知出于什么原因，两位君王没有采取惯常从北边出发的更方便的路，而是试图穿过死海的旷野。

他们在沙漠里迷了路，差点干渴而死。

当他们抵达摩押，却发现摩押王已将首都防守得固若金汤，他们必须围城。

围城一拖数月，令人疲惫不堪。最后，眼看城池必须投降，摩押王决定献祭。那场景无论是神还是人，都永远不会忘记。摩押王把长子带到国都的城墙上，杀了（在敌人众目睽睽之下），然后将尸体烧做燔祭，献给无比荣耀的摩押诸神。

犹太人看见这一幕，登时军心涣散，他们（约兰和约沙法这一代人）对自己的神耶和华并没有这么大的信心。

他们惧怕耶和华的对手——摩押诸神的怒火，因为摩押诸神刚刚获得如此隆重的奉献与敬拜。他们说，在这情况下，继续围城已经没有意义，于是他们撤军了。

那是犹太民族历史上的一个关键时刻。暗利的家族此时在南北两个王国都握有重权。在北方，耶洗别以专制君主的狂暴统治着以色列。在南方，她女儿亚他利雅则按照她的外国谋士的期望，牢牢控管着丈夫和国家。无论在哪个角落，耶和华的统治看来都走到了尽头。巴力似乎大获全胜。必须要做点什么，而且要快，好把百姓从自己的愚蠢所造成的结果当中拯救出来。

这是一个需要采取果断和有力行动的时刻。

但是，那个寡言少语并有丰功伟迹的人已经不在了。

以利亚已经不住在这个地球上了。有一天，他和以利沙走在路上，突然一辆烈焰四射的马车从天而降，载着老先知去领奖赏去了。至少，以利沙从伯特利城独自归来后是这么说的，而众人不敢怀疑他的话。因为以利沙继承了他老师那种操控自然的能力，是个令人必须敬畏的人。

当伯特利村里几个淘气的小男孩取笑以利沙的秃头时，有两头熊从树丛中冲了出来吃掉了那些孩子，这是对所有其他人的警告。然而，这只是一件小事。以利沙可说无所不能。如同以利亚，他只要一句话，就能使河水停止流动，他能让铁浮在水面上，他能治好所有的病人。最后，他也有让自己几乎完全隐身的奇妙本事。

当以利沙感觉时机成熟，该把耶洗别从犹太民族的生活中铲除时，所有这些事迹给了他很大的帮助。他刻意置身在革命行动的前沿，计划推翻暗利家族，肃清以色列和犹大国中对巴力的供奉。

以利沙没有参与真正的起义行动。

虽然碰到原则问题时，他绝无息事宁人的天性，但他也不是一个善战的人。他把战斗交给一个名叫耶户的人去打，这个耶户是《旧约》中描述得最绘声绘影的人物之一。

耶户是以色列军队的一名将领，素以勇猛无畏著称。他骑马骑得比谁都快，射箭射得比谁都准，并且追击敌人绝对不屈不挠。推翻旧王朝并建立新王朝这种危险任务，正适合选他来担任领袖。耶户的运气不错。那时，犹大王和以色列王碰巧聚在一起。他们彼此是亲戚，对外界也维持着表面友好的关系。

首先发现危险的是以色列王约兰。当他听说耶户率军前来，便想乘坐铁甲战车逃跑。不料为时过晚，被一箭穿心，倒地身亡。他的尸体被搁在路旁，当他的正规军队（被主人远抛在后，尾随而至）发现他后，将他扔到亚哈夺自拿伯的土地上，任凭四处游荡的野狗享用。

犹大王亚哈谢得知舅舅的命运，便尽力逃到了本国边界。他在玛拿西的领土以伯莲附近，被起义军追上，受了致命的重伤。他设法撑着身子逃到米吉多，死在那里（米吉多是一座名闻遐迩的古老要塞，靠近哈米吉多顿战场，有许多犹太的君王惨死在此地）。

当起义大功告成，耶户的怒气转向了耶洗别。老王后眼见自己难逃一死，遂以强大的尊严来面对自己的命运。她精心打扮，穿上王袍，等候刽子手来到。当耶户抵达王宫，他召来耶洗别的侍从，命他们将女主人从窗户扔下来。有几个太监（后宫的个人护卫）听命照办了。

耶洗别被扔到大街上。耶户驾车碾过她的尸体，头也不回地扬长而去。

那天晚上，几个忠于亚哈顾念旧情的侍从，在黑夜的掩护下溜出王宫，想为他们已死的主子按着国王女儿的身份安葬。

他们找不到耶洗别的尸体。

耶斯列的野狗已经把尸体撕成了碎片。

接着轮到亚哈的后裔。他们大多数人都逃到了撒玛利亚。但是，当他们看见全国上下都拥护耶户，他们明白抵抗已经无用，于是按着耶户的条件投降了。耶户一个活口都不留，并将他们被砍下的脑袋在城门外堆成两大堆，以此警告那些试图反对起义领袖的人。

不久之后，犹大王室的四十二个王子也遭遇了同样的命运。

还有一些巴力的祭司仍在。耶户放话出去，说自己与他们没有过节，并且还对他们的宗教颇有好感。因此，他邀请他们到巴力的神庙与他会面，一同共商未来。巴力祭司信以为真，果然来了。当他们全都进到神庙里，所有的门立刻关闭。当天晚上，这些太阳神的崇拜者悉数被杀，一个不剩。

耶户一举终结了外国统治的危险。

暗利家族就此灭绝。

巴力的祭司不复存在。

耶户登基做了以色列王，以利沙十分高兴。

耶和华大获全胜。

但是，所有的百姓很快就看清楚，这场建立在谋杀和流血基础上的胜利，并未给国家带来好处。

没错，耶户骁勇善战，鲁莽大胆，但他缺乏智慧，做事情又缺分寸感。他是一个被一群宗教领袖玩弄于股掌之上的傀儡。那些宗教领袖现在拥护他做王，是想借他实现他们自己的狭隘概念——建立一个完美的国家。

他们对所有外来的事物，无论神还是人，都非常惧怕，他们无法容忍国家里面有任何犹太血统不纯的人。他们在以色列和犹大周围竖起一道想象中的屏障，把那些生在犹太国之外的人，全都挡在外。他们不赞成和别的政权建立"纠缠不清的联盟"，并宣布与那些不承认耶和华的国家签订的协议，在他们上帝的眼里，那一切都是可憎恶的。

可是，以色列和犹大都太弱小了，若在东西两边没有几个友好国家相助，会很难生存，先知们坚决以圣洁来划分的做法，被证明是一场灾难性的改革，而这事就发生在专业战士（有王家血统的王子）全被消灭，军队中百分之八十的高阶军官遭到清除的时候。

在信仰虔诚的百姓眼中，耶户的伟大革命已在以色列和犹大当中涤除了所有异邦人的影响。从今以后，这两个国家将成为真正的"圣地"。这是个崇高的志向，却注定要失败。

这世界上，从来没有一件事是靠杀戮完成的。

即使是像先知阿摩司和何西阿这样虔诚的人，在事后也承认这个事实，并对流了那么多无辜人的血表示懊悔。但是，当他们说出来时，已经太晚了。

以色列已经被东方几个国家征服。

亚兰国也爆发了一场革命。有位叙利亚将军哈薛谋杀了自己的主子——国王便哈达二世，然后自己登基做王。

哈薛增强了大马士革的防御，但是，亚述王阿淑尔纳西尔帕[①]的儿子沙尔马那塞尔二世[②]攻打了亚兰，篡位者哈薛的光荣登时终结。他的军队在何曼山（Mount Hermon）附近惨败，大马士革陷落。当这灾难性的消息传到地中海滨，推罗、西顿和以色列的统治者急忙接受了征服者亚述王开出来的条件，他们知道自己找到新主子了。

我们拥有那个年代的亚述文献，当中记载何曼山战役发生在公元前842年，暗利之子（意思是继位者）耶户亲自向亚述进贡。哈薛为了弥补自己在战争中的损失，他一等沙尔马那塞尔返回尼尼微，立刻入侵了以色列的北部，将数个犹太地区据为己有。他将整个部落根除，男人全部杀尽，女人占为己有，孩童扔下山崖，然后将亚兰本国的人移民到这些地区。

耶户不知如何是好，如今他是亚述王的臣属，他便向沙尔马那塞尔求救。但是，亚述援军来到之前，亚兰人（获得反耶户者传来的情报）又再次蹂躏了以色列，并歼灭了相当多的犹大军队，然后伙同摩押人、以东人和非利士人，一同尽情掠夺了南北两国。

那些在屠戮中逃过一命又没有被饿死的犹太人，都沦为奴隶。

只剩撒玛利亚城还在犹太人手中。

在这不幸的时刻，以利沙赶来解救他的国王。国王和先知一同防守城池，直到亚述的援军到来。

从纯粹爱国的角度来看，他们是国家的救星。亚述人击败了亚兰王，攻下了大马士革，以这种方式缓解了以色列的压力。但是，当仗打完，

---

① 阿淑尔纳西尔帕二世，意为“亚述继承人的守卫者”，在位时间是公元前883年至前859年。

② 这可能是作者笔误，应该是沙尔马那塞尔三世，在位时间为公元前858年至前824年。他在战胜大马士革和以色列后，炫耀道：“我用剑戳死他们的一万四千名士兵，我将他们斩草除根。平地太小，他们的尸体根本放不下，干脆埋在了广阔的乡村里。我用他们的尸体在奥兰提斯河上搭起一座桥。”

亚述人就开来一张服务的账单。他们期望以色列支付巨款，并坚持以色列每年向亚述纳贡，以换取彼此的友好关系。

在往后整整一个世纪里，以色列人一直试图摆脱这个加在自己颈项上的枷锁，有时候也取得相当大的成功。

在争取独立的战争中，耶户的儿子约哈斯比较幸运。他攻占了大马士革，军队还向东继续推进，几乎兵临尼尼微城下。

约哈斯的儿子约阿施作为勇士，运气也不错。他听从以利沙的引导，始终忠诚拥护这位伟大的先知，直到以利沙过世。约阿施也忠于自己的宗教职责，他敬奉耶和华，然而，这并不妨碍他在机会临到时，掠夺耶路撒冷的圣殿。

不过，直到约阿施之子耶罗波安继位，以色列才尝到最后独立和光荣的滋味。

对于这位伟大的国王同时代的人而言，似乎昔日所罗门时代的美好时光又重返了。他们志得意满地说，他们的国家来到了重返古代东方强国地位的时刻。

他们将大失所望。

天空灿烂的彩霞未必表明新一天的到来，它是他们国家日暮途穷的最后一道晚霞。

公元前8世纪上半叶，无疑是个突如其来又出人意料的繁荣时期。乡村在一夜之间转变为城市，牧羊人抛下羊群进城谋生，分享邻近市场的丰富商机。古老的贸易大道重新启用，各种商队再次从东到西从南到北络绎不绝。

但是，随着重新富裕起来，建立在投机买卖上的经济体系也出现了弊端。

许多幸存在遥远村落中族长制的俭朴生活，终于走到了尽头。

所罗门时代最坏的习性再次重现。

耶和华先是遭到忽视，接着很快就被遗忘。阿摩司、以赛亚和何西阿这些公元前 8 世纪的伟大先知，以无限的耐心和无畏的韧性，殷殷劝说自己的百姓，要他们知道自己信奉的是假神，并且单靠财富人永远不会幸福。

以利亚和以利沙在闪电雷轰中公开指责世人的罪恶。

阿摩司、何西阿和以赛亚属于另一类先知。他们不只传道，还著书立说。

到这时期，犹太人已经从邻居巴比伦人那里学会了书写的技艺，他们开始将过往的故事集结成书，并抄录先知的言语，好将智慧传给子孙。

以赛亚、何西阿和阿摩司总是一再警告，盲目无端地累积金银不是人生唯一的目的。他们不知疲惫，试图劝说年轻一代，享乐本身并不邪恶，但享乐不能带来神秘的灵性满足，而没有灵性满足的人生会很贫瘠，缺乏真正的乐趣。

当他们察觉自己所说的完全无用，并且越来越清楚地预见到国家最终将丧失独立后，他们一改警告的口吻，说出急切羞辱的话，这种话在先知以利亚之后已经不曾在这地听到过了。

然而，先知们绝大部分的生涯都满足于谈论真理，并且保持远离政治。

在现代，我们大概会称他们是“社会改革者”。

他们劝诫富人要乐善好施，穷人要忍耐。

他们弘扬一种新的忍耐之道并乐于助人。

他们从起初的理念得出一个合乎常理的结论，于是传讲一种崭新的教义——仁慈的耶和华爱所有忠心的跟随者，就如爱自己的儿子一样，并要求所有他的子女也当这般彼此相爱。

唉！很少人留心聆听他们的话。

犹太人正对新兴的繁荣、对他们的王耶罗波安的攻城略地、对贸易额度的不断增加而欣喜万分。就在举国上下财富激增的时刻，他们没时间浪费在那几个站在市场角落里，谈论灾难即将来临的怪人身上。

到最后，当他们开始怀疑这些警告的话语中可能具有某些真理时，为时已晚。

在遥远的尼尼微城，有个能力卓越、非常精明的兵痞子，自立为王了。他自称提格拉特帕拉沙尔①，以纪念五百年前的一位民族英雄。他梦想建立一个从底格里斯河一直延伸到地中海的帝国。

时机来得比他预期的更快，犹太人给了他实现这个野心的机会。

犹大王亚哈斯和亚兰发生了原因不明的争执（我们不知道细节），战争一触即发。亚哈斯请求提格拉特帕拉沙尔帮助他。当求助的事为人所知后，先知以赛亚来见亚哈斯，警告他不要与异教徒结盟。犹大王应当信靠耶和华，而不是信靠他人。亚哈斯回答说，他不信这一套。他甚至拒绝请上帝给个预兆。他知道自己在做什么。他出兵远征亚兰不可能失败。

但是，以赛亚不同意亚哈斯的看法，并预言犹大和以色列在不久的将来都要沦亡。在现在刚出生的孩子长大成人之前，南北两国都将失去独立。

即便如此，亚哈斯也没被说服。他搜刮了圣殿中所有能找到的金银，当做礼物送去尼尼微给提格拉特帕拉沙尔。当他北上向那威严的同盟者致敬时，他甚至带上了从所罗门时代就立在至圣所前的铜坛，将它一路运到大马士革，在那里献给亚述王。

提格拉特帕拉沙尔非常高兴。

这些礼物是否改变了提格拉特帕拉沙尔，让他比过往的亚述王对

---

① 提格拉特帕拉沙尔三世，在位时间是公元前 745 年至前 727 年。他既是亚述国王，也是巴比伦国王。提格拉特帕拉沙尔三世是亚述新王国时期最重要的君主之一，更被认为是新亚述帝国的创建者。经过他的努力，亚述国家再次从衰弱走向强盛。

犹太人更友好，我们不得而知，国王所有的计划因其死亡而终止。

然而，我们有够好的理由假设，提格拉特至少会饶过犹大。

继承者萨尔玛那萨尔[1]无疑延续了前任的外交政策，对犹大这个小国非常宽容，但是他对以色列毫不留情。

以色列最后一位邪恶的王何细亚，在得知自己的国家即将遭受侵略时，试图匆忙与埃及结盟，但是，尼罗河两岸的远征军还没到来之前，萨尔玛那萨尔已经越过边界打败以色列的军队，并将以色列王当做战俘押回尼尼微了。

然后他围困撒玛利亚城。

撒玛利亚人在绝望中以无比的英勇捍卫自己最后的根据地。

他们苦守抵抗了三年之久。

萨尔玛那萨尔似乎在一次攻城时负伤，死在城墙之下。

但是，继位的萨尔贡[2]更加猛烈地进行强攻，撒玛利亚于是陷落。

以色列最后的抵抗被击垮。

他们的王国在屈辱中覆灭。

随之而起的是可怕的苦难时期。

有两万七千二百八十户人家（约十万人）遭到流放。整个国家在连年无尽的战争中遭受到可怕的蹂躏，从亚述五个省迁来的移民和十个犹太部族剩余的人，一起组成了新的人口。这些移民组成了一个新的种族，就是后来所知的撒玛利亚人。起初，他们是亚述的臣民。后来他们相继被巴比伦人、马其顿人和罗马人统治。他们再也不曾建立

---

① 萨尔玛那萨尔五世，新亚述时期的亚述国王（在位时间是公元前 727 年至前 722 年），曾于公元前 725 年征服以色列王国，镇压以色列国王何细亚的叛乱。当其叛乱时，他领兵包围了撒马利亚，三年后才攻克，但其于城陷前去世，由弟弟萨尔贡二世继承。

② 亚述帝国的国王萨尔贡二世，统治时期为公元前 722 年至前 705 年，他忠实继承了自提格拉特帕拉沙尔三世以来的统治风格。在他统治期间，亚述打败了以色列王国、埃及，并镇压了埃及支持的叙利亚人和腓尼基人的起义，亚述帝国进入了巅峰时期。

起一个独立的国家。

犹大国靠着对所有邻国奴颜婢膝，维持着名义上独立，比她的姊妹国多存活了一个半世纪。当西拿基立登基做了亚述王，他开始对埃及发起最终惨败的远征。犹大王希西家以三十他连得的金子做礼物，为自己的国家买得一场平安。

为了凑足这笔款项，圣殿墙上最后的一点金子也被刮下来了。

即便如此，令人费解的是，耶路撒冷的百姓对自己国家的处境完全不觉得羞辱。他们照常吃喝玩乐，对异国官兵在自家城市的大街上高视阔步不以为意。

然而，他们的漠不关心突然转变成了卑怯的恐惧。

谣传（颇有根据）西拿基立对自己先前的宽大后悔了，他打算摧毁犹太人的首都，免除后顾之忧。

这种宣告一出，犹大人在恐慌中终于转向他们的先知求助。

他们的国王辜负了他们，但是耶利米言语热切地激励他们，并向百姓承诺，只要他们下定决心捍卫耶路撒冷到底，耶和华会支持他们的。

他的预言看来真的应验了。亚述大军被困在尼罗河三角洲的沼泽地带，大部分士兵身染热病而死，其余的人被这神秘的疾病（以及更神秘的攻击：老鼠啃食弓弦）给吓坏了，拒绝继续再战，于是收兵回家去了。

耶利米大喜过望，但是这也高兴得太早了。敌人正准备进行可怕的复仇。

公元前 6 世纪中叶初，西底家登基做了犹大王。他完全被几个外国人支配，只关心自己生活的安逸，根本不把国家的独立放在心上。

亚述踏上了所有帝国的老路，轮到被迦勒底人（另一支闪族部落）征服，迦勒底人建立了一个新国家，将古巴比伦城定为首都。

主子换人了，对西底家来说毫无差别。只要自己能平安过日子，无论对方是迦勒底人、亚述人或埃及人，他都乐于纳贡。然而，这样的懦夫，当他们在自己的人生中应该谨言慎行时，却总倾向鲁莽。

当迦勒底人的统治者尼布甲尼撒跟埃及起了纠纷，西底家听信他那些朋友的谗言，以为做一番大事，让犹大和它的国王永远留名青史的时候到了。

悲伤的先知耶利米大声疾呼，反对这种愚行，却只是白费唇舌。

他来到国王面前，警告他说，试图革命只会以灾难告终。

西底家正一心热衷此事，拒绝聆听所有的争论。

耶利米提醒国王，自己已经服事过四个犹大王，从未不受重视，但他这番话还是白说了。

西底家发怒了，把耶利米赶走。

突然之间，他拒绝向迦勒底人纳贡，并宣布独立。立刻，尼布甲尼撒率兵将他的国都团团围住。

耶路撒冷并未做好被长期围困的准备。

城中缺粮缺水，没多久穷人中间又爆发了瘟疫。唯独耶利米意志坚定，不愿听到“投降”一词。

被疾病削弱了的百姓转而反对他，他们指控这位忠心的领袖已被迦勒底人收买。当耶利米试图证明自己的清白，他们却把他丢进地牢里。

一个好心的黑人可怜这位老人，把他从黑暗的地牢中解救出来，藏在守卫室里，直到围城结束。

还没等耶路撒冷正式投降，犹大的最后一位君王就抛弃了他的百姓。西底家在几个侍臣的陪伴下，半夜溜出宫门，溜过迦勒底哨兵的防线。

当早晨来临，他已经在前往约旦河的路上。

尼布甲尼撒得知此事，立刻派人快马加鞭前去拦截犹大的统治者。

西底家在耶利哥附近被俘虏。

他被带回到尼布甲尼撒的营帐，可怕的刑罚正等着他。

他先眼睁睁看着自己几个儿子都被处死。然后他被挖去双目，再被押去巴比伦，并在迦勒底皇帝的凯旋队伍中被拉出来游街示众。不久，他便死在巴比伦的监狱里。

至于耶利米，具有高度文明的迦勒底人不但免他一死，还对这位老人极其敬重。他们尊敬他的无私和智慧，并告诉耶利米他可待在家中，不会有人伤害他。

然而，大部分的犹太人害怕自己会遭到跟以色列人相同的悲惨命运，被当做俘虏押送到美索不达米亚。他们准备逃往埃及。耶利米劝告他们留在原地。但是，耶路撒冷人在惊恐中拒绝听从他。他们收拾家当，向东进发。有着忠诚灵魂的耶利米只好跟着百姓一起走，但他实在太老了，已经经不起这样的艰苦跋涉。他死在一座埃及村庄里，被葬在大路旁。

这是基督降生前 586 年的事。

耶路撒冷沦为废墟。

约书亚和大卫的领土上住着一个迦勒底的总督。

被战火熏黑的圣殿围墙耸立在蔚蓝的迦南天空下。

最后一个犹太人的独立王国就这样灭亡了。

对耶和华的旨意的漠不关心，让犹大付出了代价。

14. 亡国和流亡

DOWNFALL AND EXILE

拒绝聆听的犹太人，在亚述和巴比伦度过了长期的流亡生活后，才意识到自己犯了什么错，以及自己应该做什么。

远离故土，散居在美索不达米亚谷地里那些城市和村庄中的犹太人，开始仔细研读古老的律法和早期的编年史，只要时机到来，这些经书将会引导他们返回对耶和华更诚心并更热切的敬拜中。

/

犹太人的新主人属于一个非常卓越的种族。早在汉谟拉比时代，巴比伦人就被公认是西亚文明程度最高的民族。他们伟大的法律制定者汉谟拉比所生活和撰写法典的时代，比摩西还早了一千年。

庞大的巴比伦帝国的国都，是一座巨大的堡垒。外围两层高高的城墙环绕着将近一百平方英里的房屋、街道、花园、神庙和市场。

城市布局非常整齐规律，街道笔直宽敞。

砖砌的房屋很宽敞，有的有两三层楼高。

幼发拉底河正好穿过城中央，可直接抵达波斯湾和印度。

在城中心的一座人工小山上，矗立着著名的尼布甲尼撒的王宫。

宫殿楼台层叠而上,创造出一个宛如悬在空中的巨大庭园的景象，由此产生了奇异的空中花园的神话。

该城的国际性，如同现代的纽约市。

巴比伦商人是一流的生意人。他们和埃及，和遥远的中国，都有贸易往来。他们发明了书写体系，腓尼基人从这体系发展出我们今日使用的便利的字母。他们精通数学，是世界上第一个提出有系统的天文学的概念，并且像我们如今所做的，把一年分成数个月，再把一个月分成数周。他们还设计出现代商业所依据的度量衡体系。

他们第一个制定出道德法典，这法典后来被摩西纳入他的“十诫”中，成为我们今日教会的基石①。

巴比伦人是非常有效率的组织者，他们稳定地、有意识地、从容不迫地扩张自己的领土。然而，他们对犹大领地的征服却是一场意外，跟他们的扩张政策无关。

事情是这样的，巴比伦的一位统治者出兵想征服亚兰和埃及，而

---

①《汉谟拉比法典》和《旧约》十诫有相当大差别。《汉谟拉比法典》对犯罪者的处罚是按照社会阶级差异而有轻重之分，《旧约》中的律法对不同社会阶级的人没有差别待遇。另，十诫的前四诫是规范人对神的态度，这是《汉谟拉比法典》没有的。

独立的小国犹大正好位在通往南北方向和东西方向的交通要道上。

占领犹大是军事上的预防措施。

仅此而已。

我们非常怀疑，尼布甲尼撒时代的巴比伦人是否曾意识到犹太人的存在。他们看待犹太人，大概跟我们看待普韦布洛的印第安人一样。我们知道，在美国西南部某处，仍有一支过着某种半独立生活的土著部落。我们不知道他们所在位置的确切地点，也不那么在意。我们理所当然地认为，印第安事务局或内政部的某个官员会照顾他们的利益。但是，生活充满了各种事。我们忙于自己的事务，顾不上为一个小小的民族费神，也就是说，我们顶多知道一个名称、一些照片，和一些奇怪的宗教舞蹈，仅此而已。

假使你想明白接下来的内容，你必须牢记这一点。

亚伯拉罕和以撒的后裔，最后能在人类历史上扮演要角，一开始是没有任何迹象的。

最早一批的世界史作者，对犹太人只字未提。就拿希罗多德来说，他力图有理有据地记述自洪水时代以来的每件事（是希腊的洪水故事而不是挪亚方舟的洪水故事，后者源自古老的巴比伦神话的一部分）。他像大多数雅典人一样，既宽容又好奇。他想知道四邻曾经说过、想过和做过的一切重要的事，好将它写进自己的书里。

希罗多德没有种族偏见，他远游四方，以便取得第一手资料。他记述了有关埃及人、巴比伦人和许多地中海海岸其他民族的重要事迹，但他从来没听说过犹太人，当他提到巴勒斯坦平原上的民族时，非常含糊地将他们称为一支操持某种令人好奇之卫生习惯的无名部落。至于和流亡的犹太人同时代的迦勒底人，他们看这些可怜的流亡者，就像我们看待一群孤立无助的俄罗斯难民或亚美尼亚难民一样。这些难民碰巧经过我们的城市，前往西部某个不知名的目的地。

于是，《旧约》成了我们得知犹太历史的主要信息来源。

但是，（正如我们之前告诉你的）这个伟大民族历史的汇编者们都不是受过训练的历史学家。他们不在乎自己那些外国主子的名字怎么拼写，对自己所在的地理位置也概念模糊，没有人能有把握地说出，他们经常提到的那些地方具体是在哪里。

再是，他们常常蓄意隐藏字句中真正的意思，并使用奇怪的象征符号。当他们想说强大的巴比伦帝国如何征服了犹大这个小王国，并在半个世纪后不得不释放手中这些犹太俘虏时，他们的描述是，有一条鲸鱼吞下了一个遭遇船难的水手，几天之后，鲸鱼又把他吐到陆地上。两千五百年前的人当然十分明白这故事，但是，对我们这些只知道巴比伦是一堆断瓦残垣和垃圾的人来说，实在不知所云。

尽管如此，《旧约》的最后二十卷书虽然准确性不足，数量却很足，并且，有可能相当准确地重现了公元前5世纪、公元前4世纪和公元前3世纪的样貌。

倘若你想了解随后发生的伟大属灵戏剧，我们只能借由这份稍有疑问的材料的帮助，尝试告诉你一些你该知道的事。

对犹太人来说，流亡并不意味着奴役。

从纯粹世俗的观点来看，从巴勒斯坦来到美索不达米亚，这改变对绝大部分犹太人来讲是一种进步。一个半世纪以前，亡国被掳的以色列人被分散在四五个相离甚远的城镇和村落里，被淹没在他们的巴比伦邻居中。但是，公元前586年犹大人的流亡，却被允许都待在同样的地方聚居，形成名副其实的犹太移民区。

事实上，他们是一群心不甘情不愿，从拥挤的耶路撒冷贫民窟跋涉到开阔的迦巴鲁河流域的移民。他们离开了古老迦南地区贫瘠的田野和谷地，在巴比伦中部觅得一个新家园，这地的牧场和花园有极好的灌溉系统。

他们也不像一千年前在埃及时那样，遭到外国监工不当的暴打。

他们获准保有自己的领导者和祭司。

他们的宗教习俗和仪式不受干预。

他们获准和留在巴勒斯坦的亲友通信。

他们被鼓励继续操作练习那些在耶路撒冷时自己就很娴熟的技艺。

他们是自由人，有权拥有自己的奴隶和仆人。

他们要从事哪个行业，或做贸易，都不受限制。

不久，巴比伦首都的富商名单中，就开始出现大量犹太人的名字。

最后，就连国家最高的职位也对有才能的犹太人开放，巴比伦王不止一次向犹太女子求婚。总之，除了不能随意自由来去，流亡者可说拥有一切让人感到幸福的东西。

借由从耶路撒冷迁到特·哈萨，他们摆脱了在故国的种种弊病。

不过，唉！现在他们又得了一种新毛病。

它叫做思乡病。

这种痛苦，自古以来就对人类心灵有着奇怪的影响。它给故国抹上一道幸福的怀旧光辉，能在瞬间突兀地抹除了所有昔日的创伤和过往痛苦的记忆。它自然而然地将“旧日时光”转变成了“美好的往昔”，将在旧地度过的岁月冠上“黄金时代”的庄严美名。

一个人一旦染上思乡病，他便对自己新家园的所有好处视而不见。他的新邻居不如那些老街坊（坦白说，他跟老街坊永远公开争吵不休）。新城市是个低劣又令人痛苦的土村子（虽然比他从前的村落大十倍并且漂亮二十倍）。新的气候只适合野蛮人。

总而言之，一切“旧的”，突然间都变成“好的”，而一切“新的”，都是“坏的”“邪恶的”和“令人反感的”。

一个世纪之后，当流亡者获准返回耶路撒冷，只有极少数人真的选择回去。但是，只要他们生活在巴比伦一天，巴勒斯坦地区就是他们的失乐园，这种态度反映在他们所有的言语和文字当中。

总的来说，半个世纪的流亡生活，对犹太人而言既阴暗乏味，又平淡无波。流亡者一边过着该过的日子，一边等待着。

起初，那些怀抱期待的人热切盼望着有“突然”的事发生。伟大的耶利米曾经预言这场可怕的灾难，那些充满厄运的话语还在他们耳边回响。

但是耶利米已经死了，他的位置始终没有人能完全填补。

我们在前面几章已经稍微提过犹太先知的本质。自古以来，他们就是犹太百姓的道德领袖。在某些情况下，他们就是民族良心的具体展现。

但是，时代一直在变。犹太人对自己的宗教知识已经不再依靠口传。现在，他们有自己的字母，他们的语言也有了正规的语法。

起初，这些字母比较粗糙，没有元音，给人留下很大的想象空间。

控制书面语句的结构规则也一样。完成时态和未完成时态之间没有明确的区分。同一个动词既可表示已发生的事，也可表示将要发生的事，我们必须从句子的内容去猜真正的意思。

这种表达形式很适合写诗歌。因此，许多诗篇都非常优美。但是，当作者必须处理具体的想法、观念，或试图描述过去发生的事情时，就无法如愿以偿了。

这样的记述，让我们很难看出哪些是预言，哪些是历史。

但是，在犹太人学会邻国通行的亚兰字母[①]之前，这已经是他们所

①亚兰字母，又常被译作阿拉米字母，是一种源自北方闪米特字母的辅音音素文字，与迦南字母是兄弟文字，通行于今日叙利亚以东的西亚地区，与迦南字母的传播方向相反。

能做到最好的了。尽管这些亚兰文字母粗糙又不完善，但其功能已经足以达到目的。

它给了那些有新想法的先知机会，将思想传给所有的犹太同胞，无论他们是住在埃及、巴比伦还是爱琴海的小岛上。它也让先知有机会根据古老又含糊的崇拜形式制定出规则。它又使我们在《旧约》和《犹太法典》[①]中所发现的宗教法典和民事法规，能形成庞大的成文体系。它还使先知扮演了过去从未有过的角色。先知开始向新一代的孩子阐释祖先所写下的书卷。他从一个行动者，变成一个沉思的圣人，终身被书环绕，与书为伴。有时候，我们还会听说先知在同胞间奔波，说着市井间的语言。但是，随着先知培训学校的增加，其毕业生的影响力却逐步衰微。

耶和华已经不再是那个以一阵狂风横扫平原和山丘的耶和华了。

耶和华变成了一套规章制度。他不再在沙漠的隆隆雷声之中对人说话。从那时起，他的声音只会在清静的图书馆里被听见。先知变成了拉比，变成了神父，他们解释、详述、诠释、阐明记载下来的书卷，逐渐将上帝旨意的灵性埋葬在垃圾般的文献学下。随着时间推移，那些注释和评论变得数量极其庞大。

然而，这个新发展就像所有类似的改变，不是突如其来的，流亡时期出了几位杰出人物，他们和先前全民族公认的精神领袖前辈相比，毫不逊色。

有两位先知尤其突出。

其中一位是以西结。

---

①《塔木德》，是犹太教认为地位仅次于《塔纳赫》的宗教文献。源于公元前 2 世纪至公元 5 世纪间，记录了犹太教的律法、条例和传统。其内容分三部分，分别是密西拿——口传律法、革马拉——口传律法注释、米德拉什——圣经注释。

另一位，很遗憾，我们不知道他的名字。他是“先知中的传道者”。他说一种新的语言，是以色列人和犹大人都不曾听过的。他的著述被收在《旧约》第二十三卷《以赛亚书》的后半部。

《以赛亚书》共有六十六章。前三十九章可能是先知以赛亚所著。以赛亚活在约坦、亚哈斯和西底家统治时期，他远在西拿基立和尼布甲尼撒的时代来到之前，就预测了犹太人南北两国的命运。

但是，《以赛亚书》的后二十六章很明显是另一个人的著作，那人活在好几世纪之后，其书写语言和风格都跟以赛亚极其不同。

这两个截然不同的作品被并在一起，却没有只字片语的解释，我们也不用觉得奇怪。正如我们之前重复说过的，《旧约》的编纂者对这样的事并不特别在意。他们不管是在哪里找到的素材，他们会选自己喜欢的，然后把那些经卷拼凑在一起，没有我们现代人所谓“编辑”的概念。

就这样，该书卷第二部分作者的身份就此佚失，被前半部的先知给掩盖了。不过，这不是多大的事。这位“不知名的作者”，这位诗人，比他同时代的许多人更有名，而那些人的家谱都被纳入《旧约》一些非常枯燥乏味的篇章里。

他的作品之所以大有价值，在于他对耶和华的权能和性格提出了新颖独特的看法。在他看来，耶和华已经不是一个小小的闪米特民族的部落神。他的名字写在全地的高天之上。

他是全人类的主宰。

即使是趾高气扬的巴比伦王以及和他同样强势的波斯王（犹太人私下把最终得解放的盼望寄托在波斯王身上），他们也都是这位独一上帝的仆人，上帝的旨意即是全人类的法律。

然而，这位上帝不是一个残酷的神，他不憎恨那些不认识他的人。相反地，对那些生活在黑暗中，从未听过他名字的人，他给予爱和怜悯。

他没有将自己的完美隐藏在令人生畏的乌云之后，不让人看见。有眼睛的人都能看见他，有耳朵的人都能听见他。他是所有人的慈父，是力图将不情愿的羊群领往和平正义的港湾的好牧人。

这种见解远远超越了时代。

一般的流亡者都对这样的言论深感疑虑。

这种上帝爱所有生灵的说法，并不吸引这个小群体，这个群体每天靠憎恨征服者而活，像人要靠饼而活一样。他们不断祈祷复仇的日子来临，届时耶和华将歼灭可恨的巴比伦掳掠者。

他们急切地转向其他人，那些人必须对旧日的严格教义有精良的造诣，又相信耶和华独独拣选了亚伯拉罕和雅各的后裔作为他神圣旨意的传讲者，并且永不停止预言——总有一天，万国都要匍匐在得胜的新耶路撒冷主人的面前。

在备受流亡者欢迎的先知中，以西结坚忍不拔的力量最为突出。

他生于故国。

他父亲是祭司，他是在耶路撒冷浓厚的宗教气氛中长大的。毫无疑问，他听过耶利米的讲道。

后来，他也成了一名先知。

他在所处的群体当中似乎是个相当重要的年轻人，因为巴比伦刚征服犹大时，他就是第一批被掳离开耶路撒冷的人之一[①]，大规模的流亡要到几年之后才开始。

当他听到耶路撒冷真正完全陷落的消息时，他人在提勒·亚毕的村庄里（位在幼发拉底河南岸），他安家在那里。

他住在那里直到去世。

他的作品的文学价值，远不如《以赛亚书》后半部那位不知名的作者。以西结的书写风格很死板。他本人也缺乏我们所见许多犹太旧日领袖所具有的人格魅力。他为人毫不谦逊。

---

① 征服者会先掳走那些最重要、最有价值的人和物。

他经常靠人为的兴奋来进入一种恍惚的状态。在那种情况里，他会看见奇怪的异象，听见神秘的声音。

不过，除此之外他是个非常务实的人。

他像耶利米一样，总是不停反驳那些误入歧途的狂热分子，那些人相信耶路撒冷坚不可摧，因为该城是“上帝选民”的首都。

他警告那些人。他告诉他们，信心若无行动，是永远救不了国家的。

但是，当耶路撒冷被攻陷，许多缺乏信心的人立刻对自己种族的未来感到灰心丧志，以西结挺身而出，宣告一个得胜的美好未来。

他从未停止预言幸福日子的到来，那时候，圣殿将被重建，公牛的血会再次洒在耶和华的祭坛上。

然而，按照他的观点，除非犹太民族愿意顺服、进行某种实际的改革（以西结随后详细描述了改革的内容），否则这个光复了的国家还是会亡的。

他在这里暂时扮演了他的希腊邻居柏拉图的角色。

他按照自己对生活的看法，给了我们一个“理想国”的描述。对从前摩西律法中，那些给异教崇拜的形式以机会混进崇拜耶和华的圣洁仪式中的部分，他要加以巩固和补强，排除异教的东西。

总之，他鼓吹重建大卫和所罗门的王国。

但是，在他的新王国中，圣殿——而非王宫——必须成为全民族生活和活动的中心。

按照这位先知的看法，圣殿是耶和华的居所，王宫不过是君主的住家。

两者之间的差别，人民应当牢记在心。

此外，常人应当对上帝的圣洁怀有无比敬重之心，并应当理解上帝是一种远离人世繁杂的存在。

因此，在以西结的理想国里，圣殿应当矗立在广阔的庭院中间，外面被两道巨大的高墙围绕，好让目瞪口呆的广大群众每时每刻都保持着一种崇敬的距离。

一切与圣殿相关的事物都是神圣的。

外国人绝不允许入内。

除了祭司之外，犹太人只有在特殊情况下才得以进入。

祭司要组成严密的协会或工会。

只有撒督的后裔才得享有这种崇高的威严。

正如摩西已经计划过的，祭司的影响力将被大大提高，成为这个国家真正的统治者。为了加强他们对老百姓的控制，要大大增加节日的数量，要特别重视献赎罪祭。

要在国民面前牢牢树立人永远有罪的观念。

禁止私设祭坛献祭。

所有和至圣所中的敬拜相关的事，都应当以全民的名义进行。

在这类场合中，国王将以国家代表的身份参与活动。

其余时间，国王只是个装饰摆设，没有任何实权。

过去,大卫和所罗门都拥有任命祭司的特权应当从君王手中收回。

祭司阶级要成为一个自足永存的团体,国王只是他们的仆人之一,绝不是他们的主人。

最后，耶路撒冷周围最好的土地，都归祭司所有，以确保他们有丰厚的收入，这就无须通过任何国家法令来保障他们。

这确实是个奇怪的方案。

但是，对以西结同时代的人来说，这方案听起来合情合理。只要圣殿一重建，流亡者获准返回自己的故乡，他们就打算建立这么一个严格的神权国家。

这日来得比大多数流亡者期待的更早。

在遥远的东方山岭中，一位年轻的蛮族首领正在操练他的骑兵。

他将成为犹太俘虏的救世主，将他们从外国的捆绑中解救出来。

他的波斯臣民叫他库鲁斯。

我们称他居鲁士。

15.
归回家园
THE RETURN HOME

在那期间，一支波斯牧羊人的小部族踏上了征途，摧毁了西亚的强大帝国。波斯王居鲁士允许犹太的流亡者归回自己的故乡。然而，大部分犹太人在舒适的巴比伦城过得非常快乐，都留在原地没走。

但有少部分认真看待宗教职责的人，返回耶路撒冷的废墟，重建圣殿，使它成为世界各地犹太人敬拜耶和华的绝对的、唯一的中心。

/

基督降生之前第七世纪早期，一支叫迦勒底的闪族小部落离开了自己在阿拉伯沙漠的家园，向北迁移。

在经历许多冒险，又多次尝试侵入亚述的领土均未成功之后，迦勒底人最后和住在美索不达米亚平原东部的野蛮山民达成协议。他们联手击败了亚述的军队，攻占并摧毁了尼尼微城。

在古老帝国的废墟上，迦勒底人的部族首领那波帕拉萨尔①开始着手建立自己的帝国。现在有些历史学家将它称为“新巴比伦”，另一些人称它为“迦勒底”。

他儿子尼布甲尼撒继承王国后，大大巩固了所有的疆界。巴比伦（如同它三千年前一样）也变成了世界古文明的中心。

尼布甲尼撒在跟邻国没完没了的战争中，祸及了古老犹太国的仅余之地，也就是犹大。他征服了犹大，将聚居在数个地区的犹太人从地中海滨迁移到了幼发拉底河的河畔。

尽管他对犹太臣民的态度有些冷漠，双方的关系还算融洽。

严厉的君主都对占卜抱有高度兴趣，尼布甲尼撒也一样。谁能成功解梦，谁就能获得王的青睐。

先知但以理似乎就是这么一个人。

根据以他命名的书卷（但其实是四百年后才写成）的记载，但以理是位犹大王子，年少时跟他三位表亲一同被掳到了巴比伦，他在巴比伦可能接受过迦勒底的宫廷教育。

这四个少年是耶和华的忠心仆人。

他们一丝不苟地遵守耶和华的圣洁的律法。

比如，他们拒绝享用宫廷按常规准备的膳食，坚持肉类和蔬菜都

---

① 那波帕拉萨尔是新巴比伦王国的开国君主，在位年期为公元前626年至前605年，在位22年。他在巴比伦国王坎达拉努死后夺取王位，与亚述进行了七年的战争。他通过儿子尼布甲尼撒二世与一位米底王国公主结婚的机会与对方结盟，并于公元前612年占领亚述都城尼尼微，实现了对两河流域的统治。

要按照祖先的规矩来做，那些规矩详述了牛羊该如何宰杀，蔬菜该怎么烹煮。

幸好，迦勒底人宽容随和，这几个小俘虏要什么，他们就给什么。

他们都是勤奋好学的少年。

他们学会了巴比伦所有学校所传授的一切知识，并承诺成为对寄居国有用的臣民。

机会来了。在尼布甲尼撒统治后期，老国王做了一个梦。

他把所有的“智者”召集在一起，命令他们解梦，解不出来就处死。这些“智者”很合理地问：“陛下，请告诉我们您做的梦，我们将尽力为您解答。”

“我忘记自己做的什么梦了。”国王回答，“但我知道自己确实梦见了什么。你们的责任就是告诉我我梦见了什么，还有这梦是什么意思。”

术士们一听，纷纷求饶。

他们哀求国王讲讲道理。

他们喊道：“人做的梦要是连自己都不知道，别人怎么会知道呢？”

然而，东方的暴君才不管这些细节。

尼布甲尼撒二话不说，下令把这些“智者”全送上绞刑架。

他那天似乎心情特别不好。他不但下令处死这些渎职的术士，还下令把宫廷中所有的法师和巫师一次全杀光。

一名军官被派往但以理和他朋友居住的地方，要把他们按照同行的命运一并处死。

不过，但以理在许多方面都像极了约瑟，他跟巴比伦宫廷中的军官们有交情。他请求护卫队的队长宽限他一点时间。

他会在宽限期里想想办法。

他躺下睡觉，立刻，耶和华向他启示了尼布甲尼撒在不经意间忘掉的梦。

第二天早晨，那个名叫亚略的护卫队长把但以理带到尼布甲尼撒面前。寝食难安的国王愿意给这个年轻的外国人一个机会。

但以理先重述梦的内容，那是一个奇怪的故事，跟四百年后的一些政治事件有关。

然后他解梦。

结果，他的聪明伶俐赢得了这位王室主子的无限感激。国王任命他做巴比伦城的统领，同时还任命他的三个伙伴：沙得拉、米煞和埃布尔尼歌做三个富饶行省的省长。

这一切都非常美好，可惜好景不长。因为，根据写下这些篇章的不知名作者所述，年老昏聩的尼布甲尼撒变得沉溺于某种偶像崇拜，无论是对有才智的迦勒底人还是对犹太人来说，这都太怪异了。

他下令建造一座高九十英尺、宽九英尺的巨大雕像，全身镀金。它矗立在杜拉平原上，好让人从四面八方可遥遥望见。每当号令响起（同时吹响许多小喇叭），全国所有的百姓都要匍匐在地，膜拜这座雕像。

但是，沙得拉、米煞和埃布尔尼歌没这么做。他们记得十诫的第二诫，拒绝服从国王的法令。当号令一响，所有的人都匍匐在地时，沙得拉、米煞和埃布尔尼歌依旧站立不动。

他们知道，惩罚正在等着他们。

他们被带到尼布甲尼撒面前，国王下令将他们扔进火炉里。为确保受刑者必死无疑，炉子的温度比平常提高了七倍。

沙得拉、米煞和埃布尔尼歌都被绑了手脚，扔进烈焰中。

但是，看哪！第二天，当炉子的门打开，三个年轻人若无其事地走出炉子，看起来就像刚在冷水中游完泳回来一样。

这事以后，尼布甲尼撒相信耶和华是众神之中最伟大的。他将他的偶像抛在脑后，更加偏爱他的犹太俘虏了。

不幸的是，不久之后他便染上一种奇怪的神经性疾病。

他想象自己变成了一只动物，四肢着地爬行，像普通的牛一样吃草，最后悲惨地死在田野里。

这些记载，我们都取自《但以理书》。根据现代学者的考证，这卷书的成书时间大概是公元前 167 年至前 165 年之间，那时犹太人对自己的宗教职责非常松懈。这位作者采取小说家的自由笔法，将他的故事设在尼布甲尼撒统治的时代。他很可能全凭想象写出了火炉子的故事，好告诉他同时代的人，那些坚定相信耶和华站在自己这边的人，信心能为他们成就什么事。他又让尼布甲尼撒死得那么可怕，因为如此不幸的下场肯定能取悦他的犹太读者。

作为特定宗教道德的教师，作者有权这么写作。但是，关于这位伟大的迦勒底王，我们有大量来自巴比伦的史料，证明他最终的命运并非如此。他在公元前 561 年寿终正寝，六年后，那波帕拉萨尔王朝结束，一位名叫那波尼德[①]的将军登上了王位。

那波尼德似乎有个儿子（或女婿）名叫伯沙乌色，两人共享王位。

在《但以理书》中，伯沙乌色叫做伯沙撒，根据犹太人的传统记载，他是最后一位巴比伦王。但是，我们再次陷入相互矛盾的历史证据中。在《旧约》同一章中提到的玛代人大利乌，很可能指的就是波斯人大流士，但是大流士活在一百年后，而伯沙撒是在巴比伦向波斯投降好几个月之后才被谋杀的。

---

① 那波尼德，是新巴比伦王国的第六任君主，在位时间是公元前 556 年至前 539 年。那波尼德对古代文物研究有浓厚兴趣。在内政方面，那波尼德与国内的马尔杜克祭司集团不和，便在大约公元前 549 年离开巴比伦城，前往阿拉伯沙漠的绿洲泰马，专注于崇拜月神“辛”。那波尼德任命其子伯沙撒为共同摄政。公元前 540 年，那波尼德为了防御波斯人入侵，从泰马返回巴比伦。公元前 539 年，波斯的居鲁士二世入侵巴比伦，那波尼德率兵迎战失败，巴比伦城在几乎无抵抗之下陷落，伯沙撒被杀，他本人被俘（一说投降），王国灭亡。

历史学家希罗多德[1]和色诺芬[2]都证实，伯沙撒在巴比伦城被突然攻陷之前，曾经举办过一场盛大的宴会。正是在这场嘈杂的宴会上，但以理赢得了“预卜未来的先知”的盛名。

故事是这样的：伯沙撒邀请了上千名贵宾来参加宴会。他们大吃大喝，王宫的大厅里充满了醉汉喧闹的声音。突然间，在国王宝座对面的墙上，出现了一只手。

那手静静地在石壁上写了四个字。

然后手就消失了。

怪的是，写下来的那些字是亚兰文。难怪国王看不懂。他把术士们召来，但是术士也都看不懂。接着，就像一千多年前在埃及的王宫中有人想起约瑟一样，这时有人想起了但以理。

但以理来了。他精通各种不同的神秘书写的艺术。他先从上往下读，再从下往上读，然后再从上往下读。他看见的文字是这样的：

MUP

ELH

NEA

EKR

MES

ETI

NEN

但是他解读拼写出来的是这样的：

MENE MENE TEKEL UPHARSIN。

---

① 希罗多德，（约公元前 484 年 – 前 425 年）的古希腊作家，他把旅行中的所闻所见，以及波斯阿契美尼德帝国的历史记录下来，著成《历史》一书，成为西方文学史上第一部完整流传下来的散文作品。

② 色诺芬（公元前 427 年 – 前 355 年），雅典人。军事家，文史学家。他以记录当时的希腊历史、苏格拉底语录而著称。

但以理在王面前回答说："你的赠品可以归你自己，你的赏赐可以归给别人；我却要为王读这文字，把讲解告诉王。王啊，至高的神曾将国位、大权、荣耀、威严赐与你父尼布甲尼撒，因神所赐他的大权，各方、各国、各族的人都在他面前战兢恐惧。他可以随意生杀，随意升降。但他心高气傲，灵也刚愎，甚至行事狂傲，就被革去王位，夺去荣耀。他被赶出离开世人，他的心变如兽心，与野驴同居，吃草如牛，身被天露滴湿，等他知道至高的神在人的国中掌权，凭自己的意旨立人治国。伯沙撒啊，你是他的儿子，你虽知道这一切，你心仍不自卑，竟向天上的主自高，使人将他殿中的器皿拿到你面前，你和大臣、皇后、妃嫔用这器皿饮酒。你又赞美那不能看、不能听、无知无识、金、银、铜、铁、木、石所造的神，却没有将荣耀归与那手中有你气息，管理你一切行动的神。因此，从神那里显出指头来写这文字。所写的文字是：弥尼，弥尼，提客勒，乌法珥新。讲解是这样：弥尼，就是神已经数算你国的年日到此完毕；提客勒，就是你被称在天平里，显出你的亏欠；毗勒斯，就是你的国分裂，归与玛代人和波斯人。"

《但以理书》5:17–28

但以理在王面前回答说："你的赠品可以归你自己，你的赏赐可以归给别人；我却要为王读这文字，把讲解告诉王。王啊，至高的神曾将国位、大权、荣耀、威严赐与你父尼布甲尼撒，因神所赐他的大权，各方、各国、各族的人都在他面前战兢恐惧。他可以随意生杀，随意升降。但他心高气傲，灵也刚愎，甚至行事狂傲，就被革去王位，夺去荣耀。他被赶出离开世人，他的心变如兽心，与野驴同居，吃草如牛，身被天露滴湿，等他知道至高的神在人的国中掌权，凭自己的意旨立人治国。伯沙撒啊，你是他的儿子（或作'孙子'），你虽知道这一切，你心仍不自卑，竟向天上的主自高，使人将他殿中的器皿拿到你面前，你和大臣、皇后、妃嫔用这器皿饮酒。你又赞美那不能看、不能听、无知无识、金、银、铜、铁、木、石所造的神，却没有将荣耀归与那手中有你气息，管理你一切行动的神。因此，从神那里显出指头来写这文字。所写的文字是：弥尼，弥尼，提客勒，乌法珥新。讲解是这样：弥尼，就是神已经数算你国的年日到此完毕；提客勒，就是你被称在天平里，显出你的亏欠；毗勒斯（与'乌法珥新'同义），就是你的国分裂，归与玛代人和波斯人。"

即便写出来了，这群字母的组合还是看不出意义。

"MENE"或迈纳（mina），是犹太人的货币或重量单位，大约是一舍客勒的五十倍。"TEKEL"就是我们所说的舍客勒。最后一个字的第一个字母"U"，只是一个连接词，而"PHARSIN"（翻译过来就是 Peres）有半个迈纳的意思，但也可以指波斯人。

因此，这些字符串起来的意思可能是"尼布甲尼撒是一个迈纳。尼布甲尼撒是一个迈纳。"（重复两次，表示强调之意。）"伯沙撒，你只是一舍客勒。波斯人是半个迈纳。"或者，用英文直说："噢，伯沙撒王啊！伟大尼布甲尼撒的大帝国，在你的统治下现在已经衰落成一个小王国，很快会被波斯人一分为二。"

不过，这整串字仍是个语言学上的谜，我们就不再探究解释了。

但以理显然把这些作为名词用的词组，当做动词"计算""称重""计数”的过去分词来看。

因此，他对这个令人非常惊恐的谜语做了如下的解释：

“噢，伯沙撒王啊，耶和华将您放在秤上称过了，他发现你来日无多。”

伯沙撒王封但以理做了总督，作为预言的奖赏，并希望借此讨好犹太人的上帝。

但是这项荣誉意义不大。波斯人已经兵临巴比伦城下。帝国的来日确实屈指可数。

公元前538年，居鲁士穿过一座水门，进入了巴比伦城。

他饶了国王那波尼德一命。但他处死了伯沙撒，因为伯沙撒试图起义反抗征服者。

然后他将巴比伦的版图变成波斯的一个行省，就像半个世纪以前，巴比伦人把犹大国变成自己帝国治下的一部分一样。

至于但以理书中提到的那个玛代人大流士，除了他的名字，我们对他一无所知。另一方面，居鲁士是古代著名的英雄，值得我们多加注意。

居鲁士所统治的波斯人属于雅利安人种。也就是说，他们不像巴比伦人、亚述人、犹太人和腓尼基人是属于闪族人，波斯人跟我们的祖先是同一个人种。起初，这些部族似乎住在里海东岸的平原上。

不知从何时起，他们离开老家，开始一场大迁徙。

他们当中有一些向西跋涉，在欧洲的土著中定居下来，并很快消灭或征服了那些土著。

另一些人南下占领了伊朗高原和印度平原。波斯人和玛代人联手占领了几片山岭，这些地区由于残酷的亚述军队的征伐，已人烟稀少。

一开始，波斯人在这里组成一个牧人共和国。他们就从这么简陋的根源建立起了奇怪的波斯王国，并靠着居鲁士攻无不克的征伐，逐渐扩张成了波斯帝国。

居鲁士是个非常杰出的人物，只有在谋略和外交手段都达不到目的时，他才诉诸武力。他没有直接对巴比伦用兵，而是一步步把那个强大的城市从其过去的藩属国和盟邦中孤立出来。这是个旷日费时的工作。

这工作花了几乎二十年的时间，而这段时间对犹太流亡者而言，是一段兴奋激动的岁月。

从一开始，他们就猜这个“库鲁士”可能是他们的救世主，会在耶和华的敦促下将他们从巴比伦人的枷锁中解救出来。他们密切关注着他的征战。起先，他们听说他在跟卡帕多细亚人打仗。

不久之后，游历各地的旅行者告诉他们，居鲁士在跟吕底亚王克罗索斯作战，克罗索斯和希腊的立法者梭龙私交甚笃。

接着，又有谣传说他在小亚细亚组建船队，准备入侵希腊沿岸。

整一大群的先知以简直过分的热情在关注着这个人的战况。无论何时，只要传来波斯人又获得大胜的消息，大家就欢呼雀跃，高唱赞美和希望之歌。

他们十分确信，巴比伦的日子已经不多了。因为这座邪恶的城市拒绝聆听耶和华的话。

耶和华已经准备好为他犯的罪惩罚他。

最后，当不可能的事终于发生，巴比伦沦陷，所有的犹太俘虏欣喜若狂，热烈庆祝。他们奔上前亲吻新主人的脚，恳求新主人允许他们返回故国。

居鲁士同意了。

他对自己的宽容十分自豪。

旧巴比伦帝国所有各族的臣民，全部立刻获准返回自己的家园。不过，居鲁士所做的不止如此。

他几乎像罗马人一样，对其他民族的信仰选择采取中立的态度。

如果犹太人、腓尼基人或西里西亚人更喜欢信自己的神而不是波斯人的神，那是他们的事。

他们可以建立自己最想要的神庙。

他们可以按照自己的喜好在庙里摆满神像，或什么神像都不放。

只要他们保证缴纳赋税，服从国王派去的总督或统治者，便可按自己的意愿塑造政治和宗教生活，国王会确保没有人敢干涉他们。

此外，让所有的犹太流亡者返回迦南地去，其实是这位精明统治者的务实考虑。他想把波斯建造成航海大国。

腓尼基人的城市都已经臣服于他的意志。

但是，在腓尼基和巴比伦之间，横亘着荒凉的巴勒斯坦废墟。

他必须让这片沙漠重现生机。

巴比伦人从前已经朝这个方向做过一些尝试。他们曾把一些人移民到过去的以色列王国，让那些移民定居在当地处于半饥饿状态的残余人口当中。移民和原住居民一起形成一个新种族，叫做撒玛利亚人。今天,我们在巴勒斯坦北部的村落里,仍可找到少数撒玛利亚人的后裔。

撒玛利亚一族从未繁荣兴盛过。他们是一个由希伯来人、巴比伦人、亚述人、西台人和腓尼基人组成的奇怪混合体，因此一直遭到原来犹大王国中那些纯种犹太人的极度蔑视。当居鲁士开始着手恢复巴勒斯坦的秩序时，他首先尝试要找的，就是以色列国俘虏的后裔。但无论是这些流亡者还是他们的子女，全都无迹可循。他们已经完全被比邻而居的巴比伦人同化了。他们的命运，无论是在当时公元前538年还是在今天，都是个谜。

另一方面，要找到犹大人就容易多了。他们一直保持着种族的完整性。

公元前537年，国王一道命令下来，敦促他们立刻返回耶路撒冷，同时也准许他们重建圣殿。居鲁士还把四十多年前尼布甲尼撒掳到巴比伦的所有金银器皿，也悉数归还给犹大人，鼓励他们把耶路撒冷建成一个新国都，让它散放出那个已经消失但尚未被人忘记的、所罗门时代的壮丽光辉。

经过半个世纪的祈祷，先知的话终于应验了。

耶和华儿女的流亡岁月结束了。

犹太人可以自由离开牢笼了。

但是，看哪！如今自由之门大开，却只有少数俘虏愿意把握机会返回家园。

大多数人依旧静静地待在巴比伦，或迁到埃克巴塔那、尼普尔、书珊，或新波斯帝国的其他几个大城市。只有一小撮人踏上那趟穿越沙漠，漫长又危险的旅程。他们是一群虔诚的人，非常严肃认真地担负起自己的宗教职责。

现在，他们在耶路撒冷的废墟上建立起一个新国家，排除所有外来的影响，专心一意敬拜耶和华。

这些返回巴勒斯坦的人如果是由但以理来领导，将再自然不过了。

但是，但以理年事已高，经不起长途跋涉。波斯人善待但以理，留他继续任职。然而没多久，他就被怀疑对国王不忠，因为国王下了一道禁令，在为期一个月的时间里，不许对神或对人祈求请愿，但是但以理继续向耶和华祈祷。抗命的结果是，但以理被判处死刑，丢进狮子笼里。

但是，这些凶猛的动物却不肯吞吃这位圣洁的先知。第二天早上，但以理毫发无伤地从笼子里出来。此后，再也没有人找他的麻烦。

在确定但以理无法跋涉回乡后，波斯人物色了另一个人选来担任重建后犹大行省的省长。

他们选中一个名叫所罗巴伯的人，他是从前犹大王室的远亲。所罗巴伯回到耶路撒冷，和大祭司约书亚一起开始重建的工作。

这事并不容易。整座城市都必须重建。城市周围的领土，大都已经被撒玛利亚人占领，开辟成农场和牧场。撒玛利亚人当然不肯放弃，并且尽一切可能给新来者制造麻烦，让他们日子不好过。

撒玛利亚人本来希望能在重建圣殿的事上挣点辛苦钱，但他们却被告知，圣殿的工程不雇用异教徒。

为了报复，撒玛利亚人匿名上书居鲁士，警告波斯国王说，有人意图叛乱，只要圣殿修建落成，犹大就会变成独立王国。

居鲁士日理万机，没时间理会犹太人叛乱这样的琐事，但为了预防万一，他下令在事情调查清楚之前，重建圣殿的事必须暂停。

没多久，居鲁士驾崩，这事就被遗忘了。时间一晃数年，建好一半的城墙逐渐长满了杂草。接着，先知哈该出场。哈该谴责所罗巴伯胆小又好逸恶劳，并告诉他，无论国王允许与否，都该继续兴建城墙。

忧愁的所罗巴伯正需要一点小小的鼓励，哈该一说，他便答应执行。他通知大家回来干活儿。

但是，接着他跟撒玛利亚的总督达乃发生了冲突。达乃问他凭什么权利修建上帝的圣殿，那座圣殿已经越来越像一座正规的堡垒了。所罗巴伯回答，他在多年前就获得了居鲁士的批准。达乃将这答复上报给宫廷。在这期间，居鲁士的继位人冈比西斯[①]也已经过世，接着继位的是大流士[②]。大流士下令查阅档案。这事变得更复杂了。不过，幸好当初居鲁士签名批准的法令找到了。

---

① 冈比西斯二世是波斯阿契美尼德王朝的国王居鲁士大帝的儿子。大约在公元前 537 年在巴比伦担任居鲁士的全权代理人，公元前 522 年居鲁士大帝战死后继承其王位。

② 大流士一世即大流士大帝，波斯安息省长希斯塔斯佩斯的儿子，公元前 521 年至前 485 年波斯阿契美尼德帝国君主。《圣经》中文译本译作“大利乌”。

达乃只好收回自己的反对意见，四年后，圣殿落成。

慢慢地，其他一些流亡者也返回了自己的故乡。然而，绝大多数的犹太人继续生活在埃及、巴比伦和波斯的商业中心。无论何时，只要环境允许，他们就在自己圣城的围墙内庆祝伟大的宗教节期。他们承认并尊崇这座古老的城市是自己的精神家园。但这座内陆小首都并其间狭窄肮脏的街道、简陋的作坊，都不足以提供发家致富的机会。

当最后一种祭物献完，最后一首赞美诗唱完，来访者便匆匆赶回书珊或达夫尼的繁忙商业区。他们自豪自己是犹太人，他们热爱耶路撒冷，只要别叫他们整年住在那里就行。

就这样，他们发展出奇怪的双重忠诚，这使他们在接下来的四百年里，遭受了许多麻烦和痛苦。因为，虽然犹太人散居在波斯人、埃及人、希腊人和罗马人当中，和平不惹事，但他们从不接受那些国家的风俗。

无论在哪里，他们都形成一个国中之国。

他们住在自己的聚居区里。

他们去一个跟别人不一样的神殿拜神。

他们不许自己的孩子跟异教徒的子女结交。他们宁可杀了自己的女儿也不肯将她嫁给异教徒。

他们吃的东西不同，连预备食物的方式都不同。

他们小心翼翼地遵守当地的法律，但是，除此之外，他们还遵守自己本族特定的、非常严格又复杂的律法。

他们按自己的偏好穿着打扮，而这也将他们跟别的民族明显区分开来。

他们一丝不苟地过特定的节日，那些节日对当地人而言完全神秘难解。

人总是会对那些难以理解的左邻右舍抱以猜疑。这些犹太人聚居区不近人情的态度，所有犹太人对其他种族的神明公开蔑视的姿态，加上他们只跟本族人合作的天赋权利，经常使他们在邻居当中不受欢迎，并常因纠纷结下仇怨。

这些仇怨中，有一个发生在基督降生前第五世纪，在波斯的犹太人遇上大劫，几乎面临彻底灭族的危险。

我们无法得知这个突发事件的深层原因。但我们可在《以斯帖记》中发现事件的全部细节。

《以斯帖记》是《旧约》书卷中，历史书的最后一卷。它跟《但以理书》一样，是在薛西斯[①]死后好几百年才写下来的，因此，波斯碑文中没有找到可让我们参考的数据。我们有相当多有关薛西斯的史料，他几乎摧毁了欧洲大陆的新文明。他个性软弱无用，以下他对待妻子的言行的故事，完全反映了他的个性。

薛西斯（犹太人称他亚哈随鲁）在一次不光彩的争吵之后，跟妻子离了婚。当时国王喝多了，王后也是，两人恶言相向，王后瓦实提被迫离开了王宫。

薛西斯随即通令全国，要挑选一位新王后，他选上了犹太少女以斯帖。以斯帖是个孤儿，她堂兄末底改收养了她，末底改在犹太人社群里颇有地位，跟宫廷的关系也不错。

以斯帖进宫之后，末底改常常去探望她。

有一天，末底改在接待厅里听见两个人在密谋要杀害国王，于是他向以斯帖示警。以斯帖把这事告诉了国王。那两个人遭到逮捕并被处死了，但末底改也随即遭到遗忘，他虽然救了国王的命，却没有得到任何奖赏。

---

① 薛西斯一世是波斯帝国的国王，在位时间是公元前 485 年至前 465 年。基督教认为他可能是圣经中提到的波斯国王亚哈随鲁，但并无实证支持此观点。薛西斯一世是大流士一世与居鲁士大帝之女阿托莎的儿子。

末底改不在意。他生活宽裕，并不缺钱。此外，身为王后过去的监护人，他已经获得极多的荣誉，他很知足。但是，因为他突然高升的地位及如今享有的显赫身份，给他招来了许多敌人。

那时，薛西斯的宠臣当中有个名叫哈曼的阿拉伯人。哈曼（他属于亚玛力族，跟犹太人是世仇）瞧不起末底改，末底改也以同样的态度回敬他。

哈曼坚持当他们两人相遇时，末底改得先对他鞠躬。末底改拒绝。这事闹到了国王面前。国王说他不管这种事。从那时开始，这两人就对彼此恨之入骨。在今天看来，这就是件小事，犯不着动怒，但是三千年前的人可不这么想。

哈曼是个危险的敌人。他对薛西斯屡进谗言，让薛西斯对这群犹太俘虏的后裔起了疑心。他指犹太人都住豪宅，显然都发了大财。国王从来没见过大多数犹太百姓所住的贫民窟，于是相信所有哈曼说的事。哈曼没费多大工夫，就把这个荒淫无度的君主哄到心甘情愿签发了一道圣旨，将他统治版图中所有的犹太人全部处死。

哈曼受命执行这项可怕的法令。就像所有卑鄙的小人一样，他缓慢、周详地进行着有关事宜，他要充分享受复仇的乐趣。他抽签决定哪个月对耶和华的跟随者进行大屠杀最好。就这样，选定了二月。这给了哈曼足够的时间下令在高高的山丘顶上竖立起一座绞刑架，好让他把仇人末底改“吊得比所有的人都高”。

然而，这项阴谋太复杂，不可能保密太久。末底改知道后紧急求见以斯帖，要以斯帖在未经宣召的情况下去见国王，求王饶过她的族人。

薛西斯起先很生气，但他接着想起末底改曾经救过他一命，于是他又将所有的证据拿到面前察看，并且开始明白哈曼如何出于公报私仇而误导他。立刻，他派遣信使快马前往全国各地，警告犹太人对抗即将来临的攻击。哈曼则被吊死在自己原来打算吊死末底改的山顶绞架上。

当阴谋的细节公之于众后，犹太人开始对自己逃过劫难心怀感激。

是因犹大人的仇敌亚甲族哈米大他的儿子哈曼，设谋杀害犹大人，掣普珥，就是掣签，为要杀尽灭绝他们。
这事报告于王，王便降旨使哈曼谋害犹大人的恶事，归到他自己的头上，并吩咐把他和他的众子都挂在木架上。

《以斯帖记》9:24-25

他们决定永远记住这个重要的事件。

此后，每年巴比伦历法中的亚达月（大约在我们现在二月到三月之间）的十三至十五日，犹太人都要盛大庆祝“抽签节”，或称“普珥节”。

在这个节日里，每个犹太聚居区都要高声朗读《以斯帖记》，并公开咒骂哈曼的名字。同时，富人要慷慨周济穷人，以纪念拯救族人免于灭亡的好王后以斯帖。

那些已经返回耶路撒冷的虔诚犹太人却不欢迎这个新节日。有很长一段时间，他们每年抵制庆祝普珥节，觉得这节日“异族味”太浓。不过，这节日（大概源于亚述或巴比伦，由来已久）以新的形式迅速普及开来，并且一直流传至今。

以斯帖的故事清楚表明，在波斯国王统治时期，外国移民的聚居区有多么重要。

这些聚居区的光彩完全盖过了祖国，所有的记载似乎都表明，那时的耶路撒冷一片荒凉。

圣殿已经照原样重建了。但城墙依旧破败，商业和贸易复苏缓慢。所罗巴伯已经去世，后继者个个因为缺少资金和缺乏人手，都没有能力继续前人未完的工作。

终于，国外的犹太人决定，他们必须为祖国做点事情。有位名叫以斯拉的祭司获得了一笔资助，要他返回犹大去了解当地的情况。他要求自愿者与他同去，然而响应者寥寥无几。在经过一番费力劝说之后，以斯拉说动了大约五百人跟他一同返乡。

经过四个月的长途跋涉后，这群朝圣者终于望见了古老的圣殿。

但是，以斯拉发现，耶路撒冷的状况糟透了。那些归来的犹太移民（人数很少）都娶了邻村女子为妻。

他们在履行自己的宗教义务上变得很怠惰。

犹大差不多快要变成另一个撒玛利亚了。

能干的尼赫迈亚（他是波斯王亚达薛西的贴身侍从）前来助以斯拉一臂之力，重建这个摇摇欲坠的国家。他们终于重新建好了城墙。街道上的垃圾也全都清理干净。外族女子也全都送回了她们的娘家。圣殿的大门外搭建了一个木制讲坛，以斯拉定期在这里宣读并讲解某一段神圣的律法，好让百姓永远记得自己的职责。

即便如此，旧城中绝大部分地区依旧渺无人烟。

而这意味着这座城依旧处在危险当中（在人丁兴旺的所罗门时代所精心设计建造的城墙系统，这时根本没有足够的人手来防御）。于是，犹太人断然采取措施，好使居民的数量达到要求。

所有居住在邻近乡村的居民，用抽签的方式抽出十分之一，勒令他们搬到耶路撒冷居住。有少部分人自愿前来，他们获得极大的荣誉，被认为是无私的爱国者；其他人则是以武力强制他们迁入城内。

即便如此，与昔日的辉煌相比，如今的耶路撒冷只是一个暗影。从前政治与商业重镇的光辉已经永远一去不返了。

以西结的梦想永远不可能实现了。但是，不久之后，这座城市将成为一位伟大先知的家。《以赛亚书》后半卷那位不知名的作者，早在他同时代的流亡者都还把信心放在昔日的辉煌中时，他就以慧眼和胆识向前展望，预言了这位伟大的先知终将出现。

16. 其他各类书卷
THE MISCELLANEOUS BOOKS

《旧约》的其他各类书卷。

/

《旧约》是一本犹太民族的剪贴簿，它包含了历史书、传说、家谱、情诗和赞美诗。《旧约》先后遭到多次的分类和整理，然后再分类、再整理，其编纂既不考虑时间顺序，也不考虑文学上的完美。

假设，这世界上从来没有美国历史书籍，日后在公元 2932 年时有个爱国人士决定要编辑一本美国史。很有可能，他得把我们所有伟大的杂志和报纸（如果有幸存下来的话）都看过，并把所有看起来足够重要、属于历史和文学类型的东西都收集起来。

但是，除非他对自己的工作准备得非常认真仔细，否则他会给我们一本在许多方面都类似《旧约》的汇编作品。

这作品中会有一些早期印第安人的传说，记载着他们神秘的创世故事。还有特别的星期天故事，述说哥伦布发现新大陆，并记述早期移民在查尔斯河和哈德逊河河畔的艰辛生活。

接下来，会详细描述十三个小殖民聚居区（就像犹太人的十二个部族），如何组成一个单一国家，这方面的史料记载数量庞大。

这个新共和国建立过程中的冒险经历，肯定要详细描述，特别是内战，差点就把美国变成另一个犹大和以色列。

伴随这些历史叙事的，还有各式各样的诗作和歌曲的汇编，它们都成为我们这个伟大民族的遗产的一部分。

如果我们这位美国爱国者像耶路撒冷和巴比伦的那些记述者一样，缺乏做这种工作该有的训练，那么，我们会发现那些记载征服西部的篇章里，包含了摘自朗费罗、惠蒂尔和爱默生的诗作片段；在记述购得阿拉斯加的章节里会加上独立战争的描述；还有提到罗斯福是这国家每一项重大决策的制定者。

当然，这本纯靠想象编写出来的书，不能作为可靠的历史参考。在我们今天这个时代，编写史书不是什么难事。我们可以去法国、英国和西班牙，借由这些国家图书馆的帮助（假设它们还没遭到毁坏，但巴比伦的图书馆几乎都毁了），我们通过查阅外国的资料，可以很容易重建我们自己过去的历史。

可是对《旧约》来讲，这根本是不可能的。埃及人、亚述人、迦勒底人和波斯人，都很少注意这个异常虔诚的部族，这群人把自己远远隔离在居住国的生活方式之外。

因此，基本上，我们的数据全仰赖古希伯来文和亚兰文的文本。这一点我们在前文已经说过了，但在此再重复最后一次，这一点非常重要，你不该忘记或遗漏。

到目前为止，我们已经竭尽所能重建了那个传说的年代，以及有历史记载的时期。现在，我们要告诉你一些额外的、纯粹由诗歌组成的篇章，它们构成了所有犹太文学中最有魅力、最招人喜爱的部分。

路得的故事前面已经说过了。另一个古老犹大村落的田园生活故事，记载在《约伯记》，但《约伯记》的性质和《路得记》很不一样。

这是个非常古老、流传很广的故事。一个虔诚人，在他所处的环境中经历了极大的磨难，却从未对万物的终极之善失去信心。他不明白所有这些灾难为什么会临到他头上，为什么自己会染上可怕的疾病，他身为“智者”，为什么不能从自己的学识中获益；他这样一个慈父，为什么会失去所有的孩子。

他完全不明白，却默不作声，顺从自己的命运。

他不抗辩。

他接受结果。

但是，他与三个老朋友的会面，以及他们之间那场著名的对话，让所有虚构文学的爱好者都对《约伯记》爱不释手。

约伯一直坚信，自己遭受的一切苦难，都对自己卑劣的灵魂有益。他也许无法理解耶和华的计划，但它们肯定是对的，而他由于自己的无知，肯定是错的。

最后，他受考验的日子结束了。约伯重新拥有过去所有的财产。他又结了婚，生了七个强壮的儿子和三个美丽的女儿。他活到一百四十岁才去世，是全国最富有最显赫的人。

《约伯记》之后，接着的是《诗篇》。

希腊文的“psalter”是指一种弦乐器，这种乐器也许源自腓尼基，曾经在西亚风靡一时。在节日庆典上常有人拿它当颂唱圣歌时的伴奏，演奏者使用拨片来弹奏，类似今日的曼陀铃。

这种乐器的音域并不宽广，只能奏出十个音，但是效果够好，能达到目的。它像现代乐器一样，能保持众人在颂唱时不走调。

至于《诗篇》，它们就像我们在《牛津英国诗选》中所见过去六百年来的诗歌一样，有各式各样的主题。

它们什么类别都有，从崇高无上的善到极端的恶，以及复仇。它们包含了自有文字记载以来，我们所能找到最古老和最优美的对大自然的描述。许多充满希望和抚慰的崇高诗句中，体现了真正具有虔诚信仰之人的感觉、梦想和祈祷。《诗篇》几乎涵盖了犹太民族生活的所有时期。有些写于王国时期，有些只回溯到大流亡时期。随着时间流逝，它们变成所有宗教庆典上必不可少的一部分。因此，它们也被我们基督教会所采纳。历代以来最伟大的诗人都受过《诗篇》的启发。它们被翻译成世界上每一种语言。它们也曾被我们西方最伟大的作曲家谱进乐曲中。当有人念诵《诗篇》时，就算我们听不懂那种语言，也会被它们本身的庄严、深沉所打动。

无论《旧约》中众多历史书和先知书的未来会如何，只要人类还相信美（无论哪一种形式或形象的美）是神圣和庄严的，《诗篇》就会被保存和流传下去。

《箴言》就不一定了。

这卷书没有任何想象或热情。

正如书名所暗示的，它包含的是历代所有精明老人和老妇的金玉良言。

自古以来，每个民族都保有这类的箴言集。我们美利坚合众国是靠独立运动的先驱们的共识，才得以巍然屹立，并给这世界带来了众多这类的箴言。

中国伟大的教师孔子，他的智慧几乎全来自他悲天悯人的观察，对人的愚昧和对神的耐心的思考。就像我们今天把整整两代人的金玉良言，都视为出自亚伯拉罕·林肯之口。波斯人统治时期的犹太人也是如此，他们牢记所罗门是自己民族最伟大的英雄，宣称他是所有这些朴素智慧之言的作者。

事实上，《箴言》大部分写于那位伟大君主死后的四百年之后。当然，这不怎么重要。就算这卷《箴言》是昨天收集来的，也还是一样优秀。它们让我们看见当时普通人的想法，教导我们明白古代犹太人的观点，这比十几卷的历史书或先知书所能告诉我们的还要多。

再下一卷书，叫《传道书》，是一卷纯宗教的书卷。

这卷书令人厌倦，却非常人性。

它深入探究了人生和信仰的问题。

它反映了一位著名犹太医生个人的厌倦与思虑，据说他是这卷书的作者。

他这么问，人平均能活七十年，却全都是劳碌和忧虑，有什么意义？万物最终都是走向坟墓。

义人会死。

恶人也会死。

他们全都会死。

所有这一切有什么意义？正直人受迫害，恶人却享富贵。人的痛苦不幸难道没有原因？

“虚空的虚空，一切都是虚空。”这类的话整整写了十二章。

犹太人就跟所有的东方民族一样，是个喜怒无常的种族。

他们一下子处于喜乐巅峰，一下子又跌入忧郁的深渊。

他们的文学是他们的音乐。

当他们悲伤消沉的时候，他们聆听《传道书》——此书带有肖邦练习曲的抑郁之美。

当他们快乐的时候，他们阅读喜气洋洋的《诗篇》。《诗篇》反映了海登《创世记》中大合唱的欢乐之美。

人会变，但他的灵魂始终相同。如果我们有智慧，我们也能从这些诗歌般的书卷中寻得安慰。我们所受的苦，在我们之前已经有人经历过，将来的人也会同样经历到。

那给了千年前逝去的古人新希望的，有一天也会给尚未出生者崭新的勇气。

人会变，但他的悲喜跟亚伯拉罕和雅各时代的悲喜并无二致。

《旧约》这些多彩多姿的他类书卷中，最后一卷非常奇特。它被称为《雅歌》。这意思不是说它真是一卷歌曲集。说它是歌中之歌，是暗指它在文学完美上获致最高成就，意思是："它是所有歌中最美的一首歌。"就像我们赞美我们一生中最幸福快乐的日子是"黄金时代"一样。

实际上，《雅歌》是一首非常古老的情诗。当然，据说，所罗门王是这卷情诗的作者（以他显赫的声誉，这看法几乎无法避免）。无论如何，照例他是这首伟大情诗中的男主角。

女主角是一位牧羊女。

国王遇见她，将她从一个叫书念的村庄带走。

他在自己的王宫中赐给她尊荣的地位。

他试图获得她的青睐。

但是，这位纯朴的书拉密女子，依旧爱着她那牧羊的情人。她被安置在华美的深宫重帏之中，但她心里只想着自己和情人在山间漫步，一起照看羊群的日子。

她喃喃述说着两人往昔的情话。夜里，她梦见自己依偎在他强壮又舒适的怀抱中。最后（正如所有这类故事），有情人终成眷属，结局皆大欢喜。

《雅歌》不是宗教书卷，但这卷书第一次见证了——有某种崭新又美好事物终于在世间出现了。

在远古时代，女人一直是做牛做马。

她属于捕获她的那个男人。

她为他种地；她为他照看牛羊；她为他生儿育女；她为他做饭；她把他伺候得舒舒服服的。然而，回报她的却是他饭桌上掉下来的一点面包屑。

但这一切开始发生变化了。

女人开始走向自立。

她被承认与男人平等。

她是他的伙伴。

她激发他的爱并接受他的爱。

在这个互敬互爱的坚固基础上，将很快建立起一个崭新的世界。

17.
希腊人的到来
THE COMING OF THE GREEKS

我们前述所提之事件发生的同时，世界其他地方也发生了巨大的变化。希腊人的天才将世界从古老的无知和迷信中释放出来，为现代科学、艺术、哲学和治国之术奠定了基础。

腓尼基船队的紫色船帆渐渐消失在东方远处的地平线，那边横亘着崎岖的希腊半岛。

希腊是个小国，面积没今天美国特拉华州那么小，但也没南卡罗莱纳州那么大。不过，住在岛上的种族却在人类历史上扮演了最重要的角色。希腊人跟犹太人一样，也是移民。

当亚伯拉罕赶着羊群往西寻找新牧场时，希腊军队的前锋正在探查奥林匹斯山的北麓。

希腊人所面对的问题，没有摩西和约书亚试图在迦南地立足时所遭遇的那么困难。

居住在伯罗奔尼撒和阿提卡山谷的原始居民皮拉斯基人，弱小又不开化，还没脱离石器时代后期的习惯。有铁矛武装的希腊人轻而易举地征服并消灭了他们。

征战完毕后，希腊人就在他们各个小城邦的高墙后定居下来，并奠定了日后欧美所有国家都共同拥有的文明基础。

起初，希腊人没怎么注意跟自己隔海相望的邻邦。他们征服了爱琴海诸岛，但未试图进驻亚洲。海上的对外贸易仍然控制在腓尼基人手里，希腊人探险的范围很少越过马勒斯岬角和达达内尔海峡。

但有一次著名的例外，与耶弗他和参孙同时代的希腊人，曾发动过著名的远征特洛伊的战争。不过，他们在为墨涅拉俄斯[①]复仇雪耻后便返回自己的家乡，很少再冒险出到帕加马和哈里卡纳索斯海港之外的地方。蔚蓝的弗里吉亚山脉后方到底隐藏着什么，希腊人并不感兴趣。对雅典的居民而言，巴比伦只是个名字。尼尼微也丝毫引不起清教徒

① 墨涅拉俄斯，是希腊神话中斯巴达的国王，美女海伦的丈夫。海伦被特洛伊王子帕里斯拐走后，墨涅拉俄斯与哥哥阿迦门农召集希腊境内几乎所有的国王对特洛伊开战。经历十年苦战，特洛伊沦陷，海伦被墨涅拉俄斯夺回。

似的斯巴达士兵的兴趣。他们谈论这些神秘的城市，就像我们的祖辈说起廷巴克图和拉萨一样。

对希腊人而言，迦南是块未知之地。他们从来没听说过犹太人。但是，在基督降生前第五世纪，一切都改变了。欧洲人没想去亚洲，亚洲人却试图去欧洲。而亚洲人的这个邪恶企图，差点得逞了。

我们前面提过居鲁士。在犹太人被掳期间，他像救星一般来到，让他们重建了古老圣殿的辉煌。

但希腊人有理由用不同的眼光来看他。

居鲁士本人忙于巩固自己的帝国，无暇去开拓美索不达米亚之外的疆土。但是，在他去世八年之后，希斯塔斯佩斯的儿子大流士登基做王，希腊人从此不得安宁了。

波斯军队（在经过长期准备之后）越过了赫勒斯庞，征服了色雷斯。这事发生在公元前 492 年。远征军在亚撒斯山附近惨遭击败，希腊人将胜仗归功于伟大天神宙斯的及时相助。

两年之后，波斯人卷土重来。

他们的进攻在马拉松[①]遭到遏止。

日后，波斯人又重复进犯了两次。尽管他们在温泉关[②]击败了希腊的军队，并烧杀掳掠了雅典城，但是他们从未在西方大陆上建立起一个稳固的据点。

这是古老的亚洲文明和年轻的欧洲文明第一次交锋，欧洲赢得了胜利。

希腊人在军事上连战皆捷之后，接踵而至的是一个无与伦比的思想和艺术蓬勃发展的时期。

在单单一个世纪里，他们所产生出来的科学家、雕塑家、数学家、

---

① 马拉松战役，发生在公元前 490 年，古希腊城邦联军对抗波斯帝国，最终由雅典与斯巴达领导的希腊联军获胜。

② 温泉关，是一个易守难攻的狭窄通道，一边是大海，另外一边是陡峭的山壁。这个村庄附近有热涌泉，因而得到温泉关这个名字。

医生、哲学家、诗人、剧作家、建筑师、演说家、政治家和立法者，就远超过过去二十个世纪以来任何一个国家的总和。

雅典变成整个文明世界的中心。

人们不远千里跋涉到阿提卡，研习人体的美学和思想的精妙。

在雅典卫城山脚下聚集的人群中，可能有少数犹太人。

不过我们有理由对此表示怀疑。

耶路撒冷人从未听说过希腊的首都，那些使西方思想家充满热切好奇的事物，正是巴勒斯坦那些严肃的宗教狂热分子所深深蔑视的，在他们看来，只有认识了耶和华的旨意，才能认识万物的起始与终局。

他们不知道也不在乎异教徒的土地上正在发生什么事。

他们只去自己的圣殿。

他们在新建的犹太会堂里聆听自己祭司的劝诫。他们只管自己的事。

他们过着不引人注目的生活，我们对他们这段时期的历史一无所知。

耶路撒冷被遗忘了。而这正是虔诚的犹太人所祈求的。

18.
希腊的行省：犹大
JUDAEA，A GREEK PROVINCE

一百年后，一位希腊最好的学校培养出来的马其顿少年领袖，决定要把自己获益良多的希腊文明带给全人类，并征服亚洲。

犹太人的国家遭到亚历山大大军的蹂躏，变成了马其顿的一个行省。

亚历山大去世后，他手下的大将托勒密自立为埃及王，并将巴勒斯坦行省纳入了自己的版图。

/

犹太人在长期定居波斯期间认识了一种新的宗教体系。波斯人是伟大的宗教导师——查拉图斯特拉，又名琐罗亚斯德[①]的追随者。

查拉图斯特拉认为，生命是善恶之间持续不断的较量。智慧之神阿胡拉和无知与邪恶之神阿里曼永远征战不休。

这对大多数犹太人而言是一种崭新的观念。

到目前为止，犹太人只承认单独一位万物之主，名叫耶和华。当事情出了差错，当他们吃了败仗，疾病缠身，他们总把这类灾祸归咎于自己的百姓不够虔诚。他们从来没有产生过这种念头——罪恶是邪灵直接干扰的结果。在他们眼里，就连伊甸园里的蛇都没亚当和夏娃来得坏，因为他们两人故意违背了神圣的命令。

在查拉图斯特拉的教义的影响下，犹太人开始相信有一种邪灵存在，试图破坏耶和华所成就的一切的善。

他们称这个灵为耶和华的仇敌，或叫他撒旦。

他们对他又恨又怕，公元前 231 年，他们确定撒旦已经来到人间。

在尼尼微平原上，一位年轻的异教徒王子亚历山大击败了波斯大军的残余部队，波斯帝国的最后一位国王大流士三世被谋杀在本国的王家大道旁。

曾经对犹太流亡者十分友好的庞大帝国，就此不复存在。亚历山大和他的希腊战友大获全胜。那是个可怕的时代。

世界末日似乎即将来临。

只不过，世界从未真正到达末日。历史总有“新的一章”。现在，犹太人在这个奇怪的形势下展开了这新的一章。

来自马其顿王国的亚历山大不算真正的希腊人。真正的希腊人认

---

① 琐罗亚斯德，琐罗亚斯德教的创始人。该教又称“拜火教”，在中国称为“祆教”或“白头教”。该教延续了两千五百年，至今仍有信徒。

为他是马其顿人，是个“外国人”。但是他本人不同意这个看法，他坚定热爱希腊的生活和文明。

他在少年时就公开声明要为希腊赢得天下。此后，他的雄心壮志是将梭伦[①]和伯里克利[②]的思想传播到世界各个角落，好让他们崇高的智慧能惠及全人类。

公元前336年，亚历山大开始了他的征程。

十三年后，他的遗体安放在尼布甲尼撒曾经居住过的宫殿中，这宫殿在那时已经成为一个新世界帝国的中心。

那时，马其顿已经征服了从尼罗河到印度河的所有土地，把希腊文明的芽苗带到了西亚各国和埃及。

当这位伟大征服者的大军开始横扫叙利亚平原时，犹太人面临了一个难题：他们该对这个新主人采取什么反应？几年前（公元前345年）他们曾英勇反抗过亚达薛西（叙利亚的末代国王之一）的某些暴政。

有一阵子，在埃及王纳达比纳斯和一支希腊军队的协助下，犹太人能够保住自己。这场轻易赢得的胜利给腓尼基人壮了胆，开始起来发动自己的革命。结果，西顿城被烧成平地。

不久之后，耶路撒冷也遭到同样的命运。大部分的房屋都被焚毁了。

祭坛被放上不洁净的动物，使圣殿遭到亵渎。大批的犹太人被流

① 梭伦（约公元前638年－前559年），是古代雅典的政治家、立法者、诗人，古希腊七贤之一。梭伦在公元前594年出任雅典城邦的第一任执政官，制定法律，进行改革，史称“梭伦改革”。他的改革是一种折衷式改革，促进了雅典民主制的发展。但他的改革长时间无法彻底实施。直到他后来的继任者庇西特拉图继承了他的改革政策，“梭伦改革”的各项改革才得以最终确立。

② 伯里克利（约公元前495年-前429年），雅典黄金时期（希波战争至伯罗奔尼撒战争）具有重要影响的领导人。他在希波战争后的废墟中重建雅典，扶植文化艺术，现存的很多古希腊建筑都是在他的时代所建。尤为重要的是，他培育当时被看作非常激进的民主力量。他的时代也被称为伯里克利时代，是雅典最辉煌的时代，产生了苏格拉底、柏拉图等一批知名思想家。

放到里海南岸的赫尔卡尼亚省。随着故土被劫掠一空，犹太人独立的梦想也烟消云散。

这对犹太人的自傲是个激烈的打击。他们多年来力图小心遵守圣洁的律法。他们深信自己的举止可做典范，也已经赢得耶和华无条件的支持，在耶和华火焰之剑的防卫下，耶路撒冷已经成为坚不可摧的堡垒。

继亚达薛西和他可怕的雇佣兵之后，现在来了这个摸不清头绪的新威胁。

幸好亚历山大没给犹太人多少时间思考。

推罗被摧毁和撒玛利亚被征服的消息才刚传来，犹太人随即被勒令向马其顿国王缴纳钱粮物资。

由于迦萨已经落到希腊人手里，通往大海的路已被切断，他们逃脱无望。

根据某些非常不靠谱的传说，亚历山大亲自造访过耶路撒冷，在那里做了个著名的梦，他在梦中被敦促要仁慈宽待犹大的百姓。

事实上，这座城市平静地顺从了这位征服者的要求，献上了他所要的金银。

这项顺从的回报是，在周围所有的帝国与王国土崩瓦解的时候，犹太人没碰到麻烦，享有了一段相对宁静的日子。

数年之后，尼罗河口建立起一座亚历山大城，取代了那时已经消失了的腓尼基贸易站。亚历山大想要犹太人的经商才能，便在城的东北部区域提供他们住处。许多犹太人热切地抓住这个机会，离开耶路撒冷移居到埃及。圣城再次被其精力充沛的市民给遗弃了，慢慢失去了一个国家首都的特性。

从那时起直到今日，这个犹太种族的属灵中心一直受到所有人的崇敬，却只有少数人造访。

亚历山大的去世没有改变这一点。伟大的马其顿帝国被其将领给瓜分了[1]。

其中一位叫托勒密·索特尔的将军得到了埃及。公元前320年，托勒密对他过去的战友发动战争，对方那时统治着叙利亚，犹大是叙利亚的一个行省。

托勒密在安息日攻打耶路撒冷，谨守着十诫的犹太人遵照第四诫守安息日，不予抵抗，耶路撒冷于是陷落。

然而，托勒密十分善待犹太人。结果，有更多犹太人迁居到埃及。昔日所罗门的执矛卫队巡逻的繁忙街道，又开始杂草丛生。

随后一百年的故事都乏善可陈。亚历山大部将的后裔纷争不休，打个没完。犹大也被再三易手。

最后，在基督降生前第二世纪，犹大变成了塞琉西家族的版图的一部分。

公元前175年，塞琉西王朝的第八任国王安条克·埃皮法内斯征服了绝大部分的西亚，做了主人。在这位聪明却不宽容的君主的统治下，犹太人民族意识的发展开始了崭新的一页。

安条克·埃皮法内斯登基时，犹大地区的人口正在迅速减少。

安逸又迷人的希腊城市生活，开始对最后一批犹太文化的坚持者产生影响。

这个奇特的、将亚洲与欧洲所有优劣特质全部完美糅合在一起的

① 亚历山大大帝死后，他的帝国被他的部下们迅速瓜分。最初被分割为四大部分，卡山得统治希腊，莱西马库斯占据色雷斯，被称为“胜利者”的塞琉古一世得到了美索不达米亚和波斯，而托勒密一世分得黎凡特和埃及。安提柯一世在小亚细亚和叙利亚建立了短暂的统治，但很快就被另外四个将领击败。

希腊文明，很快就会把整个犹太民族都并吞了。

但是，安条克·埃皮法内斯没有学会适可而止、见好就收的智慧。他在有生之年将前任所有国王的努力毁于一旦，把原本已经与世无争的犹太人逼成了激烈的爱国者。

19. 革命与独立

REVOLUTION AND INDEPENDENCE

两百年后，一个名叫马加比的犹太家族揭竿起义，试图让国家摆脱外国的影响，重获自由。但是，马加比家族所建立的王国从未兴盛起来。当罗马人征服西亚后，他们把巴勒斯坦变成一个半独立王国，并任命一名政治心腹做这不幸之地的国王。

/

迦南这块古老的土地上，容不下两种互相冲突的宗教信仰。

一支接受耶和华是自己所处这个世界的绝对主宰的部族，自是容忍不了一个不明确的宙斯的对垒较劲。据说（当然，是异教徒这么说），宙斯住在蛮荒之地某处的山巅之上。

安条克·埃皮法内斯没意识到这一点。结果，他耗费大半辈子的时间以及所有的精力，试图将顽固的犹太臣民扭转过来做个勉强的希腊人，终究失败。

如前所述，他是塞琉西家族的第八任君主，不该这么搞不清楚状况。但是，他在年少时曾被送去罗马当人质，有十五年光阴生活在那个既是世界中心，也是罪恶渊薮的城市里。

那时罗马已经富裕无比，这民族古老的淳朴民风（如果有，我们也深表怀疑），已经让位给更好玩有趣的娱乐活动了，那些声色犬马的活动，是由人数庞大地位重要的希腊殖民区提供的。

那时候的希腊人，扮演着现代纽约城市里外乡人的角色。正宗的美国人忙于建筑、买卖、计划和照料他们本土大陆上的物质需求。

但是他们的管弦乐团是由德国人、荷兰人和法国人组成，而他们的剧院里专门上演俄国人和挪威人写的戏，他们的餐厅聘请的是法国厨子，他们的画廊展示的画是六七个欧洲国家的作品。

美国人太忙了，无暇亲力亲为所有的事，他们颇有耐心地（即使有时候带着某种轻蔑）把这些事交给那些能比他们亲自去做还做得更好的人，那些人在政治生活或实际创造方面缺乏必要的野心。

罗马在走到共和国晚期和帝国早期时也是这种情况。

罗马人首先是士兵、立法者、政治家、税吏、道路修建者和城市规划者。

他们征服并管理整个已知世界，从阴暗多雾的韦尔斯海岸到广阔无垠的达西亚平原和北非的酷热沙漠。

这是罗马人的工作。

他们不仅做得好，也喜爱这工作。

但是他们太忙，以至于无暇顾及比如学校、学院、剧院、教堂和零售商店之类细琐的事。

因此，罗马很快涌来了一群伯里克利、埃斯库罗斯和菲迪亚斯的后裔，他们很聪明，却靠不住。

这些英俊黑发的希腊教师个个都是舌灿莲花的演说家，成天语焉不详地大谈着老实的罗马人从未听过的千百种奇事，因此这些闲谈在他们的生活里也没有意义。

他们可以张口辩论众神之事，闭口又说一个人该如何穿着。他们可以对女人解说一种新兴东方宗教的神秘之处，同时又告诉她们几招使用化妆品的秘诀。他们有讲不完的玩笑趣闻，总之，他们把沉闷无聊的罗马社会转变成类似雅典卫城脚下闻名遐迩的市场。

年少的安条克从远方的叙利亚来到此地，立刻拜倒在这座伟大又美妙的城市的魅力之下（就像一个北密执安州贫苦农场的少年，一下被扔到了纽约的市中心），在客居罗马的十五年里，他变成一个对希腊的哲学、希腊的艺术、希腊的音乐及所有一切希腊相关的事物都有着无比热情的崇拜者，阿尔西比亚德斯[①]本人对雅典优越长处的热爱，都比不上这个亚细亚来的小王储。

当然，当这位年轻人被召回自己的国家后，他对家乡的状况失望透顶。

耶路撒冷再也不曾恢复昔日大卫和所罗门时的光辉。即便是在早年辉煌的日子里，当拿来跟歌林多、雅典、罗马和迦太基这样的世界文明中心相比，耶路撒冷也不过是个落后的小村庄。

---

①阿尔西比亚德斯（公元前 450 年－前 404 年）是雅典杰出的政治家、演说家和将军，是其母系贵族家庭的最后一位著名成员，这个家族在伯罗奔尼撒战争之后衰败。他在战争的后半段扮演重要角色，担任战略顾问、军事指挥官和政治家。

耶路撒冷始终有点偏离文明的正轨。在巴比伦人、希腊人和埃及人看来（如果他们想过这事的话），耶路撒冷虽然是个不错的地方，但肯定只是个省会，住着一群思想狭隘又令人不自在的人，那些人自视甚高，并公然蔑视所有一切外来事物。

这种情况在大流亡时期也未改善。许多犹太人宁愿留在巴比伦。两百年后，大部分在战乱中生存下来的犹太人，又受到亚历山大城和大马士革吸引，迁到那地定居。正如我们在上一章所见的，只有最虔诚的人留下来，他们把耶路撒冷的精神生活扭转成极其封闭的神学辩论社群。

现在，在罗马的欢乐洗礼下，耳目一新的安条克，口里说的心里想的皆是体育盛会和酒神庆典的队伍，却又不得不整日跟那些阴沉又乖僻的学者待在一起，那些人盲目地盯着古老律法的晦涩条文不放，使国王和他朋友的厌烦之色溢于言表。

安条克仓促决定，自己要成为优越的希腊文化传播者。

但是，他像个揠苗助长的人，想违背自然规律加速这件事。

结果，他收效甚微，还引起一场大祸。

起初，他试图利用犹太臣民之间的纠纷来达到自己的目的。

那时国内有一小部分人对走向希腊式生活并未完全抱持敌视的态度。这些人让安条克感到鼓舞，他在耶路撒冷举办了一场运动会，还拨款资助了几场向希腊诸神致敬的祭祀庆典。这事大大得罪了他的犹太臣民，不过，犹太人当时自己内部发生丑闻，在内部事务没解决之前，他们无暇他顾。

犹太人的事是，有两个敌对的候选人要争大祭司的职位。

其中一人名叫米涅劳斯，他向国王保证，如果自己获得任命，将送给国王几十万块钱。这是一笔巨款，在旁人看亦是，老实说，这个可怜的家伙根本拿不出来。

为了给国王支付第一笔款项，他窃取了圣殿的基金。东窗事发后，举国哗然，群起反对米涅劳斯，一时之间大家纷纷支持他的对手耶孙，尽管耶孙也不是什么好东西。

随之而来的是一场争吵，埃及王趁机袭击了耶路撒冷，洗劫了圣殿（当时圣殿里值钱的东西已经所剩无几）。

安条克向他在罗马的朋友求援。

但是，困难重重，他决定亲自造访罗马，当面向元老院申诉自己的情况。

然而，伟大的罗马共和国对其盟邦的内斗不感兴趣。假如西亚的部族没有破坏帝国的和平，没有干预或扰乱国际交通要道的安全，那么他们可以自行其是。东方爆发战争可能会扰乱亚洲商业的繁荣。因此，安条克和埃及都被警告不得轻举妄动，除此之外罗马没做别的事。

埃及人一离开，这位鲁莽的年轻人立刻将自己所有的时间和注意力放到一项高贵的任务上，他喜欢将这项工作称为根除臣民的迷信。

他肯定是心意坚决。

他下了一道草率的命令，古老的犹太礼仪必须废止。安息日不得再守，也不得再献祭给耶和华。那一切都属于陈规陋习，属于该高高兴兴地忘掉的野蛮的时代。

那些关于律法的书卷，全被他的亲信搜出来一把火烧掉，市民要是敢私藏这类书卷，等于自找死路。

耶路撒冷的百姓一直生活在一个由典章制度和先知异象所构成的幻想世界里，这时被这些残忍无情又令人讨厌的事实给粗鲁地唤醒了。他们关闭城门，试图抗拒国王的命令。但是叙利亚的将军在安息日进攻了圣殿，犹太人再次拒绝抵抗，耶路撒冷落到了安条克手里，任其摆布。

城中居民但凡可以卖做奴隶让国王获利的，得保一命。其余的全部遭到杀戮。圣殿也未能逃过一劫。

公元前 168 年的 12 月，昔日用来献燔祭的祭坛被推倒，原址建立起一座新祭坛。

一切准备就绪后，祭坛上被摆满死猪，用来祭祀宙斯。

对犹太人而言，猪是最不洁净的动物（别说摸，没错，就连看一眼都会让他们感到不舒服和不洁净），这样的侮辱在世界历史上可谓空前绝后。

犹太人不得不屈服。一支强大的守备部队安稳驻扎在新建的要塞里，虎视眈眈地监视着幸存者。这座不幸之城的圣坛上现在摆满亵渎之物，若有谁胆敢用牛去把猪换下来，无论男女，都必遭殃。

当然，这愚蠢的暴行必给自身带来惩罚，安条克很快就要自食恶果了。

在耶路撒冷北边约六英里，有一座边界小村庄叫莫丁，村里住着一位名叫玛他提亚的老祭司并他五个强壮的儿子。

新制度推行上路，安条克的官员来到莫丁，下令居民要按照最新的规定敬拜宙斯。村民全都聚集到市集广场上，不知如何是好。安条克的人近在眼前，耶和华却远在天边。

不久，一个胆战心惊的可怜农民表示愿意执行那项规定的仪式。

玛他提亚着实忍无可忍，提剑上前一剑砍倒那可怜村汉，第二剑直接杀了那个发号施令，胆敢要耶和华虔诚的子民进行如此可怕、亵渎神的行动的官员。

当然，如此一来，玛他提亚和他儿子们只有一条路可走。

他们逃亡了。

他们翻过山岭，逃进约旦河谷中。

这个好消息传遍了全国各地——国王的权力受到公然的挑战了。

耶和华找到了他的战士。

那些对自己种族的未来仍抱持信心的人，都趁夜急急逃往约旦，加入起义者。

起初，安条克希望借由重施故技来压制这场动乱。

他命令军队在安息日进攻犹太人。

但是玛他提亚是个务实的人。他宁愿为律法而生，不愿为律法而死。他命令他的人反击，叙利亚的军队被击败了。

玛他提亚年纪太老，经受不住作战艰苦，他去世后，他儿子约翰、西门、犹大、以利亚撒和约拿单继承他的遗志，做了犹太爱国志士的领袖，继续打仗。

这些儿子中，第三子犹大名声最响亮。他总是身先士卒，出现在战况最激烈的地方。百姓基于他的勇气，都喊他“犹大·马加比”，意思是“铁锤犹大”。面对训练有素的敌军，他很明智地避免正面交锋，并且开创了游击战术。此一战术在两千年后被华盛顿将军运用得极其成功。

他从不让叙利亚军队喘息片刻。

他攻击他们的侧翼和后方，又在半夜发动突袭。等到叙利亚大军安营站稳并列好作战队形后，犹大和他的跟随者便消失在山岭中。但是，只要恼怒的敌军等待到疲倦不耐烦而放松戒备的时候，他们就又回来，将敌军分批歼灭。

在经过几年这类小规模战斗之后，犹大十分巧妙地稳固了自己的地位，他可以冒险前去攻打耶路撒冷了。

他拿下了这座城市，圣殿也恢复了昔日的荣耀和圣洁。

不幸的是，正当犹大名声大噪的时候，他在一次战斗中被杀，犹太人再次失去了领袖。

约翰和以利亚撒·马加比也都死了。

约翰在数年前遭到埋伏被俘，随后被敌军处死，以利亚撒是在战斗中被一头战象意外压死。

年纪最小的约拿单被推举为统帅，但是他才上任几周，就被一位叙利亚军官杀害了。于是领导权便落到了玛他提亚仅剩的儿子西门的肩上。

与此同时，安条克也去世了。

他儿子继承了王位；但是，没多久安条克的侄子德米特里·索特尔[①]从罗马归来，立刻谋害了他的堂兄弟，在公元前162年自己称王，统治了西亚大部分领土。

这对犹太人可说是天赐良机。

德米特里在国内执政遇上众多困难，根本无暇顾及犹太人的叛乱。

他跟西门·马加比议和，随后西门以“大祭司和总督”的身份统治犹大地区。这个头衔有点含糊不清，可拿十八世纪末奥利弗·克伦威尔的“英格兰护国公”来做模拟。

马加比家族的才干给外界留下了深刻的印象，无形中也承认了新犹太国是个独立的王国，并接受“大祭司和总督”是这个新王国的合法统治者。

那时，大祭司开始着手整顿国家秩序，与邻国签订协议。

他的头像被铸在硬币上。

军队认可他做统帅。

公元前135年，当他和两个儿子遭到谋害时，马加比家族的地位已经十分稳固，王位也自动传给了约翰·许尔堪[②]。约翰统治了将近三十年，把一个小王国治理得井井有条，王国中的百姓按照古老律法的最严格要求来敬拜耶和华，外国人除了重要事务可以短暂造访，此

---

① 德米特里一世为塞琉西四世之子。他在父亲在位时期一直在罗马当人质。公元前175年塞琉古四世去世，其弟安条克四世（德米特里一世的叔叔）趁德米特里不在，夺取了王位。公元前162年，德米特里一世从罗马逃出，并在谋杀了安条克五世（安条克四世之子）后登上了江河日下的塞琉古帝国的王位。

② 西门统治期间，以色列有了一段短暂的繁荣，但他最后死在夺权者多利买手中。不过，西门的儿子约翰·许尔堪却以谋略胜过多利买，成为统治者。在约翰·许尔堪的统治下，版图不断扩张，把以士买、撒玛利亚和利比亚也收入版图。

外一律不准入境。

但是，唉！犹太人一开始过起平静日子，马上就沦为古老宗教讨论与公开论战的受害者，这种争论已经给他们的国家带来过巨大的伤害。

理论上，这个国家仍是个神权统治国。大祭司被尊为国家最高首长，玛他提亚·马加比家族的祭司职位是世袭制度，每件事都按照严格的律法解释来处理。

但是，世界不断在变化。

神权统治的概念，在亚洲、欧洲和非洲的其他地区都早已不复存在了。

当周围所有邻国的百姓都愿意采纳当代希腊和罗马的治国理念时，这个封闭在内陆的小群体要维持神权统治，事实上是不可能的。

迫于外来压力，犹太人开始分裂成三个截然不同的派别，各自相信一套不同的政治和信仰的原则。

这三个派别在接下来两百年的犹太历史中，扮演着非常重要的角色。因此，这里有必要详细介绍一下他们。

首先，最重要的派别是法利赛人。

我们不知道这个派别的起源。

似乎在马加比起义最艰难的那几年，这派别就已经存在了。玛他提亚勇敢拔剑举起反叛的大旗后，立刻发现有一群被称为“哈西德派”或“虔敬派”的人来追随他。

当艰难的独立战争取得胜利后，起初的宗教热情开始衰退，“哈西德派”更换新名字叫“法利赛派”，这群人站在最前线，坚持自己的理念，直到独立王国告终。

就连罗马皇帝提图斯[1]的暴怒都无法压制他们的热情，直到今日仍

---

① 提图斯·弗拉维乌斯·维斯帕西亚努斯，史学家通称为提图斯，基督教会称他提多王，在位期间为公元 41 年（一说为 39 年）12 月 30 日至 81 年 9 月 13 日。罗马帝国弗拉维王朝的第二任皇帝，公元 79 年至 81 年在位。公元 70 年，提图斯以主将的身份攻破耶路撒冷，大体上终结了犹太战役。在他两年短暂的执政期间，罗马却发生了三次严重灾害：79 年的维苏威火山爆发、80 年的罗马大火与瘟疫。他是个在当时普遍受到人民爱戴的皇帝。

有许多法利赛人存在，尽管他们的信仰已经不再限于古老的犹太信仰范围内。

“法利赛”是希伯来语，意思是“分别出来的人”。人如其名，他们是一群与众不同的人，他们狂热地拥护着律法的字句。

他们对古老的摩西五经了然于心，十分熟练。每个字，甚至每个字母，对他们都有某种特别意义。

他们活在一个具有千奇百怪的规条，甚至充满难以理解之禁忌的世界里。有些事情是他们必须做的，还有成百上千件事情是他们不可做的。

他们，唯独他们，才是全能耶和华的真正跟随者。其余人类都命定要下地狱，遭遇永远的毁灭。法利赛人凭着自己对律法中的每个逗点、每个感叹号都加以遵守，深信将来必定能够上天国。

一代又一代，他们日以继夜将宝贵的光阴花在凝视那些古老的书卷上，解释、注释、详述、阐释和解明比如《出埃及记》某个晦暗的篇章里，几乎被人遗忘的某些晦涩不清又无关要紧的细枝末节。

他们在公众面前表现出谦逊的美德。

但在内心深处，他们对自己具有与众不同的卓越品质（他们自己这么认为）骄傲不已。老实说，他们从骨子里蔑视所有的男男女女。

毫无疑问，这群对上帝的力量具有不可动摇之信心的法利赛人，一开始是被崇高的动机和高贵无私的爱国主义所启迪鼓舞。

但随着时间过去，他们越来越发展成一个爱管闲事的派别，不容许他人对古老的偏见和迷信有异议。

他们有意不面对未来，只死盯着早已逝去的摩西时代的光荣。

他们痛恨一切外来的事物。他们厌恶所有的创新，并公开谴责所有的改革都是国家的敌人。

当众先知中最伟大的一位向他们述说一位仁慈与爱的上帝，传讲世人都是兄弟姊妹时，法利赛人视他为仇敌，发起猛烈的攻击，以至于他们颠覆并摧毁了这个在他们的帮助下才刚刚建立不久的国家。

势力仅次于法利赛人的，是撒都该派，他们人数并不多。

撒都该派（可能源自一位名叫撒督的祭司）比法利赛派宽容得多。然而，他们的宽容不是基于认可，而是出于冷漠。

他们属于犹太人中少数受过良好教育的阶层。他们游历四处，见识过其他国家和百姓，他们虽然忠心敬拜耶和华，但同时也承认众多希腊哲学家所传讲的，关于生死的崇高教义。

他们对法利赛人的世界不感兴趣，那个世界里有越来越多来自东方的旅行者所带来的魔鬼、天使和其他奇奇怪怪的想象的怪物。

他们接受现实生活该有的样貌，尝试活得正直诚实，不把信心过多寄望在所应许的来生奖赏上。

事实上，当法利赛人试图跟撒都该人争论这观点时，撒都该人便要法利赛人从那些古卷中找出一些证据来，法利赛人找不到，因为那些珍贵的书卷里根本没有提到这类的事。

总之，与法利赛人相比，撒都该人跟自己所生活的时代有更密切的联系。

他们在有意与无意当中，吸收了伟大希腊邻邦的智慧。

他们承认独一之神的重要性，无论这神叫做耶和华还是宙斯。

但是他们不认为如此伟大的一个力量会对世人的琐事感兴趣。因此，在他们看来，法利赛人对律法的纯粹尊重与考察，完全是浪费时间和精力。

他们认为勇敢并高尚地活着，比逃避生活，躲在学术高墙后安全的避难所里专心拯救自己的灵魂，要来得更重要。

他们向前看，而不是向后看，对过往时代中那些虚无缥缈的美德也不感到可惜。

渐渐地，他们对纯粹的宗教事务完全失去了兴趣，并以一种非常实际的态度投身在政治上。

若干年以后，当法利赛人因为耶稣在宗教上的异端邪说而坚持处死他时，撒都该人也跟法利赛人联合起来，公开谴责那位拿撒勒的先知，因为他对已经制定的法律和秩序似乎是个威胁。

他们对耶稣的教义不感兴趣。

但是他们害怕耶稣的理念所带来的政治后果，因此他们也支持处死他。

对此，撒都该人和法利赛人是殊途同归。

但是，撒都该人的宽容，跟他们公开声明不宽容的对手法利赛人一样狭隘死板，他们对在各各他上演的最后一出戏剧（在本书稍后的章节中会记述），负有同等的责任。

为了历史的准确性，还有一个派别我们必须提，不过，它在我们的故事里不是重要角色。

许多犹太人一直活在无尽的恐惧里，我们或可将这恐惧称为“下意识的罪”。

他们的律法太复杂，没有人能指望遵守古卷上的每一点每一条。

但是，在耶和华（他就是律法的化身）的眼中，这种不顺服（无论是多么无意识或不是故意做出的）是非常可怕的罪，所要受到的惩罚几乎跟破坏十诫中的任何一诫同样严重。

为了逃避这种困境，艾色尼派（或称“圣洁者”）干脆放弃了我们所谓的一切“生活的活动”。

他们什么也不做。

他们逃到旷野里，远离一切纷争，过着跟同时代的人隔绝开来的生活。

不过，为了安全起见，他们经常一小群一小群聚居在一起。

他们不信赖私有财产。个人之物都是公有的。除了自己身上穿的衣服、床和到公共食堂盛食物的碗，艾色尼人不会说别的东西是属于自己的。

每天，这些虔诚聚居区的成员会挪出部分时间，去耕种几块提供给他们粮食的贫瘠玉米地。其余的时间他们全用来仔细研读圣卷，用那些早被遗忘了的先知书卷中晦暗又凄惨的观点，来折磨自己一文不值的灵魂。

这种生活对大多数人来讲太没有吸引力，因此艾色尼派的人数比法利赛派和撒都该派少很多。

城市的街道上永远看不见他们的身影。

他们不经商、不买卖，也避免接触所有的政治生活。

他们很快乐，因为他们知道自己在拯救自己的灵魂，但是他们对其他人几乎没有贡献，对国家的生活也没有直接的影响。

然而，他们间接扮演了一个很重要的角色。

当他们朴素严格的禁欲主义和法利赛人的实践热心结合在一起时（比如施洗约翰的例子），他们就能影响一大批人，变成国家必须认真面对的一股势力。

读者可以从上面这简短的介绍明白，这国家是被几个互相矛盾的狂热宗教团体把持着，维持这些势力的平衡，并加以统治，可不容易。

在如此困难的环境中，马加比家族一直尽力而为。

在头一百年里，他们也做得非常成功。

但是，约翰·许尔堪是这个王朝最后一位伟大的领袖。

他那被称为“希腊之友”的不成材的儿子，阿里斯托布鲁斯，完全不能胜任这项职责，王朝由此开始走下坡。

尽管他已经把领导者所有的权力都掌握在手中，可是犹太臣民就是不让他使用国王的头衔，这令他非常恼怒。

然而，对喜爱细节又尊重传统的法利赛人而言，这名分上的微小差别可是天大的事。

犹太人接受士师的统治，正是因为士师总是极其小心地避免使用君王这个头衔。

现在，这个甚至连大卫的后裔都算不上的人，竟然坚持要得到这个只有耶和华偶尔用来自称的头衔。

法利赛人大怒，阿里斯托布鲁斯四处找寻支持者，最后竟然愚蠢地和法利赛人的敌人结盟。

紧接着发生的家族内讧，让情况变得更为复杂；家族内讧的事在古代很常见。

新“君王”的母亲和兄弟站到了敌人那一边。

双方公然开战。

母亲被杀。

稍后，由于一名过度热心的官员出了差错，阿里斯托布鲁斯最疼爱的兄弟安提戈纳斯被刺身亡。

为了让他的臣民忘记这些不愉快的事，阿里斯托布鲁斯借用另一件事来刺激百姓，他开始向北方的强邻发动战争。

他占领了从前以色列王国的大部分领土，古老的以色列国已经亡国四百多年了。阿里斯托布鲁斯没有恢复“以色列”这个名字，而是把攻占的地区称为“加利利”，这是北部丘陵地区的地名之一。

阿里斯托布鲁斯的后续计划是什么，我们不知道，因为他登基一年之后就病死了。

继位的是他的兄弟，约翰·许尔堪的第三个儿子亚历山大·雅奈。

这个年轻人从能叫爸爸开始，就完全不讨他父亲喜欢，以至于长年流亡在外。他在位将近三十年，到他去世时，整个王国已经衰弱不堪。

这位年轻的王子和阿里斯托布鲁斯一样，犯了一个致命的错误，在两个宗教派别的纷争中支持了其中一派。他还效法先人，试图以攻打邻国来扩张自己的领土。

虽然他在外交和内政上都没成功，却从未记取教训。

他的妻子亚历山德拉跟他一样糟糕。她沦为法利赛派的工具，国家的实际统治权被掌握在一小撮聪明又灵巧的领袖所组成的内阁手里，这群人为一己之私统治着犹大和加利利。

法利赛人为了能够更加牢固地掌握这个国家，他们怂恿亚历山德拉任命其长子许尔堪做大祭司，他是法利赛派最温顺听话的学生之一。

这让许尔堪最小的弟弟，按其伯父命名的阿里斯托布鲁斯非常不满。这位阿里斯托布鲁斯还继承了那位伯父许多不讨人喜欢的特质，而他伯父向来被人认为死不足惜。

当法利赛派被自己的胜利冲昏头，开始施行恐怖统治，试图处死撒都该派的领袖时，阿里斯托布鲁斯宣称自己是撒都该派的捍卫者。

犹太公会[①]（或称委员会）继续把持在法利赛派手中，但阿里斯托布鲁斯和撒都该派控制了国内几座非常重要的城镇，并且他们很快就壮大到足以威胁耶路撒冷的安全。

就在这时候，亚历山德拉去世了。

她留给儿子的是一个国库耗空、内乱四起的国家。

这种情况并不鲜见。

世界的这个小角落向来动荡，并且不断处在某种的混乱里。

但是，如前所述，时代和环境一直在改变。

假使时间往前推一千五百年，这些闪族部落只要好好待在自己的地界里，没有人会在乎他们在做什么。

但是，如今西亚的大部分地区都在罗马人的统治之下，他们继承了亚历山大的帝国。

罗马人主要关心的是稳定并持续不断的税收。

亚洲那个地区的绝大部分税收来自贸易，罗马人力求维持表面上的和平与秩序井然，没有和平与秩序，也就没有信誉可言，换句话说，

---

① 犹太公会或犹太公议会（意思是‘坐在一起’）是古代以色列由 71 位犹太长老组成的立法议会和最高法庭。这个议会包括一名大法官、一名副大法官和其他 69 名成员。在开会时这其他 69 名议员坐成半圆形。

也就谈不上什么商业贸易。

那时，小亚细亚的本都王国[①]国王米特里达梯试图阻挠罗马的政策。在经过漫长又悲惨的战争后，米特里达梯被迫自杀，王国也被并入罗马共和国的版图。

这位富有又强大的专制统治者的命运，许尔堪和阿里斯托布鲁斯一无所知，两人继续争斗不休，而这场骚乱终于闹到罗马人也知道了。

罗马在东方驻军的指挥官奉命率军前往耶路撒冷察看和汇报情况。当他抵达该城，阿里斯托布鲁斯并其追随者都在圣殿内，许尔堪并其追随者守在圣殿外，对圣殿布下正规的包围。圣殿实际上是一座非常坚固的堡垒。

罗马人一出现，两位王子都争取他们对自己的支持。

这位罗马将军凭着罗马民族能冷静思考复杂情况的特质，判定打败许尔堪会比较容易，因为许尔堪的部队暴露在外，阿里斯托布鲁斯却躲在陡峭岩石上的高墙之后。

他把许尔堪赶走了，阿里斯托布鲁斯就此轻易当上了犹大和加利利的统治者。

但是，为时甚短。

声名显赫的庞培来到东方，许尔堪急急前去求见他，好亲自陈述自己的情况。

阿里斯托布鲁斯一听说这情况，也立刻快马加鞭赶到罗马人的军营，陈述自己这边的说法，并且毛遂自荐说，无论罗马人打算在这地区建立什么样的政府，自己都是最合适的人选（因为他最顺服）。

但是，在庞培弄清楚双方所有的争论之前，军号声又响起。

---

① 公元前 302 年，米特里达梯一世在亚历山大大帝死后的一片混乱中创建了本都王国。米特里达梯一世是一位重要波斯部将之子。其后，本都王国由一系列同名国王统治，直至公元前 63 年被古罗马军事家格涅乌斯・庞培攻陷，被吞并为罗马帝国的一个行省。本都一度是小亚细亚最强大的王国，其疆域囊括黑海东岸的科尔基斯和凡湖一带的小亚美尼亚。

第三支代表团到达。

法利赛派赶来对庞培解释犹太人如何对这两位王子感到厌烦透顶，希望能够回归到以严格法利赛派做基础的、古老的纯粹神权政治的形式。

庞培百无聊赖地听着三方的陈述。只要大马士革通往亚历山大港的商路畅通无阻，他才不关心这地区发生什么事，他也拒绝给予承诺。

他只说，等他远征平定某些阿拉伯部族（他们开始在从前属于亚述帝国的地区里闹事）回来之后，才会给予明确的答复。

在此期间，三方必须和平相处，好好等待。

即便如此，犹太人依旧完全不明白自己不可救药的状态。那时，阿里斯托布鲁斯返回他的首都，他的言行举止俨然是把自己当做真正的犹大王，他统治自己领土的态度就像这世界上连一个罗马士兵也没有一样。

这情况只在庞培驻留在东方时得以持续。

但是，庞培一平定阿拉伯人，便立刻责问犹太人何以如此明目张胆地漠视他的要求。

阿里斯托布鲁斯听信了拙劣的建议，走出致命的一步。

他企图扮演自己先祖的角色。

他退守到圣殿里，切断圣殿联系整个城市的桥梁，公然高举起义的大旗。

这是一场实力悬殊的战斗。哥哥许尔堪加入敌人的阵营，按照当时最好又最有效的方法开始围困圣殿。

围困持续了三个月。

圣殿内，粮草的极度缺乏让饥饿的守军十分艰苦。

然而，绝望给予他们更大的勇气。

许尔堪的背叛，让他们觉得自己是耶和华的圣职与犹太独立的捍卫者。

逃兵把这股宗教狂热的爆发状况告诉了庞培。

庞培想起了数代之前亚述人的做法，他下令在安息日发动总攻击。

那是在公元前63年的6月。

罗马军团猛攻进了犹太人的大本营，占领了圣殿，俘虏了所有的守卫者。

根据传统的说法，那天被处死的士兵有一万二千人。被俘的军官一律斩首，阿里斯托布鲁斯并其妻儿全被带往罗马，在罗马将军凯旋的队伍中被游街示众。

不过，事后他们获准在罗马的城郊平静地定居下来，他们在那里为犹太人的侨居地奠定了基础，这个聚居区在保罗和彼得的时代，在西欧的罗马帝国历史中扮演了重要的角色。

战斗一结束，罗马人展现了他们明智适度的特性（这特性一直持续到罗马帝国覆亡），忍住没有洗劫圣殿，并容许它继续作为敬拜的场所。但是，庞培的宽宏大量并未赢得犹太人的感激。

出于好奇，也出于对犹太人的成见一无所知，庞培和他的属下在一次巡察过程中，无意间踏进了至圣所。

那就是一间小小的石室，里面空荡荡的什么也没有。

当罗马人确信这个神圣的房间里没有令人感兴趣的东西后，他们就离开了。

但是，无论这次造访多么短暂，由于他们是一群不洁净的外国人，对犹太人而言就是亵渎了至圣所，必将遭到耶和华可怕的报复。

他们永远不会原谅庞培。

无论庞培对这群新臣民尝试过什么善举，都抵不过这次无意识的、对他们的宗教尊严的侮辱。

当然，庞培始终不知道自己闯了祸。

从他的观点来看，他对犹太人的宽大已经非比寻常了。

庞培容许许尔堪返回耶路撒冷，甚至任命许尔堪做大祭司，以此来安抚法利赛人。他最后一项施恩之举，是给了许尔堪总督的头衔。这个头衔很空泛，有时候用来授予被征服国家的君主。总督拥有的权力不大，但这头衔能满足被征服的种族的自尊心。罗马人在授予头衔方面非常大方，只要获赠者安分守己，听从他们的指示。

如果许尔堪是个能干的人，即便是这时候，也还是能挽救自己的国家不至于毁灭。

但是这位总督完全是个无能之辈，他很快就失去了自己享有的最后一点威望。

大约三十年前，当许尔堪和阿里斯托布鲁斯的父亲亚历山大·雅奈做王的时候，曾经任命一位叫做安提帕特的人治理位在耶路撒冷南方的以东（也叫以土买）地区。

从一开始，安提帕特就喜欢浑水摸鱼，是个聪明又不择手段，伺机攫取利益的冒险家。

他假装是许尔堪忠实的朋友，经常在他耳边嘀咕些慎重行事的建议。但是，随着这类免费建议而来的，必是更进一步的混乱，给犹大地区增加更多麻烦。

安提帕特十分得心应手地玩着他这套把戏，不久便让自己获得了罗马方面的赏识。

当罗马发生内战，当庞培率军和其对手凯撒打成一团时，安提帕特静候一旁，观看谁是最后胜利者。

公元前 48 年，庞培的军队在法萨卢斯战役[①]中遭到击败，这位以土买的统治者立刻和凯撒达成联盟。

---

① 法萨卢斯战役，公元前 48 年，以凯撒为首的平民派军队和以格涅乌斯·庞培为首的贵族共和派军队，双方展开的罗马内战的决定性战役。凯撒在此役获胜，使其成为罗马共和国的实际最高统治者，罗马开始由共和国向帝国转变。庞培败逃埃及，继而被杀。

为了回报这种忠诚的支持，凯撒授予安提帕特罗马公民的荣誉，并默许他在如今称为犹大的国家中暗暗操控那摇摇欲坠的王位。

这位新“公民”充分利用了他有利的地位。

他加强了对百姓的控制。

他的犹太臣民获得了长久以来不曾享有的最大程度的自由。

他们可以不为罗马人服兵役，还获准重建耶路撒冷的城墙。

他们不用被迫缴纳庞培强征的一点赋税。

他们的司法和宗教几乎完全获得独立。

但是，在法利赛人眼里，安提帕特没比庞培所做的好多少。他们指控他是外邦人、暴发户、篡位者，认为他无权继承大卫的王座。

法利赛人讨论要让阿里斯托布鲁斯的儿子，也就是亚历山大·雅奈的孙子，安提戈纳斯做他们的国王。他们再次表现出自己才是西亚的主人，罗马人不是。

在这种情况下，这件事没发生多大作用，因为安提帕特的精明狡猾和肆无忌惮的本事，远比他们更胜一筹。

他有一定的野心，计划建立自己的王朝，并感觉解决马加比家族的时机已经到了。

他步步为营，但双眼始终紧盯着自己最终的目标。

正当一切准备就绪时，很不幸，他被许尔堪的一个朋友给毒死了。

但是他儿子希律继续按着父亲铺好的路走，并获得了同样的成功。

安提戈纳斯受人怂恿，愚蠢地发动革命反对罗马政府。

正如希律所料，这场不合时宜的革命以失败告终。

安提戈纳斯率领少数士兵逃进了圣殿，旷日持久的围困激怒了罗马人，最后他被迫投降。

安提戈纳斯乞求饶命。

但是，对这次的情况罗马人拒绝宽容。

他们治下的这个犹大省几乎一年到头没有不变乱的时候。

他们已经给了犹太人各种特权，但是犹太人回报给他们的，却是接二连三让他们劳民伤财的叛乱。

这次，罗马人决定要杀一儆百，让犹太人永远记住教训。

安提戈纳斯被当做普通犯人对待。

他被公开鞭笞，然后斩首。

马加比王朝至此告终，希律登上了王位。

希律娶了许尔堪的孙女玛丽安妮为妻，由此建立起和犹大的合法统治者之间隐隐约约的关系。

就这样，希律承蒙罗马军团之恩，做了部分犹太人的王。

这是公元前 37 年，世界情势十分混乱。

20.
耶稣的降生
THE BIRTH OF JESUS

这事发生在希律做王统治期间，拿撒勒有个木匠叫约瑟，其妻马利亚生了一个男孩，他的同胞称他约书亚，邻国希腊称他为耶稣。

/

公元117年，罗马历史学家塔西陀[①]试着记录了一场发生在帝国全境的、对新教派的迫害。

塔西陀跟尼禄[②]可不是朋友。

但是，他仍竭尽全力为这场特定的宗教迫害找寻借口。

他写道："皇帝对那些罪行遭人痛恨，被民众称之为'基督徒'的男女施以酷刑。这称呼源于'基督'，这个人在提庇留斯皇帝在位时，被本丢·彼拉多处死了。那时彼拉多是亚洲偏远行省犹大的总督。尽管曾经遭到一段时间的镇压，这个可怕又令人憎恶的迷信，不只在邪恶的阵地犹大地区死灰复燃，在罗马也传开了，罗马这座城市真不幸，世间所有声名狼藉之事和不法行为，都被这城吸引而来。"

塔西陀以一种超然的态度描述这整件事，就像一个生活在1776年的英国记者，描述帝国遥远的殖民地爆发了一场微不足道的革命，看起来应该不是什么严重的大事。[③]

罗马人并不知道塔西陀以极其轻蔑的口吻所写的"基督徒"是些什么人，更不知道"这些人因此得名"的基督是谁。

他一无所知，也不在乎。

像罗马帝国这样一个庞大又复杂的国家，总是会有这样那样的麻烦，而在各大城市都可看见身影的犹太人，互相之间永远都在争吵不休，他们把事情闹到地方官员那里时，又顽固地坚持用自己那叫外人难以理解的律法来解决争端，地方官自然恼怒不堪。这里提到的基督，很可能是加利利或犹大地区某个昏暗的小会堂里的传道者。

---

① 塔西陀（公元55年－117年），罗马帝国执政官、雄辩家、元老院元老，也是著名的历史学家。他最主要的著作有《历史》和《编年史》等。

② 尼禄（公元37年－68年），罗马帝国皇帝，公元54年至68年在位。他是罗马帝国朱里亚·克劳狄王朝的最后一任皇帝。64年，罗马城发生大火，烧毁面积很广。当时许多人认为这场大火是尼禄派军队放的。他亦被指是早期基督徒的迫害者。尼禄通常被列为古罗马的暴君之一。他在公元68年时面对被暗杀的威胁，于6月9日自杀身亡。

③ 房龙此处的帝国是指大英帝国，革命是指美国独立战争。1776年7月4日，美国发表独立宣言，大英帝国当时不以为意。

当然，尼禄是太过严厉了一点。

但从另一方面讲，处理这类事情也不能太宽大仁慈。在塔西陀看来，问题到此为止。

他再也没提起过这个令人厌恶的教派。

他的兴趣完全是学术上的，就像我们会注意加拿大骑警和那些奇怪的俄罗斯教派之间的麻烦，那些俄罗斯人居住在加拿大西部地区辽阔的森林和田野间。

塔西陀同一时代的其他作家，在同样的主题上也没有给我们留下相关记录。

有个名叫约瑟夫斯[①]的犹太人，在公元 80 年出版了一本详细记载自己国家历史的书，书中提到了本丢·彼拉多和施洗约翰，但是我们在他的原著中没找到耶稣这个名字。

和约瑟夫斯同一时期的写作者提比里亚的犹士都[②]，虽然对公元第一至第二世纪的犹太历史极其熟悉，却显然也从未听说过耶稣。

所有同时代的历史学家也都没有只言片语提及耶稣，我们对耶稣的了解，全靠《新约》的头四卷书，这四卷书被称为“四福音”，这个古英语词汇的意思是“好消息”。

就像《但以理书》和《诗篇》及《旧约》许多其他的篇章，“四福音书”的书名是后人杜撰的。

这四卷书是按使徒马太、马可、路加和约翰来命名。但是，这几

---

① 约瑟夫斯（公元 37 年－100 年），是第一世纪时著名的犹太历史学家，也是军官及辩论家。约瑟夫斯曾经做过犹太军官，被俘虏后入罗马军队服役。有一段时间他跟随罗马军队征讨和平叛在罗马帝国犹迪亚行省的叛乱，并见证了公元 70 年提多将军摧毁耶路撒冷城。他晚年在罗马潜心研究圣经，专注写作。他撰写的《犹太古史》记载了从圣经旧约最开始到公元一世纪整个的犹太历史，这些记载表明约瑟夫斯本人认为《圣经》的记载是真实的。他撰写的作品《犹太古史》《犹太战史》《驳斥阿比安》和自传《人生》对于了解犹太人在古代和罗马统治时期的面貌有重要的参考价值。

② 提比里亚的犹士都是公元 1 世纪下半叶的犹太作家和历史学家。

位最初的使徒似乎跟这些著名的文学作品没有太大关系。

书卷何以这样命名，依旧是个难解之谜。数百年来，这一直是学术争论中特别讨喜的主题，但是，再没有哪种争辩，比跟神学主题相关的争辩，更加无用和无益。我们应该在给予明确意见上有所克制，只该简单几句话解释一下为什么这个主题会引起这么多讨论。

当然，现代人从小就不得不在木质纸浆印制成的（报纸、书籍、时间表、菜单手册、电话簿、护照、电报、信函、收入报税单等等）、名副其实的泥沼里跋涉，在我们看来，那个时代竟然没对耶稣的生平保留只言片语的证据，真是不可思议。

但是，从历史的角度来看，这不是什么非比寻常或需要大惊小怪的事。

著名的《荷马史诗》[①]是在那些吟游诗人去世几百年后才写下来的。那些吟游诗人走过一个又一个村庄，将赫克托[②]和阿喀琉斯[③]的光荣事迹，吟诵给一群群景仰英雄的希腊年轻人听。

在古代，人们依靠口传来获取信息，他们因此发展出非常精确的记忆。各种故事代代相传，就如我们现在将印刷成册的文字递交给下代一样谨慎。

此外，我们必须记住，耶稣曾经拒绝担任犹太民族的领袖（他的同胞一直热切期望着），他几乎只和那些非常贫穷又单纯的渔夫和客

---

①《荷马史诗》是古希腊文学中最早的一部史诗，也是最受欢迎、最具影响力的文学著作。它是古希腊盲诗人荷马创作的两部长篇史诗《伊利亚特》和《奥德赛》的统称。关于荷马所生的年代，出生地和是否确有其人都存在争议。这两部史诗最初可能只是基于古代传说的口头文学，靠着乐师的背诵流传。荷马如果确有其人，应该是将两部史诗整理定型的作者。《荷马史诗》不仅在西方文学艺术上具有重要价值，在历史、地理、考古学和民俗学方面也提供给后世很多值得研究的东西。

② 赫克托，普里阿摩斯的儿子，特洛伊王子，帕里斯的哥哥。他是特洛伊第一勇士，被称为“特洛伊的城墙”，不但勇冠三军，而且为人正直，品格高尚，是古希腊传说和文学中非常高大的英雄形象。

③ 阿喀琉斯，是古希腊神话和文学中的英雄人物，参与了特洛伊战争，被称为“希腊第一勇士”。

栈老板打交道，毫无疑问，那些人绝大部分不懂写作的艺术，更不是编辑专家。

最后，当他被钉上十字架后，记述他的生平与他的教导，似乎完全就是浪费时间。耶稣的门徒坚定地相信，世界末日即将来临。在为最后审判做准备的时间里，他们才不会分心去写那些很快就要被天火烧毁的书卷。

然而，年复一年，事情变得越来越确定，世界还会继续静默地穿过空间，继续面对将来许多个世纪。于是，有人开始努力搜集那些亲身与耶稣往来过的人、听过他讲道的人、在他最后几年中陪伴过他的人的回忆。

毫无疑问，那时还有许多人健在，他们说出所有自己知道的事。众人所记得这位先知那次著名的讲道，就这么一点一滴搜集起来，最后整理成了一卷书。

接着，那些比喻也被重述，然后搜集成了另一卷书。

拿撒勒的老翁老妇也都有人走访。

在耶路撒冷，有好些人亲身去了各各他，亲眼目睹了耶稣被处死，并讲述了耶稣在最后几小时的巨大痛苦。

很快，这个题目有了文学著作出现。

随着这类书卷的需求量不断增长，短短一段时间内，这类题材的书卷就多到了读不完的地步。

如果你想要一个现代例子，那就举亚伯拉罕·林肯吧。对于美国这位最伟大的先知的生平，各种或大或小的书册正在源源不断地面世。普通人不可能将这些书全都读过。即使他能把所有的书都找齐了，也很难选出真正必须读的是哪些。

因此，不时有些学者会毕生致力在这主题上，筛选所有的证据，给大众整理出一本简明扼要的《林肯生平》，把重点集中在重要的议题上，把那些只有专业的历史学家才感兴趣的东西排除在外。

描述耶稣生平的四福音书的作者，就是这么做的。他们每个人按照自己的品位和能力，用自己的话重述了他们的导师受苦和得胜的故事。

没有人能确切说出马太是谁，或他的生卒年月。但是，从他提供给我们的这一卷好消息来看，我们知道他是个朴实的人，喜爱那些耶稣曾经讲给加利利农民听的家常故事，因此他按自己的喜好写了许多比喻和讲道。

约翰就完全不同。他肯定颇有学问，说不定是个呆板乏味的教授，对当时亚历山大港各学院所教导的最新学说了如指掌，因此他的“耶稣生平”具有一种庄严的神学转变，这是另外三本福音书完全没有的。

第三卷福音书是以路加命名，根据传统的说法，路加是个医生。他也很有可能是一位学校的老师。路加极其郑重地声明，他读过坊间流通的所有关于基督生平的论述，但是对它们全都不满意。因此，他决定自己写一卷书。他打算告诉读者所有他们已知的，并增加一些过去从未发表出版过的细节。为了言而有信，他花了许多时间和注意力在马太和约翰避开的细节上，靠着他不辞劳苦的研究，给我们提供了宝贵的帮助。

至于马可，他曾经是（也依旧是）圣经学者特别关注的对象。

耶稣最后那段日子的模糊背景里，我们常瞥见一个聪明机灵的少年，他在各各他的悲剧中扮演了一个明确但很小的角色。

有时候我们看见他为耶稣跑腿办事。

在最后晚餐那夜，他冲进客西马尼园警告那位先知，公会的士兵要来逮捕他了。

我们再次听到他名字时，他是保罗和彼得旅行时的同伴和秘书。

但是，我们从来不知道他究竟是谁，他实际做什么工作，以及他跟耶稣本人究竟是什么关系。

那卷福音书以他的名字命名后，事情变得更复杂。这样的书卷，似乎只有这样的少年人才能写得如此精彩。书卷中许多事件都带有亲身经历的熟悉感。书卷省略了相当多其他福音书记述的事，但是，当描述某个特定事件时，会写得特别详细，故事会立刻变得栩栩如生，充满了生动的小趣闻。

这种亲密与亲身经历的笔触，经常被用来当做有力的证据，证明作者是握有第一手资料的人，至少在这卷福音书里我们可以如此论证。

但是，唉！就像所有其他福音书，《马可福音》所具有的文学特征，将它明确归类为第二世纪的作品，使它成了原来的马可、马太和约翰的孙子辈的作品。

我们尽全力依据史实来重建耶稣生平，那些说我们这么做必定要失败的人，总是拿“完全缺乏同时代的证据”来作为强力的论据。他们说，除非有进一步的证据出现（也许到处都埋藏着），让我们能将第一世纪上半叶和第二世纪下半叶连接起来，否则我们依旧是白费力气。

然而，就个人而言，我们不同意这个观点。

按我们今日所拥有的福音书来看，毫无疑问，四福音的实际作者都未亲身接触过耶稣，但同样明显的是，凡是认真研究过四福音的人，都看得出来，四福音所包含的共同讯息，是取材自公元 2 世纪最流行的一些文本，只是那些文本都早已失传了。

这类的空白，在早期欧洲、美洲和亚洲的历史上很常见。即使是著名的自然书籍，也会沉湎于偶尔一下跳过几百万年的时间，其间的空白，我们容许自己尽情发挥想象力，或靠我们的科学信念填补。

然而，眼前我们所处理的，不是一个模糊的史前人物，而是一个极具个人魅力、又极有力量的人，他活得比两千年前存在的任何事物都要长久。

此外，那些在历史研究中迫切需要的直接文献，在我们谈论或书写耶稣时，似乎完全是多余不必要的。围绕着这位拿撒勒先知所写的文学作品，就足以支撑我们的谈论。

过去两千年来，论及耶稣及其工作的书籍，多到数不清。这些书以各种语言、各种方言出版，里面包含了各种你所能想得到的观点。

这些书以同样的热忱来证明他的存在，或不存在。

这些书肯定或质疑四福音提供给我们的证据的权威和可靠性。

这些书大胆怀疑，或虔诚相信使徒书信的绝对可靠性。

但是，事情不止如此。

《新约》中的每一个字，都经历过文献学、年代学和教义学最苛刻的检视和批判。

《圣经》两大著名的陈述者阵营，碰巧对《启示录》和《使徒行传》中的一些疑难有不同看法，这些疑难跟耶稣的理想一点关系也没有，却因此爆发战争，好些国家被毁，乃至整个民族遭到根除。巨大的教堂修建来纪念从未发生过的某件事，而某些无法否认的真实事件却遭到可怕的攻击。

有人向我们传讲基督是神的儿子，又有人说他是骗子（有时候他还令人难以置信地激烈和顽固）。

耐心的考古学家挖掘了上千个部族的民俗传说，要解释人成为神的奥秘。

崇高的、荒谬的和淫秽的说法，伴随着丰富的文本和材料、词句、段落，被拽到这场讨论里，看似无可辩驳。

然而一切毫无改变。

或许早期的门徒最清楚。

他们不著述，他们不争论，他们也不过多思考推理。

他们满怀感激地接受赐给自己的一切，其余的全交托给信心。

我们必须基于这个爱的传承，来重建我们的故事。

希律是王，而且是个很坏的王。

他是靠着谋杀和欺骗登上王位。

他不讲原则，却充满野心。

在西亚地区，人们对伟大的亚历山大记忆犹新。

三百年前一个小小马其顿王子所做的，今天一个更强大的犹太王也能做。

于是，希律玩起冷酷的游戏、残忍的算计，努力为安提帕特王室牟取更大的光荣，他既不关心人也不关心上帝，心里只有罗马总督。正是靠着总督的恩惠，他才能保住自己恶毒的统治。

一千年前，这类专制统治没有人反抗。

但这世界已经发生了很大的变化，希律在他惨死之前将会经历到挑战。

罗马人已经在地中海周围的土地上明确建立了秩序。与此同时，希腊人也记录了灵魂的未知的浩瀚，他们以科学追索的精神，力求对善恶的本质得出合理的结论。

为了便于海外人士使用，希腊人大大简化了自己的语言，在每个国家中，希腊语成为文明社会的通用语。

就连对所有外来事物都抱持保留意见的犹太人，也屈服在简单好写的希腊字母底下。

虽然四福音书的作者毫无例外都是犹太人，但他们的书卷是用希腊文而不是阿拉米语方言写的。自从巴比伦流亡回来之后，他们就用阿拉米语取代了古希伯来语。

当时，罗马被认为是世界的中心，为了抗衡罗马的影响，希腊化时代的希腊人将精力集中在一座可与罗马抗衡的城市上，也就是以那位马其顿英雄命名的亚历山大港。这座城坐落在尼罗河口，距离著名的古埃及文明中心不远，该文明在耶稣降生前数世纪就灭亡了。

希腊人聪明、不安于现状，有着永不满足的好奇心。他们仔细地查验和澄清所有人类的知识。此外，他们还经历了所有可能的成功与失败。

他们记得自己的黄金时代，那时，他们的小城市独当一面，击败了强大的波斯君主，拯救欧洲免于外国的侵略。

他们也无法不回忆其他的岁月，那时，由于他们的自私、贪婪，使自己的国家更容易被有组织的罗马强敌下手攻击。

不过，一旦政治独立遭到剥夺，希腊人反而获得了更大的名声，成了这些在几年前征服他们的同一批罗马人的老师。

在尝过生活所有的欢乐后，他们的智者得出结论（这类结论我们已从《传道书》的作者那儿熟知了）：一切都是虚空，若无精神的满足，生命皆不圆满，而精神的满足不是来自地窖里堆满金子或阁楼里塞满印度来的财宝。

希腊人所有的结论都根基于严谨的科学推理，不怎么采信有关未来的模糊预测。他们称那些有才智的领袖为哲学家或"智慧之友"，而不是犹太人当中常说的先知。

然而，雅典的苏格拉底和巴比伦的无名先知，两者之间有一个极大的相似处。只要自己灵魂的内在信念认为对的事，就竭力去行，完全不顾自己同胞的偏见和非议。

他们热心认真地尝试将自己有关公义的概念教导给四邻的人，如此一来，大家可能会发现，世界变成了一个更人性也更适于居住的地方。

他们当中有些学派，比如犬儒派，其道德标准的严苛性跟那些住在犹大山地里的艾色尼派有得一比。

其他学派比较世俗，比如伊壁鸠鲁派[①]和斯多葛派[②]。他们常在帝王的宫殿中传讲自己的教义，也常受聘做罗马富家子弟的私人教师。

但是他们全都秉持一个共同信念。他们知道幸福感全然要靠内在信念，和外在环境无关。

在这些新学说的影响下，古希腊和罗马的诸神很快就在广大的群众中失去了威信。

---

① 伊壁鸠鲁学派是以伊壁鸠鲁的学说为基础，创建于公元前 307 年的一个哲学思想体系。伊壁鸠鲁延续了昔兰尼的阿瑞斯提普斯（苏格拉底的学生之一，较不为人所知）的论点，认为最大的善是驱逐恐惧、追求快乐，以达到一种宁静且自由的状态。

② 斯多葛主义，斯多葛又译斯多噶，古希腊和罗马帝国思想流派，哲学家芝诺于公元前 3 世纪早期创立。斯多葛派学说以伦理学为重心，秉持泛神物质一元论，强调神、自然与人为一体，"神"是宇宙灵魂和智慧，其理性渗透整个宇宙。个体小"我"必须依照自然而生活，爱人如己，融合于整个大自然。

首先，上层阶级遗弃了古老的神庙。

比如凯撒和庞培这样的人，仍然参与祭祀朱庇特的所有规定仪式，但是他们把高踞在奥林匹斯山的云雾之上的大雷神的故事，视为神话传说，只有小孩子和台伯河对岸郊区那些没受过教育的群众会信以为真。但那些受过教育会用脑子的人，要是认真看待这类传说，那就太荒谬可笑了。

当然，没有哪个社会是完全由聪明人和善于思考者组成的。罗马的历史从一开始就充满了靠战争发家的投机分子。罗马作为世界的首都长达三百年，它吸引来的人形成一个奇怪的国际社会，今天这一情景不可避免地转移到了纽约、伦敦或巴黎这些城市，一个人在这些城市里比较容易取得社会成功，也没有人问一个人的身份经历等令人尴尬的问题。

在欧洲和西亚征服了那么多新土地，使得许多贫穷的罗马人摇身一变成了富有的乡绅。

这些乡绅的儿女，靠父母的地产收入为生，晋升那个视宗教问题为最新时尚的上流社会。他们发现，伊壁鸠鲁派和斯多葛派那些简单朴素的学说对他们没什么吸引力（至于为了更方便的缘故坚持住在一个老旧木桶里，偏执到不梳洗的第欧根尼派[①]，那就更别提了）。他们要求某种生动别致但又不那么严肃的东西，某种能引发想象力，又不干扰日常生活的东西。

他们的愿望得到了满足。全世界各地的骗子、空想家、诈骗犯和江湖术士，从埃及、小亚细亚和美索不达米亚匆匆赶往罗马，鼓吹获

---

① 锡诺普的第欧根尼，古希腊哲学家，犬儒学派的代表人物。约活跃于公元前 4 世纪。他的真实生平难以考据，但古代文献中留有大量有关他的传闻轶事。据说第欧根尼住在一个木桶（亦说是装死人的瓮）里，所拥有的所有财产只包括这个木桶、一件斗篷、一根棍子、一个面包袋。有一次第欧根尼正在晒太阳，这时亚历山大大帝前来拜访他，问他需要什么，并保证会兑现他的愿望。第欧根尼回答道：“我希望你闪到一边去，不要遮住我的阳光。”亚历山大大帝后来说：“我若不是亚历山大，我愿是第欧根尼。”

得幸福和救赎的快捷方式，以此换取一定的金钱报酬。他们要是生活在我们这个科学昌明的时代，也会成为百万富翁。

他们给自己这种精神灵性上的骗术取了个高贵的名字，叫“神秘之谜”。

他们知道，大多数人（特别是女人）都非常渴望拥有某些秘密，用不着与他人分享的秘密。

斯多葛派会坦率直言，他们的人生准则会让这世界上所有的人，无论贫富，无论肤色是黄、白还是黑，都获得幸福、满足和美德。

但那些说自己掌握着奇妙的东方神秘之谜，这神秘之谜是以看不见的知识为基础的狡猾之辈，从来不会犯这种错误。

他们非常排外。

他们只在小圈子里传授神秘之谜，并且索价极高。

他们不会在光天化日之下演讲，因为那是全体免费的。他们会聚在灯光昏暗，空气中充满熏香，墙上挂着奇怪的图画的小房间里。他们在当中所表演的巧妙哄骗，永远能让那些半文盲如痴如醉。

毫无疑问，这当中有少数新传教士是真诚的。他们相信自己看见的异象，也真的认为他们听见有声音在黑暗中对自己说话，给他们带来另一个世界的消息。不过，他们当中大多数人都是精明的冒险家，他们愚弄群众，因为群众偏要让他们愚弄，并且愿意为这样的特权付出高价。

有很长一段时间，他们非常成功。神秘派的术士之间竞争之激烈，不亚于我们现代城市中那些看手相的算命师和占星专家。接着，突然一切归于萧条沉寂。群众厌倦了这种新奇把戏。这种冷漠的产生，是因为罗马帝国发生了某种外在的变化。

通常，人的幸福感与他们的财富成反比。当他们变得富裕，财富超过了一定的限度，他们开始对那些简单的快乐失去兴趣，没了那些乐趣，人生从摇篮到坟墓之间的过程，便成了漫长无尽的无聊。

耶稣基督降生的事记在下面：他母亲马利亚已经许配了约瑟，还没有迎娶，马利亚就从圣灵怀了孕。
她丈夫约瑟是个义人，不愿意明明地羞辱她，想要暗暗地把她休了。

《马太福音》1:18-19

罗马帝国或许是这个历史原理的最佳例证。对于人数迅速增加的罗马公民来说，存在变成一种负担。他们吃太多、喝太多、享乐太多，以至于很难从正常的人类生活经验里获得一点点的满足。他们对自己的问题寻求解决之道，却得不到答案。

古老的诸神帮不了他们。

新真理的传播者也帮不了他们。

那些跟崇拜埃及生育女神伊西斯、波斯的光明之神密特拉，和希腊酒神巴克斯相关的饱学之士，也帮不了他们。

没有出路，只剩绝望。

接着，耶稣降生了。

那是我们的纪元开始之前四年。

在宁静的加利利谷地的山坡上，坐落着一个叫拿撒勒的村庄。

村里住着木匠约瑟和他妻子马利亚。

他们并不富有，也不贫穷。

他们就跟周围的邻居一样。

他们辛勤工作，教导孩子世界对他们有所期待，因为他们的父母都是大卫王的后裔，而他们全都知道，大卫的曾祖母是温柔的路得，所有的犹太儿童，无论男女，都知道路得的故事。

约瑟是个老实人，从未离开自己的家乡到外地去，但是马利亚曾在大城耶路撒冷待过很长一段时间。

那发生在她跟约瑟订婚之后。

马利亚有个表姐名叫以利沙伯，嫁给了一个在圣殿供职的祭司撒迦利亚为妻。

撒迦利亚和以利沙伯都已年纪老迈，却因膝下无子，使得两老十分悲伤。

但是，看啊，有一天，马利亚接到以利沙伯的消息，说家里快要有个孩子了，马利亚能不能来帮帮亲戚的忙。因为家里有许多事要做，

当犹太王希律的时候，亚比雅班里有一个祭司，名叫撒迦利亚。他妻子是亚伦的后人，名叫伊利沙伯。

他们二人在神面前都是义人，遵行主的一切诫命礼仪，没有可指摘的。

《路加福音》1:5-6

到了第六个月，天使加百列奉神的差遣往加利利的一座城去，这城名叫拿撒勒。到一个童女那里，是已经许配大卫家的一个人，名叫约瑟，童女的名字叫马利亚。

天使进去，对她说：“蒙大恩的女子，我问你安，主和你同在了！”

马利亚因这话就很惊慌，又反复思想这样问安是什么意思。

天使对她说：“马利亚，不要怕！你在神面前已经蒙恩了。你要怀孕生子，可以给他起名叫耶稣。他要为大，称为至高者的儿子，主神要把他祖大卫的位给他。他要作雅各家的王，直到永远；他的国也没有穷尽。”

马利亚对天使说：“我没有出嫁，怎么有这事呢？”

天使回答说：“圣灵要临到你身上，至高者的能力要荫庇你，因此所要生的圣者必称为神的儿子。况且你的亲戚伊利沙伯，在年老的时候也怀了男胎，就是那素来称为不生育的，现在有孕六个月了。因为出于神的话，没有一句不带能力的。”

马利亚说：“我是主的使女，情愿照你的话成就在我身上。”天使就离开她去了。

《路加福音》1:26-38

当那些日子，该撒亚古士督有旨意下来，叫天下人民都报名上册。
这是居里扭作叙利亚巡抚的时候，头一次行报名上册的事。众人各
归各城，报名上册。
约瑟也从加利利的拿撒勒城上犹太去，到了大卫的城，名叫伯利恒。
因他本是大卫一族一家的人，要和他所聘之妻马利亚一同报名上册。
那时马利亚的身孕已经重了。
他们在那里的时候，马利亚的产期到了，
就生了头胎的儿子，用布包起来，放在马槽里，因为客店里没有地方。

《路加福音》2:1-7

伊利沙伯也需要有人照顾。

马利亚去到耶路撒冷郊区的一座小城犹大，她许多亲戚都住在这城里，她在那里待到小外甥约翰出生为止。

然后她返回拿撒勒，准备和约瑟结婚。

但没多久，她又被召唤踏上另一趟旅程。

在遥远的耶路撒冷，邪恶的希律仍在做王。

但是他来日无多了，他的权力也在衰退。

在更遥远的罗马，凯撒·奥古斯都掌握了政权，将罗马共和国变成了罗马帝国。

帝国很花钱，臣民必须支付花费。

于是，全能的凯撒颁布法令，整个国家从南到北从东到西，所有他钟爱的子民都要及时找一定的官府登记名册，从今以后，税官可以知道谁已经缴税，谁还没尽到自己的责任。

没错，那时犹大和加利利地区都还是独立王国名义上的一部分。但是，一旦论到税收问题，罗马就聪明地增加一两种条目，要求百姓无论住得有多远，都必须在规定的日期里返回自己家族或部族的原籍所在地进行登记。

因此，身为大卫后裔的约瑟，必须返回伯利恒，而他忠心的妻子马利亚也跟他同去。

这趟旅途很不容易。路途遥远又艰辛。

当约瑟和马利亚终于抵达伯利恒，城里所有客栈的房间都已经被先到一步的人给住满了。

那是个非常寒冷的夜晚。

善良的人们很同情这名年轻的妻子。

他们在老旧的马厩角落搭了张床给她休息。

耶稣就在马厩里诞生了。与此同时，野外的牧羊人正守护着羊群，提防盗贼和野狼的偷袭。他们好奇那位在很久以前就应许要给他们的弥赛亚，什么时候才能将他们这不幸的国家从外国君主的手中解放出

在伯利恒之野地里有牧羊的人，夜间按着更次看守羊群。
有主的使者站在他们旁边，主的荣光四面照着他们，牧羊的人就甚惧怕。
那天使对他们说："不要惧怕！我报给你们大喜的信息，是关乎万民的。因今天在大卫的城里，为你们生了救主，就是主基督。你们要看见一个婴孩，包着布，卧在马槽里，那就是记号了。"

《路加福音》2:8-12

来。那些外国人嘲弄耶和华的权力，嘲笑犹太人心目中视为神圣的一切事物。

所有这一切都发生在很久以前。

这事很少有人提及，是因为接着就是匆忙又可怕地逃往旷野，躲避残暴的希律王的追杀。

有一天傍晚，马利亚在老马厩前给婴儿喂奶，老马厩现在是她和约瑟的家了。

突然间，街上传来一阵很大的吵闹声。

有一队波斯商人正经过此地。

他们的骆驼、他们的仆人、他们华丽的衣袍、他们的金戒指，和他们色彩鲜艳的包头巾，让村里所有的人都走到门口台阶上观望。

马厩前年轻的母亲和她的婴孩吸引了那些陌生人的注意。他们停下骆驼，过去逗那婴孩玩，当他们离开时，还拿出成捆的丝料和一盒盒的香料送给美丽的母亲当礼物。

所有这一切本来是很平常的事，但是犹大是个小国家，消息传得很快。

在耶路撒冷阴暗的王宫里，希律坐在黑暗中，对未来充满恐惧。他衰老、多病，景况凄惨。

谋杀妻子的阴影始终笼罩着他。

他的晚年与疑虑为伴，恐惧始终悄悄尾随着他。

当他底下的官员谈论到波斯商人造访伯利恒，希律立刻大为恐慌。就如当时所有的人，这位犹大王坚信那些皮肤黝黑的东方博士，会表演从以利亚和以利沙时代之后，就再也没人见过的神迹。

他们绝不只是普通商人。他们一定负有某种特别的使命。现在坐在王位上的人做了那么多邪恶的事，他们是不是来复仇的？这王位在几千年前属于大卫，大卫是伯利恒城的人，而那些东方博士岂不是在

他们看见那星，就大大地欢喜。
进了房子，看见小孩子和他母亲马利亚，
就俯伏拜那小孩子，揭开宝盒，拿黄金、
乳香、没药为礼物献给他。

《马太福音》2:10-11

伯利恒引发了一场骚动？

希律王询问了详情，并听到了许多跟那神秘的孩子相关的神奇的事。

这男孩是个长子，出生不久就被带到圣殿，当他们在圣殿献祭完毕后，有个叫西面的老人，以及一个名叫亚拿的年老女先知，都说了一些有关释放的日子将要来到的奇怪的话。西面还要求耶和华可以释放他安然去世，因为他已经看见要领自己的百姓脱离邪恶和堕落之路的弥赛亚了。

无论这些传闻是真是假，希律并不感兴趣。有人说过这话，还有广大的群众相信了这话。这就够了。

希律下令，杀掉过去三年中所有在伯利恒方圆内出生的男婴。

他希望透过这种方式除掉任何可能夺取他王位的人。但这项计划并未完全成功。

有好些父母得到官员或耶路撒冷亲友的警告，得以先一步逃跑。马利亚和约瑟逃到了南方，按照传统的说法，他们远逃到了埃及（人们喜爱把耶稣童年的故事和亚伯拉罕以及约瑟联系起来）。

希律一死，大屠杀随即停止，马利亚和约瑟返回了拿撒勒。

约瑟的木匠铺再次开张，马利亚忙于照顾日益增多的孩子。

她又多了四个儿子，他们名叫雅各、约瑟、西门和犹大，并且还生了几个女儿。他们都将亲眼目睹那位奇怪的长兄的胜利与惨死。这位长兄把从小自母亲那里学得的温柔的爱，带给了全人类。

当希律王的时候，耶稣生在犹太的伯利恒。有几个博士从东方来到耶路撒冷，说：“那生下来作犹太人之王的在哪里？我们在东方看见他的星，特来拜他。”

希律王听见了，就心里不安；耶路撒冷合城的人也都不安。

他就召齐了祭司长和民间的文士，问他们说：“基督当生在何处？”

他们回答说：“在犹太的伯利恒。因为有先知记着说：‘犹大地的伯利恒啊，你在犹大诸城中并不是最小的，因为将来有一位君王要从你那里出来，牧养我以色列民。’”

《马太福音》2:1-6

希律见自己被博士愚弄，就大大发怒，差人将伯利恒城里并四境所有的男孩，照着他向博士仔细查问的时候，凡两岁以里的，都杀尽了。

这就应了先知耶利米的话，说："在拉玛听见号啕大哭的声音，是拉结哭她儿女，不肯受安慰，因为他们都不在了。"

《马太福音》2:16-18

21. 施洗约翰

JOHN THE BAPTIST

先知的精神尚未在犹太人中死绝。在耶稣的青年时代，一位名叫约翰的人（即我们后来所称的施洗约翰），大声疾呼地警告百姓，要为自己的罪和所犯的罪行悔改。犹太人丝毫不想改变自己行事的方式。当约翰继续用讲道和劝诫烦扰着犹大地的百姓，希律王下令将他处死。

/

希律[1]已死，奥古斯都已死，耶稣长大成人，平静地生活在拿撒勒。

从他的童年到现在，已经发生了许多事。

希律结过十次婚，他的产业在分配继承上引起了相当大的麻烦。

本来，他的子女众多，但是经过了谋杀与处决之后，只剩下四个继承人。这些野心勃勃的后嗣彼此敌对，而罗马人拒绝聆听他们对继承权的申诉。

罗马人将希律的领土分为大小不等的三份，以最符合当时罗马帝国的政治利益的方式，分封给这些继承人。

其中最大的一份几乎占了原来领土的一半（包含了犹大地），分给了长子亚基老。加利利与北边的大部分土地给了希律安提帕，他与亚基老是同母兄弟，两人的母亲是撒玛利亚人。剩下一块无足轻重的领土，则分给了某位腓力，此人似乎与希律没有亲族关系，只是特别讨罗马人欢心而已。他的名字当时很常见，因此给史学者带来不少困扰。

更麻烦的是，还有另一位腓力，通常加上父名称为希律腓力[2]，他娶了希罗底为妻。希罗底的父亲是老希律的异母兄弟阿里斯托布鲁斯。她有一个女儿名叫撒罗米，后来撒罗米嫁给前述那位领土延伸至加利利海以北的腓力。

数年之后，在一桩最骇人听闻的家族丑闻里，这两位腓力和希律成了主角。这桩丑闻间接造成施洗约翰过早身亡。这是为什么必须在这里先提到这些人。

长话短说，老希律的家业被瓜分完毕，一贯顺服的百姓欢迎他们的新主子，罗马皇帝台比留指示他派在犹大地的总督，对这块骚动不安的辖区里所有的事态变化，必须严密监视。

这位总督的名字，也流传到了现在。

---

① 即耶稣降生后屠杀小孩的大希律。

② 一般称为小希律。

他叫本丢·彼拉多（我们一般称为彼拉多），是罗马皇帝在此地的个人代表；这些行省直接纳税给皇帝，而非参议院。

我们很难以现代人所能理解的词汇来解释彼拉多的地位与职权。

不过类似当时犹大地的情况，如今在不列颠以及荷兰的部分殖民地还看得见。印度的许多地区依然由所谓独立的苏丹与酋长统治，在形式上，他们指挥自己的卫队，并且颁布法令，实际上则是已经完全被剥夺了权力，听凭外国主子的处置。

出于政策上的考虑，留给他们一点表面上的自治，不兼并这些地区，似乎比较合适。不过在当地首都一定得有一位“总督”“常驻代表”，或者“总领事”，监督国王大臣施政。只要这些人服从总督足智多谋的建议，就能继续保有原职。但是，他们如果忘记自己是下级，必须听命顶上那层虽看不见却始终保持警戒的权力，那么他们只能求老天帮忙了。总督阁下将以明确无误的措辞，礼貌地表达出不满。如果他感觉自己的初次警告被当做了耳边风，那么这国的造船厂将会突然热闹起来，不久，一名深肤色的流亡者就会孑然一身地被放逐到某座遥远小岛的寂静海岸去。

本丢·彼拉多就是这位不幸的官员，他的职责是对犹太人施行这种隐蔽而明确的主权。他的辖区很大，他每年一次（甚至更少）离开位于海边的该撒利亚，前去耶路撒冷视察。他会算好自己巡访的时间，让自己在盛大的犹太节期[①]上露面。这样就能接见所有的地区领袖，不必浪费时间从一村巡视到下一村。他可以听取这些人诉苦，提供建议，要是有什么麻烦（古都里的群众都很容易激动，麻烦屡见不鲜），他可以亲自督导各种措施，以重建秩序。

---

① 即逾越节。

总督在耶路撒冷没有自己的官邸。每次他到访，就占用王宫的侧翼。这座宏伟古迹的主人可能不喜欢这种安排，但这位严肃的罗马代表做事直截了当，对犹太国王的私下意见毫不关心；就好比英国驻印度总督，不会受到一名几乎被不列颠兼并的卑微穆斯林王子的个人好恶所影响。

再说，希律非常清楚怎样在最短的时间内送走这位不受欢迎的客人。

总督从进城就不愿多留一刻，一旦确保所有的赋税都已上缴、道路清静没有强盗、公会里宗教领袖们的个人异见不至于造成内战，他自然巴不得尽快离开。

如同许多其他的罗马制度，这种双轨制管理并不理想。但是它有效，而这就是征服者想要的。他们乐于把政府理论留给那些对共和政体感兴趣的希腊学者，自己专注在平庸的日常生活就好。通常，他们在这些实际的事上都很成功，所以世人接受他们简单粗暴的方法，将之奉为至今为止所有民族里最为实用的统治手段。

偏偏，看啊！就在一切顺利进行的时候，一位来自沙漠的野人突然出现，不合时宜地打乱了犹大地的和平。

对于住在约旦河西边的居民而言，弃绝所有的世俗物质，在孤独的沙漠中寻求圣洁的艾色尼派，是个耳熟能详的老故事了。他们是一群与世无争的人，聚居在自己的小聚落里，很少涉足村庄，也从不进城。城里都是坏人，他们做买卖，累积财富，对这些虔诚隐士所忧虑的将来与身后的事漠不关心。但这位新先知虽然穿着与生活方式很像艾色尼派，却一点也不像他们那样隐蔽害羞。他沿着约旦河谷往来，沉溺于宗教劝诫，在现代人看，这种行径让人联想到几年前美国非常受欢迎的信仰复兴布道会。

当百姓不同意他的观点时，他便以严厉的措辞谴责他们。

没有多久，他与撒都该派就起了冲突。这是很糟的，因为平日的宁静遭到破坏，意味着巴勒斯坦必有官方报告送至罗马，然后罗马会对巴勒斯坦派出调查委员会，甚至政府有可能改组，导致犹大地的王被流放，最后在某个罗马城市或遥远的黑海边的小村子里度过怨愤的余生。

总督远在该撒利亚，趁着这些冲突还未传到他耳里，严刑峻法开始用来对付这个煽起骚动的宗教叛乱分子，他竟胆敢扰乱国家的和平与安宁。

看啊！这人被证明是撒迦利亚和以利沙伯之子，出生于三十年前，那时马利亚还造访了这对年迈的夫妇。

约翰（比耶稣年长十二个月）是个非常严肃的孩子。他在早年离家深入旷野，在孤独的死海边默思圣洁。

远离农地和作坊的操劳，他深思这世上的奸恶。然而，事实上，他对奸恶一无所知。

他本身是个无欲无求之人。

他唯一的财物是一件老旧的骆驼毛外衣。

他吃最简单的食物，分量只够维生。

他只读祖先的著作，对靠近西方那些比较文明之人有些什么言行思想和作为，他一无所知。

他以绝对的忠诚，坚定不移地事奉耶和华。不久，他就自比为以利亚、耶利米，以及昔日族中有名望的领袖。他本人很良善，他要世人都具有他的美德。当他看见老希律和他几个可怕的儿子所作的恶，发现同胞无心遵守祖先的法度，他觉得自己必须挺身而出，告诉犹大地的百姓，他们应该明白一些特定的道理，这些道理是他们久已遗忘的。

他的外表粗野，言辞激烈，每次出现都引来大批人群围观。

他蓬头垢面，未加修剪的长须在风中飞扬。他讲述着最后审判日的到来，激动地挥舞着双臂。他能在铁石心肠的罪人心中激发起畏惧与犹疑。

不久，人们开始彼此窃窃私语，此人不是别人，正是众人盼望已久的弥赛亚。

可是他不愿意听到这种说法。

他不是弥赛亚。耶和华只是差遣他来为真正要来的弥赛亚做准备。

但热爱神秘事物的人并不相信这么简单的解释。如果这人不是弥赛亚，他至少得是回到世界上来再行一些神迹的先知以利亚。

但是，约翰也否认了。

他恪守自己所选择的身份。他只是一个上天差遣来的谦卑的使者，奉命带来绝望和希望的信息。

当所有的人都在等候末日必须接受的烈火的洗礼（好洗清他们的罪）时，他愿意用约旦河的水为那些显示出悔改之意的人洗礼，以此作为他们在耶和华的力量中重新恢复信心的象征。

犹大地区的人对此十分震惊。约翰的名声迅速地从一个村庄传到另一个村庄，犹太人从四面八方赶来，要亲眼亲耳听他讲道，并接受这位奇怪的新先知亲手给他们施洗。

最后，约翰成就斐然的消息传到了加利利。

耶稣在自己的家乡拿撒勒，一直平静地过着木匠学徒的生活。

在他十二岁那年，他父母带他去耶路撒冷过逾越节。那次造访圣殿给这男孩留下了深刻的印象。他父母在必要的仪式进行完毕后，立刻启程北上。耶稣没跟他们一起走，而他们以为他是跟另一群拿撒勒人在一起，大概傍晚就会出现。

但是，当夜幕降临，他们的儿子还是不见踪影，而且没人见过他。约瑟和马利亚害怕出了意外，立刻匆忙赶回耶路撒冷。

在找了一天之后，他们找到耶稣在圣殿里，正在跟一群拉比[①]讨论

---

① 拉比是老师的意思，他们是犹太人中一个特别阶层，主要为有学问的学者，也是智者的象征。

那时，有施洗的约翰出来，在犹太的旷野传道，说："天国近了，你们应当悔改！"
这人就是先知以赛亚所说的，他说："在旷野有人声喊着说：'预备主的道，修直他的路！'"
这约翰身穿骆驼毛的衣服，腰束皮带，吃的是蝗虫、野蜜。
那时，耶路撒冷和犹太全地，并约旦河一带地方的人，都出去到约翰那里，承认他们的罪，在约旦河里受他的洗。

《马太福音》3:1-6

深奥的宗教问题。

当耶稣看见可怜的母亲被吓得那么厉害，他答应以后再也不乱跑了。

不过，现在他长大了，他对当时社会上的各种问题很感兴趣。当他听见约翰（这时人们普遍称他为施洗约翰）的事迹后，他离开拿撒勒，徒步前往死海，加入那群亦步亦趋紧跟着严厉先知的群众，他们大声要求要在泥泞的约旦河水中受洗。

看见这位表兄，耶稣有一种奇怪的感动。

这里终于有一个勇敢表达出自己信念的人了。

约翰的态度和抨击的方式，并不合他的口味。

耶稣是在北方令人愉快的草原上长大的，约翰是南方贫瘠农场的产物，这些早年的经历让表兄弟两人的个性具有不同的特征。

耶稣觉得约翰可以教自己很多东西。他也要求约翰为他施洗。不久之后，他决定前往旷野，或许他也能在孤独中找到自己的灵魂。

当他从旷野中回来，约翰的职业生涯开始迅速进入尾声，此后两人只见过一两次。

这不是耶稣的错，而是特定环境造成的结果，耶稣无法左右环境的变化。

施洗约翰若只是谈论天国快要到了，当权者并不会找他麻烦。但是，当他开始批评更具体的犹大王国时，就是另一回事了。

不幸的是，约翰有绝佳的理由去批评国王在私生活上的错误。这个分封的小希律跟他父亲是一丘之貉。

当他和同父异母的兄弟腓力被召到罗马商讨政事时，他无可救药地爱上了自己兄弟的妻子希罗底。

希罗底毫不在意自己的丈夫，她很乐意嫁给希律，只要希律先跟自己的妻子离婚就可以。希律的妻子是来自著名的佩特拉城的阿拉伯女子。

当时，耶稣被圣灵引到旷野，受魔鬼的试探。
他禁食四十昼夜，后来就饿了。
那试探人的进前来，对他说：“你若是神的儿子，可以吩咐这些石头变成食物。”
耶稣却回答说：“经上记着说：‘人活着，不是单靠食物，乃是靠神口里所出的一切话。’”
魔鬼就带他进了圣城，叫他站在殿顶上（“顶”原文作“翅”），对他说：“你若是神的儿子，可以跳下去，因为经上记着说：‘主要为你吩咐他的使者，用手托着你，免得你的脚碰在石头上。’”
耶稣对他说：“经上又记着说：‘不可试探主你的神。’”
魔鬼又带他上了一座最高的山，将世上的万国与万国的荣华，都指给他看，对他说：“你若俯伏拜我，我就把这一切都赐给你。”
耶稣说：“撒旦（“撒旦”就是“抵挡”的意思，乃魔鬼的别名）退去吧！因为经上记着说：‘当拜主你的神，单要事奉他。’”
于是魔鬼离了耶稣，有天使来伺候他。

《马太福音》4:1-11

那时代的罗马，一个人只要有钱，什么事情都能安排。于是希律和妻子离了婚。

希律娶了希罗底当王后，希罗底的女儿撒罗米也搬来住在继父家。

加利利和犹大的百姓对这种冷酷无情的安排震惊不已。但是他们很明智地保持沉默，不公开表达自己的意见，以免隔墙有耳，让附近的国王的士兵听见。

然而，约翰身为耶和华旨意的执行者，意识到自己责任重大，面对如此邪恶的行为绝不能保持沉默。

无论何时何地，他只要一有机会就公开指责希律和希罗底。

他的严词谴责迟早会激发百姓暴动，当权者当然要不惜一切代价来阻止。

约翰被下令逮捕。

即便如此，先知仍拒绝保持沉默。他在黑暗的地牢深处继续严厉斥责国王夫妇，在他眼里，他们跟一般的奸夫淫妇一样坏。

小希律左右为难。他对这个不知底细之人的神秘力量怕得要命。

但是他更怕自己妻子那张尖刻的嘴。

头一天，他想要处死约翰。隔天，他又大发慈悲说，只要约翰保持沉默他就放了他。

最后，希罗底对这事不耐烦了，她决定结束这一切，不再犹豫。她知道自己的丈夫非常宠爱她女儿撒罗米。那姑娘是个非常优雅的舞者，希律很喜欢看她跳舞。

她告诉女儿，除非国王答应无论她求什么都给，否则就不要在大殿上跳舞。

希律轻率地答应了。接着，撒罗米听从母亲的催促，要求要施洗约翰的头颅。

到了希律的生日，希罗底的女儿在众人面前跳舞，使希律欢喜。
希律就起誓，应许随她所求的给她。
女儿被母亲所使，就说："请把施洗约翰的头放在盘子里，拿来给我。"
王便忧愁，但因他所起的誓，又因同席的人，就吩咐给她。
于是打发人去，在监里斩了约翰，把头放在盘子里，拿来给了女子，女子拿去给她母亲。

《马太福音》14:6-11

这位继父对自己的愚行深感后悔，他对撒罗米说，如果她同意他收回誓言，他愿意将整个国家送给她。但是母女二人不为所动，最后约翰还是被处死了。

刽子手下到关着先知的地牢里。一会儿之后，约翰的头被呈给了惊恐万分的撒罗米。

约翰，一个胆敢对只关心逸乐的世界发出严肃警告的人，就这么死了。

22.
耶稣的童年
THE CHILDHOOD OF JESUS

说起耶稣，他住在一个名叫拿撒勒的小村子，在一群朴实的农民和手艺人当中长大。他学会了木匠的活计，但不满足于这样的生活。他观看世界，发现世间充满了残酷与不公。他离开了父母和兄弟姐妹，去宣讲那些他在心中奉为真理的事。

/

耶稣在旷野里只生活了很短一段时间。

在此期间，他几乎不吃不睡。

他的确有必要用自己全部的时间去规划未来。

他快满三十岁了，未曾娶妻，来去无牵挂，能以当时那种十分简朴的标准度日。

但约翰的话让他开始思索。他在拿撒勒度过的那段静默、平凡无波的人生，全部的印象与经历似乎都在为约旦河边那一刻做准备——他在那时突然自问："什么是生命的真谛？"

那时，一系列重大的政治事件，使古老的罗马共和国变成了一个帝国。帝国的基础是数个高价雇佣而来之军团的武力与忠诚。这些政治事件，他一无所知。

对希腊语以及用那种语言记载下来的一切，他一窍不通。

他说阿拉米语，而许多个世纪以前用来写成圣卷的古希伯来语，他大概也能阅读一些。

但是，希腊思想与希腊科学无异于罗马法学与罗马政治，对他都是毫无意义的。

而且，他是他的族人和那个时代的产物：他是一个不起眼的犹太木匠，精通古老的摩西律法，谙熟先知与士师的传说——那些人物都是他在犹太会堂以及圣殿里听说的。

他非常忠于自己的宗教义务。

无论何时，只要有必要，他就会前往耶路撒冷，按照古老的习俗要求，在圣殿里献上燔祭。

他接受自己加利利这一方小天地,并未质疑约瑟和马利亚的教导。

然而他并非毫无疑虑。

他是与众不同的。

他觉得自己具备一种有别于旁人的、特殊的灵性质量。拿撒勒那些好邻居们根本不曾注意到这点。他们对他太熟了。对他们来说，他永远是木匠的儿子。

但是一旦他离开自己家乡的村庄，情况就变了。

他得到了瞩目。

他的目光与手势都流露着某种气质，吸引着碰巧路过之人的注意。约旦河边聚集着盼望见证伟大奇迹的人群，当他到达那里，他听见施洗约翰的信徒在他背后窃窃私语，互相再三询问：“那就是要做我们的弥赛亚的男子吗？”

但是，对那些蜂拥前来聆听约翰讲道的人来说，弥赛亚是个伟大的战士、严厉的法官，是像至尊的复仇者那样的人物。弥赛亚会建立一个伟大的犹太王国，让世界上的所有民族都服从耶和华选民的律法。

在耶稣单纯的头脑中，再没有比这种世俗的想法更荒唐的了——另一个参孙，骑着一匹大黑马，挥舞着剑，率领得胜的军队，对抗那些并不信奉法利赛派的偏见或撒都该派的政治信念的人。

问题的关键在于一个字。

使耶稣不同于残酷的罗马人、世故的希腊人，以及教条的犹太人的，是他对“爱”这个字的理解。

他心中充满了对同胞的爱。他爱的不仅仅是他自己在拿撒勒的朋友，在加利利的邻人，还有那个更广阔的世界里的人，而那个世界仍隐藏在通往大马士革之路的最后一个转弯过去后，还更远的地方。

他怜悯他们。

他们的纷争显得如此没有意义，他们的野心显得如此徒劳无果，他们对金子与荣耀的渴望，是如此浪费了宝贵的时间和精力。

的确，很多希腊哲学家曾经得出完全相同的结论。他们也已经发现，真正的幸福是一件跟灵魂相关的事，而不是靠口袋里装满德拉克马[①]或竞技场中人群的欢呼称赞。

---

① 英文：drachmas，希腊银币。

但是，他们从未把自己的看法推广到名门绅士专属的小圈子以外的地方去。在那个时代，只有名门绅士才容许享有不朽的灵魂。

奴隶、穷人、数百万注定一辈子生活困苦艰难的人，他们对自己的生存已经听凭老天处置，认为这是不可避免的既定秩序的一部分，是某种自己都无能为力的不幸。

伊壁鸠鲁或斯多葛学派的学说，他们宁可向田野中的狗和后院里的猫解释，也不会传授给在他们的农场里干活的农人和为他们做饭的厨师。

在某些方面，这些希腊哲学家远远领先于那些早期的犹太领袖，后者坚持拒绝，不承认那些不属于自己部族之人拥有权利。

但是，在（对希腊哲学家一无所知的）耶稣看来，希腊哲学家做得还远远不够。

耶稣伟大的心中包容着所有的生灵。虽然他隐隐有预感，在一个顽固的法利赛人主导的国度里，传授忍耐、善良和谦卑的教义，自己将会遭遇不测。但是他无法拒绝遵从那个声音，它敦促他为了一个更美好的世界而献出自己的生命。

这是他生涯中的决定性时刻。

他有三种选择。

第一，将来就在拿撒勒安度晚年，在村中做些零工，与傍晚时聚集在水边听村里的拉比宣讲的乡下人讨论深奥的法律和仪式的问题。

耶稣对此毫无兴趣。这意味着灵性上会慢慢空虚下去。

第二，他若有心过冒险生活，现在正是机会。

仅仅是现身，他便在施洗约翰的信徒中引发了宗教热情，他可以利用这种热情。如果他容许这些头脑简单的人相信他们迫不及待要相信的，就可以轻易让自己被认为是那位人们期盼已久的弥赛亚，并且可以仿效马加比家族的先例，成为一场民族运动的领袖，有可能为严重分裂的犹太民族带来独立与统一（然而也有可能不成功）。但是，

每年到逾越节，他父母就上耶路撒冷去。
当他十二岁的时候，他们按着节期的规矩上去。
守满了节期，他们回去，孩童耶稣仍旧在耶路撒冷。他的父母并不知道，以为他在同行的人中间，走了一天的路程，就在亲族和熟识的人中找他，既找不着，就回耶路撒冷去找他。
过了三天，就遇见他在殿里，坐在教师中间，一面听，一面问。凡听见他的，都希奇他的聪明和他的应对。他父母看见就很希奇。他母亲对他说："我儿，为什么向我们这样行呢？看哪，你父亲和我伤心来找你！"
耶稣说："为什么找我呢？岂不知我应当以我父的事为念吗？（或作"岂不知我应当在我父的家里吗？"）"
他所说的这话，他们不明白。他就同他们下去，回到拿撒勒，并且顺从他们。他母亲把这一切的事都存在心里。耶稣的智慧和身量（或作："年纪"），并神和人喜爱他的心，都一齐增长。

《路加福音》2:41-52

他立刻摒弃了这么做的诱惑（一生中，谁不曾短暂梦想过这样的未来呢？），对一位严肃之人的雄心而言，这事完全没有价值。

因此，余下的路只有一条。他必须离开，必须离开父母，冒着流亡、仇恨和死亡的危险，向所有愿意聆听的人宣讲他心中的至高无上之道。

他在三十岁时开始他伟大的工作。

但不到三年，他的敌人便杀害了他。

23.
门徒
THE DISCIPLES

他从一座村子游历到另一座村子。他与三教九流的人交谈。男女老少都来了，热切地聆听关于善念、仁慈与爱的新说法。

他们称呼耶稣为主，做他忠实的门徒，无论他去往何处他们都跟从。

/

在耶稣的时代，有新想法的聪明人想得到听众，相对容易。

他不需要一个演讲的场所，也不必花费宝贵的时间去苦等旁人授予他教授的职位，或任命他为牧师。

在犹大地，食宿问题就像在埃及或西亚的任何一个地方一样容易解决。

这地气候温和宜人。一套衣服几乎可以穿一辈子。这地食物充足，大多数人吃得足以维生就行，而且每天要吃的食物可从树上采摘就有。

在士师和国王的时代，当祭司阶层掌握至高统治权的时候，传讲奇怪异教的流浪演说家是不会被人容忍的。但是，现在罗马的巡捕守卫着大道，监视着繁忙城市中的人来人往。

罗马人对灵性信仰方面的问题保持中立的态度，容许任何人以自己的方式寻求救赎，前提是别跟政治靠得太紧密。只要不主张公开叛乱或进行煽动，实际上对言论的自由没有限制。罗马的地方官一心将这个规则付诸实施，法利赛人若敢干扰这样的聚会，便要吃苦头。

因此，这位新先知很快赢得大批好奇的村民追随，也不足为奇。不到一个月，他就赢得了演说者与先知的声誉，名气远远传出了狭小的加利利一地。

如此一来，轮到约翰好奇了。尽管他被犹太公会密切监视着，但他仍可自由行动。他离开了心爱的犹大地，北上去见耶稣。

这是两人最后一次见面。

极有可能，约翰从未真正理解他这位表亲心里在想什么。这两位先知看世界的角度截然不同。由于惧怕耶和华的愤怒与报复，约翰呼吁人民悔改认自己的罪。

对此，他只是遵循自己从《旧约》所学的，它们凿刻在西乃山的花岗岩上[①]。

① 指的是《旧约》的“十诫”。

相比之下，耶稣（尚未立下任何坚定的决心）所设想的生命，就像他家乡的花朵，得到了温暖气候里宜人阳光的眷顾。

施洗约翰传讲的是："不！"

耶稣同样热切的答复是："是！"

约翰与他的犹太人同胞享有同样的信仰，他们按着坚韧不懈的耶和华的样子，构想出即将降临的弥赛亚的模样。

耶稣看见了一幅更高贵的景象，并把永恒的宽容与超越人类理解的爱，赋予万物共同的圣父。

这两种观点绝无可能达成妥协。

有那么一刻，约翰似乎隐约感觉到了耶稣可能具有的意义。他告诉自己的门徒，一定别对他期望过高，他只是另一位比他更伟大的老师的先驱。当有两个学生（依照他的建议行事）离开他去追随耶稣时，他也并未生气。

他已经全力以赴，尽力了。

不知何故，他觉得自己失败了。

无论他的死有多么可怕，对他来说都是值得欢迎的解脱。

至于耶稣，他与约翰会面之后，几乎立刻就返回加利利，在拿撒勒待了很短一段时间。

约瑟已经去世，但马利亚巧妙地支撑着小小的家业。无论何时，孩子们只要想休整，随时可以返回老家。

当天才的母亲并非易事。马利亚从来不曾完全理解这个奇特的儿子——他来了又走，云游四方，但凡有三个犹太人聚在路边闲聊，提到他的名字时要么怀着钦佩敬畏，要么含着切齿仇恨。

但她显然很明智，不会去阻拦一个对自己在做什么已经成竹在胸的人。

有时候她也许无法赞同这位先知，但她从不曾停止爱自己的儿子。

这一次，当她儿子结束了首次前往外地的旅程，回到家来，她有个好消息要告诉他。

家族中有人要结婚了，他们全都受到了邀请。

耶稣说，他乐意前去，但他不再是独自一个人。他还有一群跟着他回到拿撒勒的新朋友。他明确表示，他把他们当做兄弟，因此他去迦拿时也会带他们同去。

这场亲密无间的友谊自此开始，一直持续到受难之日。

数百年后，为了让那些头脑简单的野蛮人相信耶稣是直接从“一位慈爱的上帝”那里获得启示，耶稣生平的每件事迹都被添上了一抹神迹的色彩。一场愉快的家庭聚会，其间人人都很高兴，马利亚是最后一次开心地看着儿子与亲朋好友共聚一堂——这样的故事没有足够的说服力。于是，迦拿婚宴被粉饰成一个神秘的传说，中世纪的画家们将它当成绘画的热门题材，反复绘制这个主题。

按照这种新的说法，在突然来了这么多不速之客以后，葡萄酒便不够了。侍者们十分为难，他们除了水什么都没有，但是，无论犹太人、希腊人或罗马人，做梦都不敢想象用水来招待进了家门的陌生人。

仆人们赶去找马利亚，她是一位细心周到的主妇，或许知道该怎么办。

马利亚于是跟儿子说了这事，征询他的意见。

耶稣本来正在沉思，却被这等吃喝的事引发的问题打断，不免有些懊恼。但他十分善解人意，明白琐事也很重要。这场精心安排的宴会，被半打不速之客的到来打乱，耶稣能理解主人的尴尬。

为了帮他的亲戚脱离困窘，他悄悄地把水变成了酒，于是宴会圆满成功，人人尽兴。

随着岁月流逝，类似的神奇情节继续被添加到原来的故事中。这种事很自然。

大家总是喜欢把非凡的力量和自己崇拜的记忆联系在一起。

希腊众神与英雄全都施行过大量的神迹。古老的犹太先知曾经令

第三日，在加利利的迦拿有娶亲的筵席，耶稣的母亲在那里。
耶稣和他的门徒也被请去赴席。
酒用尽了，耶稣的母亲对他说：“他们没有酒了。”
耶稣说：“母亲，我与你有什么相干？我的时候还没有到。”
他母亲对用人说：“他告诉你们什么，你们就做什么。”
照犹太人洁净的规矩，有六口石缸摆在那里，每口可以盛两三桶水。
耶稣对用人说：“把缸倒满了水。”他们就倒满了，直到缸口。
耶稣又说：“现在可以舀出来，送给管筵席的。”他们就送了去。
管筵席的尝了那水变的酒，并不知道是哪里来的，只有舀水的用人知道。管筵席的便叫新郎来，对他说：“人都是先摆上好酒，等客喝足了，才摆上次的；你倒把好酒留到如今！”
这是耶稣所行的头一件神迹，是在加利利的迦拿行的，显出他的荣耀来，他的门徒就信他了。

《约翰福音》2:1-11

铁块漂浮在水面上，还曾经徒步走过深深的河流，有时甚至能够干预行星的运行规律。

中国、波斯、印度、埃及——无论我们看向何地，都会发现讲述种种超自然事迹的奇怪记载。在那些遥远国度的先民中，这类事迹十分常见。

这证明人类对想象世界的需要。在这个想象世界里，不可能的事经常变成不证自明、不言而喻的事，而且不局限于特定的国家或民族才有这种事。

不过，对我们大部分人而言，耶稣给世界带来的影响深远得令人吃惊，并且无法解释，就算没有那些不明不白的魔法与驱邪的润饰，我们还是愿意接受他。

我们这么看事情有可能完全是错的。

不过，读者可在成千上万本其他书籍中找到对所有神迹的完整描述。在此，我们只要把耶稣最后一次离开家，开始教导众人彼此宽容和爱的福音，以及那些导致他死在十字架上的事件的关系说清楚，就可以了。

24.
新导师
THE NEW TEACHER

不久，举国上下就都知道，这里有位先知在传讲一种奇怪的教义，声称世界上所有的人（不只犹太人）都是一位慈爱的上帝的儿女，因此，所有的人类彼此都是兄弟姊妹。

/

耶稣在朋友的陪伴下，从迦拿走到了迦百农。迦百农是个不久前才在加利利海北边建立起来的小村庄。

彼得和安得烈的家就在这里，当耶稣开始他那伟大的、探索上帝的灵与人类灵魂的旅程时，这两名渔夫抛下了他们的工作跟随了耶稣。

他们一行人在迦百农待了几个星期，然后决定前往耶路撒冷。

这么做有两个原因。

首先，逾越节快要到了，所有善良本分的犹太人都有义务到圣殿附近去过这个神圣的节期。

其次，这可以给耶稣一个机会，看看首都的百姓对他有什么看法。

真正的耶路撒冷人向来公开鄙视加利利人（因为加利利人没有那些在圣殿里敬拜的人来得小心敬虔—— 圣殿在古代犹大和以色列的较劲上生存了下来），然而加利利人真的很友善，愿意聆听新的道理。

或许他们并不总是充满热情，但他们算得上有礼貌。另一方面，被控制在法利赛人手里的耶路撒冷，是古老信仰的强大堡垒，它对抱持异见者毫不留情，不宽容已经被提升成了民族的美德。

耶稣平安到达了耶路撒冷，但是，在他有机会解说自己的新理念之前，城里发生了一件事，迫使他不得不匆匆离开。

在古代，当人希望获得自己所信仰神灵的帮助时，便杀害俘虏来祭祀。

后来，随着文明的进展，牛羊取代了人类被献为祭牲。

在耶稣降生的时代，犹太人依旧宰杀动物献给耶和华。富有的人家宰杀一头牛，把肉和油脂放在圣殿的祭坛上献为燔祭，余下可食用的部分送到祭司的厨房去。

付不起那么多钱的穷人家会买一只羊羔，如果他们非常非常穷，连羔羊都买不起，可以买一对鸽子杀来献祭。他们奇怪地相信，这类无意义的屠杀行为可以博得上帝的欢心，却没有去想，正是同一位上

耶稣听见约翰下了监，就退到加利利去；后又离开拿撒勒，往迦百农去，就住在那里。那地方靠海，在西布伦和拿弗他利的边界上。

《马太福音》4:12–13

帝在不久之前以无限的关爱创造了这些美丽的动物。

如今，大部分的犹太人居住在海外（他们从来都不愿意为了耶路撒冷那弯曲阴暗的街道，放弃在亚历山大港和大马士革的舒适生活。仅仅埃及一地，就有超过五十万的犹太人住在那里），因此，为远道而来的犹太人预备好大批的牲口就有必要，因为他们不可能把自己的牲口千里迢迢从尼罗河赶到耶路撒冷东垣下的汲沦谷来。

多年以前，当圣殿刚落成的时候，提供祭祀的牛羊都是在圣殿入口大门外的街道上贩卖。后来，为了让顾客更方便，牛贩子就把牲口赶进圣殿的院子里。紧跟在他们后面的是货币的兑换商，他们坐在木桌子后头，帮顾客将巴比伦的金币兑换成犹太的舍客勒，或把柯林斯的银币兑换成犹大的迈纳。

这些善意的商人并无不敬之心。他们根本没意识到自己做的事有何不妥。这种糟糕的习俗是逐步发展出来的，因此没有人注意到它。

耶稣刚从安静的加利利村庄来到城里，心里正思考着和买卖交易毫无关系的问题，却在猛然间看见痛苦咆哮的牛羊和大声呼喝的银钱兑换商，这简直是对上帝的亵渎，他大为愤怒。上帝的殿堂竟然变成嘈杂的菜市场了——这样的事是不可饶恕的！

他抄起一根鞭子（到处都有赶牲口用的鞭子），把成群的乌合之众赶出了圣殿，那些可怜的牲口跟在主人后面被匆匆驱离，耶和华圣殿的耻辱就此被清洗干净。

那些看热闹的群众可不嫌事大，全都不顾脚下高低不平的鹅卵石路，争先恐后冲到事发地点去观看。

有许多人认为耶稣做得对。把圣殿当做牛棚使用本来就是丢脸的丑事。

不过，其他人却非常生气。毫无疑问，在那么靠近至圣所的地方，本来应该保持安静，如此吵闹很不应该。但话说回来，这事怎么也轮不到一个从加利利还是拿撒勒之类的地方冒出来的外省无名青年来管。

耶稣进了神的殿，赶出殿里一切作买卖的人，推倒兑换银钱之人的桌子和卖鸽子之人的凳子；对他们说："经上记着说：'我的殿必称为祷告的殿'，你们倒使它成为贼窝了！"

《马太福音》21:12-13

他制造那么大混乱，还掀翻堆满钱币的桌子，让那些兑换商满地爬着去找自己丢了的钱。

还有些人是不知道该怎么看待此事。这些人当中有一位名叫尼哥底母，他是犹太最高公会的成员，是忠诚的法利赛人。

在这么一个公开、神圣的场所，尼哥底母不方便让人看见自己跟一个举止缺乏尊严的人会面，但他想知道那个人是谁，竟敢大胆做出这么鲁莽的事。

他派人去找耶稣，请他天黑之后到自己家来。

耶稣接受了邀请，他跟尼哥底母有一场会谈。这位法利赛人相信耶稣完全诚实无伪，虽然他做的事有些过于激烈。当他听说耶稣在加利利做的各种事，他对耶稣的信心更坚定。他很喜欢这位拿撒勒青年，建议对方越快离开耶路撒冷越好。

宫里的国王向来耳目众多，对任何破坏公共和平的事十分敏感，而贩卖牛羊与兑换银钱的商人，毫无疑问会煽动百姓对抗那位精力充沛，喜欢行动而不只是空谈的先知。

因此，耶稣和他的朋友一起离开了耶路撒冷，经由撒玛利亚回到了加利利。

我们之前说过，撒玛利亚这个可怜的地方，享有一个非常倒霉也不该得的名声——不信神者的温床。

撒玛利亚在数百年前曾是古老的以色列王国的一部分。自从以色列亡国之后，那里的居民被驱逐到亚述，他们荒芜的田地被交给了从美索不达米亚和小亚细亚迁来的移民。这些新移民和留在当地的少数犹太人一起组成了一个新的种族，就是后来众所周知的撒玛利亚人。

在真正的犹太人眼里，住在撒玛利亚那块土地上的人，无不卑贱到了极点。美国人经常毫不思索地用这类可怕的字眼来侮辱外来移民——“意大利佬”“犹太佬”“匈牙利佬”；但这些词汇都比不上

有一个法利赛人，名叫尼哥底母，是犹太人的官。

《约翰福音》3:1

一个心肠冷酷的法利赛人，用“撒玛利亚人”来形容从示剑或示罗来的居民来得更侮辱人。

结果，无论何时，当犹太人要前往大马士革或该撒利亚腓立比，不得不经过撒玛利亚时，他们都会把驴子骑得飞快，并且绝对必要地不跟当地人接触。

耶稣的朋友都是恪守摩西律法的善良保守人士，和大众一样对“肮脏的撒玛利亚人”具有偏见。

他们该学点教训了。

耶稣来到撒玛利亚时，不但在此逗留，事实上还非常亲切地和一些撒玛利亚人交谈。有一次，他甚至在井边坐下，跟一个妇女解说他的理念，这妇女就属于这个叫人鄙视的种族。

当门徒上前来聆听他们的对话，门徒发现，这个“撒玛利亚妇女”比那些对律法热心、对自己的敬虔感到傲慢自大、自认优秀的犹大人，更懂得他们导师说的话。

这是他们第一次领会到大家都是兄弟的原则。这也是耶稣作为新信仰的先知，他的传道生涯的开始。

他使用的方法非比寻常。

有时候他给门徒讲故事。

但他很少向他们说教。一个字或者一个暗示，便足以道出他的内心想法。

耶稣在这一点上，就像在其他的事上一样，是个天生的教师。因为他是个伟大的教师，所以他了解人心，能够帮助许多无力自助的人。

自古以来，就有一些人能对罹患某种疾病的人产生极大的影响。这些人不能治好骨折，也不能靠点点头就阻止流行病。但是，现在全世界的人都知道，想象力对疾病具有重大的疗效。如果我们觉得自己

耶稣说：“妇人，你当信我。时候将到，你们拜父也不在这山上，也不在耶路撒冷。你们所拜的，你们不知道；我们所拜的，我们知道，因为救恩是从犹太人出来的。时候将到，如今就是了。那真正拜父的，要用心灵和诚实拜他，因为父要这样的人拜他。神是个灵，所以拜他的，必须用心灵和诚实拜他。”妇人说：“我知道弥赛亚(就是那称为基督的)要来，他来了，必将一切的事都告诉我们。”耶稣说：“这和你说话的就是他。”

《约翰福音》4:21-26

哪里痛，就真的能感觉到那里痛。但是只要有人能说服我们，说我们对自己的诊断是错误的，那种疼痛便会立刻消失。

单纯亲切的人经常具有这种说服他人的天赋，他们能够获得病人的信任，即使他们对于医术完全一无所知，也能治愈病人。

毫无疑问，耶稣以他个人绝对的真诚和个性中的慈爱纯朴，赢得了人们的信任，从而能够帮助那些觉得自己满身病痛的人。

当大家听说这个年轻的拿撒勒人（先知、弥赛亚，或人们在盲目相信他的情况下给他取的名号）能够为人暂时解除病痛，男女老少开始从四面八方赶来，请求他使自己恢复健康。

为了急于让一个好故事变得更好,耶稣第二次行经加利利的描述，便按传统硬被写成一名神医的胜利之旅。

首先，在前往迦百农的路上，一个已被当地医生放弃治疗的富人家的孩子，被耶稣救活了。

接着，彼得的岳母得了热病，高烧不退，却也在眨眼之间被治好，能够起床做饭，亲自招待客人用餐。

于是，病人开始源源不断前来。有的人认为自己是瘸子，被人用担架抬到耶稣面前。有的人多年来得了无法描述的怪病。还有各种神经紧张的病人，只要说一两句鼓励的话让他们安心，就能让他们踏上康复之路。

无论这类故事是真是假（死人很少复活），它们确实在加利利造成高度的兴奋和好奇，并且很快就在耶路撒冷传得沸沸扬扬。

但是，法利赛人无法完全相信。毫无疑问，他们对耶稣医治生病同胞的事十分感激，但是，他们觉得耶稣对自己同胞和对外国人竟然一视同仁，这点太过分了，他医治罗马官员的仆人，医治一个希腊母亲的生病的女儿，甚至为一个偏偏在安息日病痛的老妇人解除痛苦，他甚至同意麻风病人触摸他的外袍，让他们在绝望中相信这能减轻他们的惨况。

此外，他还愿意接纳受雇于罗马人并派驻在迦百农当税吏的人做自己的门徒，这件事太可怕了。接纳这些令祖国深受痛苦的人，简直就是叛国，有好些善良的人都如此提醒耶稣。

不过，尽管耶稣很感谢他们的好意，却不认为自己做的有什么错。

在他看来，所有的男人和女人、税吏、政客、圣人和罪人，都是一样的。

他承认并接纳他们共同的人性。

毫无疑问，他在这件事情上明确表明自己的立场，他带着所有的门徒，一起去一位令人厌恶的官员家里吃晚饭，仿佛在罗马人的心腹家里吃顿便饭是件很光荣的事。

当法利赛人听说这件事，他们没有公开议论。

但是他们私下商定了，只要耶稣再来到他们的司法管辖区，他们会怎么处置他。当耶稣返回耶路撒冷过他人生中最后一次逾越节时，他感受到了这群心意坚决者的沉默的敌意。这群人明白，这位奇怪的先知的理念若得以实现，他们的小世界就完了。

25.
宿敌
THE OLD ENEMIES

当然，那些从现存规则中获益的人，都不喜欢听见有人在公共场合宣讲这类的教义。他们宣布，这位新先知是个危险的敌人，他危及了所有现存的律法和秩序。

不久，耶稣的这些敌人便达成共识，开始着手除掉他。

/

耶稣第二次造访耶路撒冷，还没抵达圣殿，就和统治耶路撒冷的势力公开发生冲突。

事情是这样的，耶稣来到羊门外的毕士大水池附近，听见有人在大声喊他求助。那个可怜人已经瘫了三十几年。他听说了（就像大家听说的）加利利所发生的治病神迹，他希望自己也能被治愈。

耶稣看着他，然后告诉他他的腿没有毛病，吩咐他起来拿着铺盖回家去。

那个满心欢喜的病人便按照耶稣的吩咐做了，但是他忘了那天是安息日。依照法利赛人的律法，安息日连在衣服上多别一根针都不行，何况拿着铺盖。

他对自己能够走路实在太高兴了，他匆匆赶往圣殿，要为自己的痊愈向耶和华献上感谢。

有好几个法利赛人被告知此事，他们不能容许这种破坏神圣命令的事不受惩罚，他们拦下那个可怜的瘸子（现在他有一双完好的腿），告诉他说，在安息日背着铺盖行走违反了所有的律法和先例，他必须要为破坏体统受到惩罚。

但是，这个兴高采烈的人脑子里自然正想着别的事。

“那个治好我的人叫我拿起铺盖回家去。”他回答说，“我是按照他的吩咐这么做的。”

于是，没有再费周折，法利赛人让他走了，但是法利赛人却气得不得了。他们很清楚一件事：这类事情除非立刻制止，否则没有人敢说接下来会闹出什么事来。

在他们的煽动下，犹太公会召集成员开会，商讨对策。就像所有对自己的情势没有足够把握的地方官员，公会成员决定先做调查。他们命令耶稣来见他们，为自己的行为做出解释。他欣然前往，耐心地倾听他的敌人提出的各种控诉。然后他清楚表明，无论是否合乎律法，他都不会因为那天碰巧是一周中某个特定的日子而不行善。

这个回答，公然挑战了既定的权威。

但是，犹太公会深知这个拿撒勒人广受群众尊敬，这次最好还是放他走，等下次有更明确的事实时再来控告他。

事到如今，犹太公会开始明白，耶稣不会像他们所期待的那么容易被除掉。要激怒他显然是不可能的。他从来不对那些恨他的人表现出情绪，总是安安静静走出每一个陷阱。当他被逼到死角，他会讲个小故事，让所有听的人都站到他那一边。

犹太公会明显感到困惑。当然，他们可以把事情呈到国王面前。但是他们的国王（连这头衔都很不确定）在未跟总督商议之前，也不会采取行动。而努力对一个罗马人解释这种事能有什么用？

彼拉多已经不止一次对那些来找他申诉宗教委屈和不满的人，表现出完全缺乏同情的态度。

在这个例子里，他处理的方式还会跟以前一样。他会保证自己一定密切关注此事，然后，等过了好几个月之后，他会拿出官方的结论说，耶稣没有触犯罗马的法律。然后他会撤销这个案子，所有的事情还是老样子，只除了耶稣的地位会因为他被宣告无罪而越发巩固。

因此，扭转此事以及报复的唯一希望，就落在希律身上了。如果找他商量的方式能投其所好，并且他愿意保密的话，这事能办成的。没错，希律王跟公会不合已经很多年了，但是，现在不是计较个人恩怨的时候。

犹太公会决定对希律停战，收起他们精心打磨用来收拾希律的斧头，态度温顺地来王宫，呈上一长串对耶稣种种不满的罪状，指责耶稣自封为先知，传讲一些煽动性的教义，要颠覆古老的神权统治（或残余的神权统治）。并且，耶稣和被人称为施洗者的约翰一样，都是威胁国家安全的危险人物，幸亏约翰已经不能再惹任何麻烦了。

希律如他父亲一样多疑，很乐意聆听公会的控诉。

但是，当他们要去逮捕耶稣的时候，他又不见了。他第二次离开了耶路撒冷，并且有越来越多的门生跟随他。他慢条斯理地走回加利利，他在那里比在犹大地更感觉自在。

从世俗的观点来看，他的事业正如日中天。群众都深信耶稣是真正的弥赛亚。只要耶稣愿意领导他们，他们就愿意进军耶路撒冷，甚至，愿意对抗整个罗马的军队。

但是，令他们遗憾的是，那完全不是耶稣的梦想。

他没有个人野心。

他不追求富贵，不渴望荣耀，也不享受成为民族英雄接受喝彩。

他希望众人的眼界能够超越现世短暂的欲望，去寻求跟圣灵的伙伴关系，圣灵会在爱、宽容和怜悯中将他们跟同胞联合在一起。

他不能容忍别人把他看成是古老王权的另一个代表（比较好的一个），那个王权现在和希律的名字联系在一起。

他不承认自己是弥赛亚，相反地，他尽可能一再公开地、明确地表示，他自身的幸福和舒适都不重要，但他关乎众人彼此相爱与仁慈上帝之爱的理念，才是一切。

他不追溯上帝在西乃山的闪电雷鸣中向少数人启示的那些诫命，相反地，他告诉那些来到生机蓬勃的加利利山坡上听他演讲的群众，他所传讲的上帝是一个慈爱的灵，待人不分种族也不分信仰宗派。他也不给人勤俭致富的具体建议，他提醒自己的朋友，要抗拒那些守财奴堆积在阁楼上的无用的财宝（狡猾的小偷能轻易盗取它们），并要求他们把自己的灵魂打造成不朽的储藏室，装满善行和高贵的思想。

最后，他在一次单独演说中总结了他全部的哲理，那就是著名的“登山宝训”，在此我将最受赞扬的段落重述一遍：

“虚心的人有福了！因为天国是他们的。哀恸的人有福了！因为他们必得安慰。温柔的人有福了！因为他们必承受地土。饥渴慕义的人有福了！因为他们必得饱足。怜恤人的人有福了！因为他们必蒙怜恤。清心的人有福了！因为他们必得见上帝。使人和睦的人有福了！因为他们必称为上帝的儿子。为义受逼迫的人有福了！因为天国是他们的。人若因我辱骂你们，逼迫你们，捏造各样坏话毁谤你们，你们就有福了！应当欢喜快乐，因为你们在天上的赏赐是大的。在你们以前的先知，人也是这样逼迫他们。你们是世上的盐。盐若失了味，怎能叫它再咸呢？以后无用，不过丢在外面，被人践踏了。你们是世上的光。城造在山上是不能隐藏的。人点灯，不放在斗底下，是放在灯台上，就照亮一家的人。你们的光也当这样照在人前，叫他们看见你们的好行为，便将荣耀归给你们在天上的父。”

至于每天在生活的艰难路途上跋涉的人，他给了一个具体的指南、一则简短的祈祷文，至今仍有千百万的人每天念诵：“我们在天上的父：愿人都尊你的名为圣。愿你的国降临；愿你的旨意行在地上，如同行在天上。我们日用的饮食，今日赐给我们。免我们的债，如同我们免了人的债。不叫我们陷入试探；救我们脱离那恶者。因为国度、权柄、荣耀，全是你的，直到永远。阿们！”

接着，在为这个论及生死的新哲理——和法利赛人老旧又狭隘的信仰完全不同——描绘出大纲后，他要求如今坚定又忠心的十二个同伴跟随他，他要向全世界表明，自己跟古老的犹太偏见如何彻底决裂，这种偏见已经让他的种族沦为所有其他民族的敌人。

他离开了加利利，去造访那个自古以来被人称为腓尼基的地方。

接着，他再次穿过自己出生的乡村地区，搭船渡过约旦河，专程去到希腊人（占当地人口的大多数）称为迪卡波利斯的“十城”之地。

他在那地的异教徒中治好了几个精神错乱的人，让他获得了跟在自己家乡一样的感激与钦佩。

此后，耶稣紧接着开始用那些简单易懂的故事来说明自己的教导，这些故事大大引发了百姓的想象力，他们蜂拥而来听他讲论，而这些故事也成了每个欧洲国家的语言的一部分。

若我要用自己的方式重述一遍这些故事，我就太愚蠢了。

正如我之前一再说的，我不是在写一本新版的《圣经》。

我只是把一本书的概要写给你看。对每天生活忙碌的现代读者来说，这本书早期的部分实在太复杂了。

不过，四福音非常简单、直接，而且简短。

就算最忙的人也能找到空闲阅读它们。

幸好，有一群精通语言的学者已经把四福音都翻译成英文了。自17世纪以来，人们多次尝试翻译《圣经》，要把古希腊文的思想转换提升成现代语言。所有这些尝试都令人失望，它们没有一个版本能取代英国詹姆斯王下令翻译的钦定本。三百年来，钦定本依旧具有最高权威。

如果我这本小书能激起你的渴望，让你去阅读原著，去阅读那些智慧的比喻，去理解这位有史以来最伟大的教师的浩瀚见识，那么我就没白写这本书。

而这正是我努力要做到的。

26. 耶稣之死

THE DEATH OF JESUS

耶稣的案子被呈报到罗马总督面前。总督只求自己所管的行省能维持表面上的和平和稳定，其余的事他不在乎。他允许耶稣被判处死刑。

/

耶稣很清楚结局是无法避免的。当他还在加利利跟朋友在一起的时候，他就不止一次向亲朋好友暗示过这一点。

数百年来，耶路撒冷一直是个宗教垄断的中心，这不仅为当地大多数居民带来了巨大的个人利益，并且靠以最严格的方式遵守从摩西时代就传下来的古老律法，继续保持它的成功。

从大流亡开始直到当时，绝大部分犹太人都坚持住在国外，他们觉得住在埃及、希腊、意大利半岛、西班牙和北非的城市里，因为贸易兴隆，财源广进，要比住在犹大地幸福。犹大地土地贫瘠，就算整日劳作，耗尽地利，也不过勉强糊口而已。

当波斯人允许犹太人返回自己的故乡时,若不是使用军队的力量，根本不可能有足够多的居民回到耶路撒冷。从那时起，情况始终没有改善。

无论身在何处，犹太人始终怀着最深的敬意来看耶路撒冷，视其为自己民族的宗教中心。但是，犹太人向来随遇而安，若不使用武力强迫，他们不会返回自己的出生之地。

结果，居住在这座古老国都城门内的百姓，几乎无一例外，都是以圣殿为生。就像今天我们的许多小型大学城一样，直接或间接依靠大学营生，如果哪天大学被迫关门，他们若不搬走，就要挨饿。

这个掌握着经济和宗教的贵族群体，由一小群专业祭司组成。

其次是他们的助手，负责照料献燔祭和献次要祭物的复杂仪式。他们是真正受过高度训练、技巧娴熟的屠夫，每个人都只关心送到自己手里的牲口的数量和质量，因为那是他们日用饮食的重要来源。

再下来，是普通仆人，负责保持圣殿的清洁，在傍晚人群散去之后负责把圣殿的内院外院刷洗干净。

然后还有银钱兑换商，今天我们称他们“银行家”，他们把来自世界各地的奇怪金属换成当地流通的货币。

再来是经营旅馆、客栈和寄宿处的老板们，他们为每年成千上万

从此，耶稣才指示门徒，他必须上耶路撒冷去，受长老、祭司长、文士许多的苦，并且被杀，第三日复活。

《马太福音》16:21

按时前来耶路撒冷，在祖先的祭坛上持守律法和虔诚敬拜的朝圣者提供食宿。

最后，是任何变成旅游中心的城市里能够看见的一般的零售商人、裁缝、鞋匠、酒贩、烛台匠人等等。

以上便是耶路撒冷当时真正的情景。

人群聚集到这个宗教旅游中心，目的不是为了娱乐，而是为了举行特定的仪式，他们深信这些宗教仪式不能在别处举行，也不能由别人主持，只能由自古以来就执行祭司职务的人来做。

你一定要牢记这些事实，否则你就无法理解，当耶稣再次大胆进入这座城市时，众人为何以强烈憎恨的目光看着他。

这个从加利利的荒凉村落来的木匠，这个用伟大的爱拥抱罪人和税吏的谦卑教师，他又来了。

在此之前，他已经两次被勒令离开。

耶路撒冷不欢迎他。

他回来会引起更大的麻烦吗？或者他会只做几场演讲就满足了？

确实，有时候他告诉同伴的那些话，听起来显得无害。但那些话是最危险的。他总是意有所指。有些文士喜欢把自己说的每件事的意思，隐藏在大量希伯来句子的冗词赘语底下，这些冗长的句子给人学问渊博的感觉，而这种暧昧模糊的术语很受欢迎。

但耶稣不是这样，他用的话人人都能听懂。他说："你要尽心、尽性、尽意爱主你的上帝，这是诫命中的第一，且是最大的。其次也相仿，就是要爱人如己。"

接着，还有那些有关牧羊人以及各种日常事物的比喻，也都是直指核心。

有些人尝试响应那些绝对不会令人误解的、对假领袖和假神的影射。

而耶稣又用一串新故事把他们给说糊涂了，并且群众大笑表示赞同耶稣所言。就连小孩子都来听，因为他们喜欢这个人，他们甚至爬到他腿上。耶稣说："让小孩子到我这里来，不要阻止他们，因为天国正属于这样的人。”

总之，这个拿撒勒人所做所说的每一件事，都是一个自尊自重的正派拉比绝不会说也绝不会做的，他愉快安静地自行其是，执法人员也无权干涉他。

再看看这人所掌握的教义！

他岂不是在许多场合说，上帝的国无处不在，远远超过耶和华所偏爱拣选的一小撮住在犹大地范围内的百姓？

他岂不是借口医治一个生病的妇女而公开破坏安息日的诫命？

加利利那边的人岂不是说过，他去异邦人、罗马官员以及那些不容许进入圣殿外院大门的人的家里吃饭？

如果这城的百姓认真看待他说的这些话，并确实开始相信，无论是在大马士革还是亚历山大港，都可以像在亚摩利山上一样敬拜上帝的灵，那么，耶路撒冷、圣殿、祭司、客栈老板、屠夫和所有各行各业的人，会面临什么结果？

这城会被毁了，并且祭司、客栈老板、屠夫和各行各业的人全部都会跟着一起毁了。

只要暗暗想一下就好，整套复杂的摩西律法都将在“爱人如己”这句可怕的新标语面前土崩瓦解。

事实上，这句话正是耶稣人生最后几个月所教导的教义主旨。

他希望并恳求群众要爱自己的邻人，彼此不要争吵。他看见周围各种残酷和荒谬不公的事，令他悲痛万分。他天生是个快乐又有趣的人。生活对他是享受而不是负担。他爱他母亲、他家人和他的朋友。他参与村子里所有简单快乐的活动。他不是隐士，也不鼓励人借由逃避生活的方式来拯救自己的灵魂。但是，这世界充满了毫不必要的浪费、痛苦、暴力和混乱。

耶稣以他简朴伟大的心提供了他医治这些疾病的药方。他称之为“爱”。这字是他全部教导的总纲。

他对事物的现有秩序没太大兴趣。

他不主张反抗罗马帝国。

他也从不说讨好罗马帝国的话。

法利赛人问他对罗马帝国有什么看法，想要偷偷逮住他煽动叛乱的把柄。但是耶稣深知所有形式的政府统治，都是一种妥协，而他拒绝表态。他劝告他的听众遵守所在地的法律，多反省自己的过错，而不是对统治者的优劣说三道四。

他从不叫自己的学生回避圣殿的服事，反而鼓励他们要虔诚履行自己的宗教义务。

他真诚赞赏《旧约》的智慧，并在自己的谈话中不断引用《旧约》。

总之，任何可能被理解为挑战固有律法的事，他都克制不说、不宣传，也不鼓吹倡导。

但是，从法利赛人的观点来看，他比所有最凶猛的反叛者还要更危险。

他让人学会独立思考。

关于耶稣最后的时日，已经被人说过太多，我们在此只简单描述。在基督教的编年史中，这位伟大的先知的一生，没有哪一段比在他受难前那几天更受人瞩目了。

事实上，这是那群坚定开倒车的人，和一个勇敢展望未来的人，彼此间永恒较量的一部分。

耶稣最后一次进入耶路撒冷，是以胜利者的姿态进入的。

这并不表示群众真的开始理解他对他们苦口婆心解说的新理念。群众永远都在找一个新英雄来崇拜（哪怕时间短暂），现在他们开始把这位拿撒勒的先知当做偶像来崇拜，因为他讨人喜爱的个性对他们的想象力充满了吸引力，并且他在全能的公会成员面前展现出镇定的勇气。

他们愿意相信所有有关耶稣的传说，尤其是传说里夹带了离奇的色彩的那些。

单单治病已经不足以满足他们对刺激的原始需求。

病人重病时耶稣碰巧经过他的村庄?

不!

病人已经处于垂死状态了!

直到最后说成病人实际上已经死了，埋了，然后被这个行神迹的人从坟墓里拉出来，复活了。

最后这个众所周知的拉撒路的故事，在好哄骗的犹大农民百姓间造成了巨大的影响。故事很快被添油加醋，在农庄之间一传十，十传百，使得拉撒路的复活成为中世纪传奇和画作里最受欢迎的题材。

最后，当众人听说引发所有这些骚动的人要来耶路撒冷了，所有的人都想争睹他的风采。当耶稣骑着小驴驹进入城门，群众高声欢呼，向他抛掷鲜花，场面十分热闹，就像你在盛大庆典里看到的那样。

不幸的是，这种公众的赞许就像岩石山丘上的营火，它会发出夺目的光芒，却不能持久。

耶稣知道这点，他并未自鸣得意，把群众高呼的“和散那”或“哈利路亚”当一回事。

他从前听过这样的欢呼。其他人日后也还会听见。

群众若够明智，就不会把这些欢呼太当真。接下来几页的叙述会让你清楚这种智慧。

耶稣到达之后所做的第一件事是找个住的地方。他没有停留在城里，而是去到橄榄山上的伯大尼郊区。前几年，他常会来这里的拉撒路和他两个忠心的姐姐马大和马利亚家里住宿。

从伯大尼走路到耶路撒冷并不远，当他吃过东西，从前一天的旅途劳顿中恢复过来后，他便返回圣殿，第二次挥鞭将卖牛羊的贩子和银钱兑换商驱赶出圣殿的院子。

第二天清早，他碰上对手了。

犹太公会的人接受了他的挑战。

当耶稣出现在圣殿门口，他被全副武装的守卫拦下来，盘问他凭谁的权力做出昨天下午那种亵渎的行动。

人群立刻聚拢过来，大家开始选边站。

有人说：“这人做得对。”

其他人说：“他应该被处以私刑。”

他们争吵，开始指手画脚，甚至快要打起来。耶稣转过身来看着他们，众人立刻变得鸦雀无声，耶稣又对他们说了几个故事。

对法利赛人来说，没有什么比这更触怒他们了。

耶稣再次采取主动，他直接越过祭司对群众说话，并且一如往常，他一露面就立刻赢得了群众的好感。

在这场跟权威当局的公开战斗中，他是胜利者。士兵们被迫将他放走，他的朋友跟着他安静地走回下榻之处，那天他未再受到任何的骚扰。

但这一切并不意味着没事了。

当法利赛人决心要除掉一个人，他们一定要等到受害者被杀之后才会歇手。耶稣知道这种情况，随着夜晚降临，他的心情越发沉重。

另外还有别的事令他感到焦虑。

到目前为止，他的学生一直对他非常忠心，总是跟随着他的十二个门徒已经像许多兄弟一样彼此相爱，并且以恩慈对待彼此的缺点。

但是，其中有一个人让大家感觉不好过。

他叫做犹大，是加略村或凯略村一个村民的儿子。因此，他是个犹大人，而其余十一位门徒是加利利人。这多少决定了他对耶稣的态度。他觉得自己出身的籍贯连累了自己，那些加利利人的风头都胜过他，他从头到尾都备受冷落。

这些都不是真的，但对一个气量狭小的人而言，最没有恶意的话都可能变成不可饶恕的侮辱。

犹大似乎是因为一时冲动而加入耶稣门下，他是个贪婪的恶棍，因为自己低劣的品性而对他人怀恨在心，渴望报复。

他在数字与算账方面很有天赋，因此其他门徒请他管理财务和记账，让他负责将微薄的财物平均分为十二份。

即便如此，犹大也没做得让人完全满意，其他门徒开始不信任他。他总是对别人硬塞给耶稣的礼物嘀咕抱怨个不停。当他们把钱花在他喜欢称之为“无用的奢侈品”上头时，他会公开表示恼怒。

对这种事，耶稣曾经开导过他，试图让他明白，对别人诚心诚意送来的礼物显得这么不满，是很愚蠢又没礼貌的事。

但是犹大听不进去。

他什么也没说。

但是他也没离开耶稣。他继续称自己是“十二门徒”之一，无论何时，当耶稣讲解一个自己喜爱的观点时，他都假装热切聆听。但他心里却有自己的想法。耶稣的责备伤了他的虚荣心，他决定犯下所有罪行中最卑劣的一种。他要出口气。

在耶路撒冷城里，他是身在自己人当中，要找复仇的机会可说易如反掌。

当所有其他的门徒睡着后，犹大溜出屋子。不久之后，还坐在一起商量要采取什么步骤对付耶稣的公会成员，便听见外面来了一个人，要提供他们一些很重要的消息。

他们叫守卫带那人进来，围着他要听他的故事。

犹大开门见山，直指问题的核心。

犹太公会想要抓耶稣是吗？

他们当然想抓他。

但是犹太公会害怕逮捕这个众望所归的拿撒勒人会引发暴乱，对吗？

再次说对了。

如果他们公开抓捕他，并惹出任何麻烦，罗马士兵会出面，这会给法利赛人的威信带来严重打击，并且撒都该人还会利用这把柄来达到政治目的，对吗？

完全正确。

因此，无论要采取什么行动，都得在黑夜的掩护下悄悄进行，尽量不闹出什么声音，对吧？

犹大确实非常了解整个情况。

假设有人对耶稣的行动了如指掌，能够告诉公会成员如何在神不知鬼不觉的情况下抓捕耶稣，把他安全送进监牢，岂不大好？

那将跟公会的计划配合得天衣无缝。

公会打算为这个极有价值的消息付多少钱？

大家磋商了片刻。

然后开出了价码。

犹大很满意。

买卖成交。

耶稣被出卖给了他的敌人。

价钱是三十个银币。

耶稣在伯大尼郊区安静地度过了自由的最后几小时。

那天是逾越节。犹太人以吃烤羊羔和无酵饼来过节。

耶稣吩咐门徒到城里一个小客栈订了一个房间和一顿晚饭，大家可以聚在一起吃逾越节的晚餐。

傍晚时分，犹大若无其事地和大家一起离开了住处。

他们下了橄榄山，进了城，发现一切都已经准备妥当。

他们围着一张长桌各自坐下，开始吃晚餐。

这顿饭吃得并不开心。他们感觉到即将发生某种可怕的事，有一股阴影已经笼罩在这一小群忠心的朋友身上。

耶稣很少说话。

其他人也都阴郁沉默地坐着。

最后，彼得再也忍不住，脱口说出大家心里的话。

“主啊，”他说，“我们想知道，你是不是在怀疑我们当中某一个人？”

当下，十二门徒里有一个称为加略人犹大的，去见祭司长，说：“我把他交给你们，你们愿意给我多少钱？”他们就给了他三十块钱。
从那时候，他就找机会要把耶稣交给他们。

《马太福音》26:14-16

耶稣轻声回答说：“是的。你们坐在这里的人当中，有一个会给我们所有的人带来灾难。”

于是，所有的门徒全站起来，围到了耶稣身边，表明自己的无辜。

这时，犹大悄悄溜出了房间。

现在，他们都知道要发生什么事了。

他们无法再在这小房间里待下去。

他们需要新鲜空气，他们离开客栈，走出城门，回到橄榄山上，并打开一扇小门进了一个朋友的花园，那朋友曾告诉他们，任何时候想要独处，都可以到这花园来。

这花园被称为“客西马尼”，这名字得自花园角落里的老式榨橄榄油的设备。

这是个温暖的夜晚。

他们全都非常疲惫。

过了一会儿，耶稣起身离开众人。但是，跟他最亲近的三个门徒远远跟着他。

他转身吩咐他们在原地等候，并在他祷告时警醒守望。

做出最后决定的时刻到了。要逃跑还来得及，但逃跑意味着默认自己有罪，自己的理念遭到了挫败。

他独自身在沉默的树林中，内心进行着最后的挣扎。

他正值人生的盛年。

生命充满了无比的希望。

一旦他的敌人抓住他，死亡将以最可怕的形式临到。

他做出决定。

他留下来。

他回到朋友当中。

看啊！他们全都睡着了。

片刻之后，整个花园全都骚动起来。

犹太公会的卫兵在犹大的带领下，冲上来抓捕这位先知。

到了晚上，耶稣和十二个门徒坐席。
正吃的时候，耶稣说：“我实在告诉你们：你们中间有一个人要卖我了。”
他们就甚忧愁，一个一个地问他说：“主，是我吗？”
耶稣回答说：“同我蘸手在盘子里的，就是他要卖我。人子必要去世，正如经上指着他所写的，但卖人子的人有祸了，那人不生在世上倒好！”
卖耶稣的犹大问他说：“拉比，是我吗？”耶稣说：“你说的是。”

《马太福音》26:20-25

犹大走在最前面。

他张开双臂抱住自己的老师，亲吻他。

这是卫兵该抓哪个人的信号。

彼得在这时候明白发生了什么事。

他夺过一名士兵的匕首，凶狠地砍他。彼得砍中那人的耳朵，鲜血立刻从伤口涌出来。

耶稣伸手按住彼得的手臂。

绝不能使用暴力。

这士兵只是在执行自己的职务。

攻击只能招来回击，理念不能拿来跟刀剑互斗。

耶稣被绑上双手，押着穿过黑暗的耶路撒冷街道去到亚那的家，亚那跟女婿该亚法那时担任大祭司。

他们大声欢呼。

敌人终于落到自己手里了。

他们立刻开始审问。

耶稣为什么要教导那些具有毁灭性的教义？

他攻击那些古老的礼仪，居心何在？

谁给了他权柄让他那样说话？

耶稣平静地回答说，答复无用。祭司们心里知道自己问题的答案。他从未对任何人隐瞒任何事。何必浪费时间说这些？

有个卫兵从未听过有犯人敢用这种态度对公会的成员说话，上前狠狠揍了耶稣一拳。其他人蜂拥而上把他绑得比先前更紧，然后把他拖到该亚法家，他在那里过了一夜。

时间太晚，无法召聚公会成员开会。

但是，兴奋的法利赛人和心烦意乱的撒都该人一听说耶稣被捕，他们纷纷起床，穿过黑夜，赶到关耶稣的地方，只见耶稣坐在屋里，平静地等候接下来要发生的事。

耶稣同门徒来到一个地方，名叫客西马尼，就对他们说："你们坐在这里，等我到那边去祷告。"
于是带着彼得和西庇太的两个儿子同去，就忧愁起来，极其难过，便对他们说："我心里甚是忧伤，几乎要死；你们在这里等候，和我一同警醒。"

《马太福音》26:36-38

突然，门外传来一阵喧闹。守卫们抓到一个门徒。他们说，有个使女报告说这渔夫是耶稣的好朋友，当耶稣进城时总看到这人跟他在一起。

可怜的彼得陷入了恐慌中。

火把的光、嘈杂声和咒骂声，让他心中充满恐惧。

他发着抖说，他从来就不认识耶稣。

失望的守卫很生气地将他踢出了房间。

耶稣再次独自面对他的敌人。

纷纷扰扰的一夜就这么过去了。第二天一大清早，公会就召开会议，他们没有审查证据也没有听任何证人作证，就判了这个拿撒勒人死刑。

根据传统的说法，这天是四月七日，星期五。

法利赛人的目的已经达到了，他们为自己的城市除掉了一名心腹大患。

但是，他们的工作依旧只完成了一半。

从罗马总督那里接连来了几位信使，彼拉多想知道这场骚乱是怎么回事。

他得到了报告。

毫无疑问，这整件事很有意思，但是他难道不该提醒犹太人，无论是他们的国王还是他们的公会，在未经当地罗马总督审讯之前，都没有权力判一个人死刑？

犹太公会虽然很不愿意，但他们还是把耶稣带到彼拉多暂住的王宫，让他接受彼拉多的审问。

那些伪善的法利赛人都等在宫殿外。这日是逾越节，犹太人都不可触碰任何属于异教徒的东西。

彼拉多非常气恼。打从他来到犹大地，麻烦就接连不断。一直有

彼得在外面院子里坐着，有一个使女前来说：“你素来也是同那加利利人耶稣一伙的。”
彼得在众人面前却不承认，说：“我不知道你说的是什么。”
既出去，到了门口，又有一个使女看见他，就对那里的人说：“这个人也是同拿撒勒人耶稣一伙的。”
彼得又不承认，并且起誓说：“我不认得那个人！”
过了不多的时候，旁边站着的人前来对彼得说：“你真是他们一党的，你的口音把你露出来了。”
彼得就发咒起誓地说：“我不认得那个人！”立时，鸡就叫了。
彼得想起耶稣所说的话：“鸡叫以先，你要三次不认我。”
他就出去痛哭。

《马太福音》26:69-75

人拿那些他既不了解，在他看来极其荒谬又无用的问题来打扰他。

他下令把耶稣带到他私人的房间里。

他在那里跟耶稣谈话。

只谈了几分钟，他就确信没有理由判耶稣死刑。

那些指控太荒唐了。

耶稣应该被释放。

彼拉多派人找来公会的发言人，直截了当地通知他，他查不出耶稣犯了任何一条罗马的法律。

这对法利赛人是个沉重的打击。

他们的受害者眼看要被放跑了。

他们恳求总督，告诉他说，耶稣从犹大地到加利利一路不断挑起麻烦。

这话提醒了彼拉多。

“这人是加利利人还是犹大人？”他问。

“是加利利人。”他们告诉他。

彼拉多回答：“那把他带去见加利利的王希律·安提帕，让他做决定。”他很高兴自己找到借口可以不必插手这件事。

但是，国王陛下就跟这位罗马官员一样，不愿对这件事负责。他是来耶路撒冷庆祝逾越节，不是来判人死刑的。他之前已经听了大量有关耶稣的事，并且他一直想象耶稣是个魔法师之类的人。

他要求耶稣展示一下魔法的秘密，当然，对于这么荒唐的要求，耶稣一口回绝。就在这时，审讯遭到打断。

群众这时候直率地涌进了法庭，没有理由把信徒跟自己的同胞隔离开。

群众喊道：“他说他是王。他亲口对我们说他凌驾在律法之上。”所有这些愚蠢的指控，这时又在耶路撒冷的大街上激烈地叫喊起来，此起彼伏。

希律看见耶稣，就很欢喜，因为听见过他的事，久已想要见他，并且指望看他行一件神迹，于是问他许多的话，耶稣却一言不答。

祭司长和文士都站着，极力地告他。

希律和他的兵丁就藐视耶稣，戏弄他，给他穿上华丽衣服，把他送回彼拉多那里去。

《路加福音》23:8-11

希律知道，如果他不迅速采取行动，他就要为可能产生的暴动负责了。牺牲一个不受欢迎的人，好过冒险丢掉王位。

“把这人拿下。”他下令说，“把他打扮成他所说的国王的样子，然后送回去给彼拉多。”

有人不知从哪里拿来一件肮脏的旧袍子披在耶稣肩上。卫兵押着他，在一群乌合之众的前呼后拥下，前去见彼拉多。

一个勇敢的人或许能救耶稣。但是彼拉多只是个心存好意的人。他曾跟妻子提过这个案子，他妻子鼓励他要开恩饶那人一命。但是，在耶路撒冷他只有一支小小的卫队，而公会成员的势力却越来越庞大。因为，事到如今，撒都该人已经和法利赛人达成了协议。他们都是政客，他们对宗教的兴趣只是次要的。他们害怕如果耶稣遭到释放，后果会不堪设想，因此，他们决定，为了这个国家好，耶稣一定得死。他们阴险地暗示彼拉多，他们已经准备好了秘密报告要送给凯撒，报告中详细说明了发生的事，以及总督如何公然站到了帝国的敌人那一边。

这意味着彼拉多官职不保，并且还拿不到养老金。

彼拉多变得优柔寡断。

然后他屈服了。

大祭司并其同伙可以随心所欲地处理他们的受害者。

公会开会讨论执行死刑的具体方法。

按照惯例，犯人要被人拿石头打死。但是耶稣的案子是个例外。他的死一定要饱受屈辱。逃跑的奴隶通常会被钉在十字架上，然后被挂在那里直到饿死或渴死。众人决定，把耶稣钉死在十字架上。

一名罗马队长和四个罗马士兵奉命执行这项工作。

他们从地上揪起耶稣，让他站好。

那件肮脏的紫色袍子再次被披在他肩上。一顶用荆棘匆匆编成的王冠被扣在他头上。一个用两根沉重的木梁钉成的十字架，压到了他背上。

他们就把耶稣带了去。耶稣背着自己的十字架出来，到了一个地方，名叫髑髅地，希伯来话叫各各他。

《约翰福音》19:17

还有两个要一并处死的强盗被从地牢里提了出来。

天色渐暗，这支可怕的队伍开始向竖立着刑架的山丘走去。那山丘叫做“各各他”，又名“骷髅地”，因为那里遍地都是骷髅。

耶稣举步维艰，他因为缺乏饮食而虚弱不堪，所受的鞭打和所挨的拳头让他头晕目眩。

路的两旁挤满了围观的群众。

他们看耶稣背着十字架，拖着蹒跚的步履走在通往山丘的陡峭小路上。

喧闹已经平息。

群众的愤怒已经耗尽。

这个无辜的人将被杀害。

空气中响起请求开恩的呼声。

但是已经太迟了。

这场可怕的戏剧将被演到至死方休。

耶稣被钉在十字架上。

罗马士兵在他头上安了一个牌子，上面写着“犹太人的王，拿撒勒人耶稣”。

这句话用拉丁文、希腊文和希伯来文各写一遍，好让所有的人都能看懂。对法利赛人和撒都该人而言，这意味着侮辱，他们要对这可怕的、不公平的审判负责。

当最后一根钉子钉下，士兵便坐下来赌博。人群围成一大圈站在那里看。有些人只是好奇，其他人是他以前的学生。他们冒险进城，为的是要陪自己的老师走完最后的时刻。另外还有几名妇女。

天色很快就暗了。

耶稣在十字架上低声喃喃自语，没有几个人能听懂。一个好心的罗马士兵把一块蘸了醋的海绵插在枪尖上送给耶稣喝。这剂量能减缓他被撕裂的手脚的疼痛，但是耶稣拒绝了。

他靠着最后一丝气力保持清醒，做了最后一次祷告。

他请求上帝饶恕他的敌人对他做的事。

然后他低声说："成了。"

接着他就死了。

同一天晚上，有个名叫约瑟的人从亚利马太的村子赶去见彼拉多，请求从十字架上取下耶稣的身体，送去安葬。这约瑟是个富有的人，多年来一直聆听这位奇怪的新先知所传讲的道理。现在，他很容易就说服这位罗马总督批准了他的请求。

不过，当这消息传到法利赛人耳里，他们同样急忙赶到总督下榻的宫殿。法利赛人害怕门徒会把耶稣的尸体挪走，然后四处散布谣言说耶稣做到了不久前自己说过的话。耶稣在生前公开宣告，他将在死后第三天从死里复活。

为了防止这事，法利赛人有意封死了耶稣的坟墓，并派士兵看守它。从头到尾都很软弱又犹豫不决的彼拉多，吩咐他们想怎么做就怎么做，只要他们不引发进一步的骚乱就行。

但是，悲剧发生后的第三日，两位虔诚的妇女径自前往旷野，要在他们所爱的老师坟前哀悼痛哭。可是，看啊！看守坟墓的士兵都趴倒在地，坟前的大石头被滚开了，坟墓已经空了。

那天晚上，浑身颤抖的门徒彼此奔走相告这个荣耀的消息——"我们的老师真的是上帝的儿子，他已经从死里复活了。"

27.
信念的力量
THE STRENGTH OF AN IDEA

但是，当爱和希望这两个新名词被悄悄倾诉到不幸者的耳中时，罗马总督和嫉妒的犹太祭司无论采取什么行动都压制不了了。不，就连罗马皇帝本人也无法阻止耶稣的门徒将他们导师的信息带给所有愿意聆听的人。

/

耶稣的教导——人要在实践爱与正义中寻求幸福，是一个人的灵魂的最高贵展现。

这也是为什么千百年来，在有那么多人试图摧毁这个信念的情况下，它得以存活下来并获得最后的胜利。

耶稣所生活的那个世界，非常不公平。

有权有势者要什么有什么，受人奴役者一贫如洗。

但前者的人数不及后者千分之一。

耶稣的话首先是在最穷苦的人当中传开的。他那有关仁慈的教导，有关统治这宇宙的强而有力的圣灵，是一个爱的灵的保证，也最先在穷人中被议论跟接受。

这些单纯的百姓从未接触过伊壁鸠鲁学派和怀疑论者那些貌似有理的哲学思想。

他们不识字，也不会写字。

不过，他们有耳朵可以听。

在他们的主人眼里，他们比田野间吃草的牲口强不了多少。

他们的生死无人在意，也没有人会为他们失去亲人而哀悼。

然而，突然间，禁锢之门大开，他们得以瞥见一眼真理，得知所有的人都是独一天父的儿女。

正如所预期的，最先接受这种崭新的信心的人，是那些住在周围邻里的犹太邻居们，他们听过他说话，感觉到他话语中的魅力，并见过他眼中无畏的光芒。

数百年后，中世纪的人天真地接受了所有书写下来的传统记载，并对犹太人怀有强烈的憎恨，因为有一群犹太人对这人的死（他们称这人是上帝之子）负有直接的责任。

按照我们的理解，这种态度和看法完全站不住脚。

耶稣是犹太人。他母亲是犹太人。他的朋友和门徒都是犹太人。

他本身很少离开自己所成长的犹太人的社群。他很乐意跟异邦人往来，比如希腊人、撒玛利亚人、腓尼基人、叙利亚人和罗马人，但是他是为自己的百姓活、为自己的百姓死，死后也埋葬在犹太人的土地上。

他是最后一位、也是最伟大的一位犹太先知，是那些无畏的属灵领袖一脉相传的真正传人。是每次民族发生危难，总会挺身而出的领袖的传人。

那些杀害耶稣的法利赛人和撒都该人是犹太人没错，但他们只是犹太人中最狭隘又最偏执顽固的一群人。

他们出于自私，捍卫着早在数百年前就过时了的狭隘信条。

他们粗暴垄断了外表的圣洁，自诩为宗教的管理者 。

他们犯下可怕的罪行，但他们是以政治和宗教党派成员的身份犯的，不是以犹太人的身份犯的。如果他们对这位新先知的憎恨无人能及，那么，其他的犹太人对他们被谋杀的导师所怀的爱，也同样坚固无比。

正是那些生活在加利利和犹大地的忠心的学生，建立了第一个基督徒群体，建立了第一个相信耶稣是基督（也就是“受膏者”）而聚在一起由各种人组成的群体。

这时用“基督徒群体”来称呼他们有点不太正确，因为这名称要好几年后在小亚细亚的安提阿城才首次出现。但是，门徒所组成的群体确实存在，并且人越来越多；在那座将耶稣送上可怕的死亡之路的耶路撒冷城中，几乎就是在十字架阴影的笼罩下，成员们定期聚会。

然而，不久之后这群人开始争吵，彼此意见分歧，理念观点相同的人各自组成小团体。有些人，比如熟悉希腊哲学的司提反，就明白新旧信仰肯定要分道扬镳，摩西那严厉的耶和华和耶稣所传讲的爱的上帝，无法在他们的教会中共处一室。

但是，当他们说出这个观点，其他人群起而攻并杀害了他们，因为他们似乎支持撤除所有反对异邦人的屏障，而这种想法对那些从小在古老的圣殿旁长大，深受其影响的人而言，依旧太可怕了。

然而，鸿沟越来越深。在耶稣死后不到十二年，他的教导就被定了型，基督教和犹太教从此永远分家，两者的不同就像基督教和佛教或伊斯兰教的不同。

从那时起，新的教义和信仰相对更容易地在西亚传播开来。

古老犹太律法的智慧被埋葬在遭人遗忘、无人会说的希伯来语中。

但是，每件和“基督”有关的事，都被用希腊文写下来，而马其顿的亚历山大已经使希腊文成为古代的国际通用语。

舞台已经搭好。

西方世界已经准备好接收来自东方的信息。

只需要有一个人来把加利利所知之事带到罗马。

他来了。

他名叫保罗。

28.
信念的胜利
THE TRIUMPH OF AN IDEA

然而，在基督教成为一个世界性宗教之前，还需要做一件事，就是必须和耶路撒冷以及古老信仰所执守的狭隘部族偏见彻底决裂。

那位才华横溢，名叫保罗的演说家和组织者，挽救了基督教，使它摆脱退化成另一个犹太小宗派的命运。

保罗离开犹大地，渡海进入欧洲，将新成立的教会变成一个国际性的，对犹太人、罗马人和希腊人都一视同仁的机构。

/

我们对保罗很熟悉。

从历史的角度来说，我们对他的认识比对耶稣的认识多很多。《新约》的第五卷书，紧接在四福音之后的《使徒行传》，用了整整十六章篇幅来描写保罗的生平与工作。我们发现，他在西方异教徒当中旅行所写下来的书信，非常仔细地描述了他的教义。

保罗的父母都是犹太人，住在位于小亚细亚西北角上西里西亚地区的大数城。他们给儿子取名叫扫罗（扫罗又名保罗）。

扫罗有相当优越的社会关系,他在罗马帝国的许多地方都有亲戚。他从小就被送到耶路撒冷上学。他的身份有些特殊，他虽是犹太人，却碰巧有罗马公民的身份，这项荣誉似乎是因他父亲曾为罗马立下某种功劳而被授予的。那时，这身份就像一本能让持有者享有许多特权的护照。

当扫罗完成学业（所有犹太儿童都要接受的传统教育），他到织帐篷的师傅那里去当学徒，此后，他便自立门户做同样的行业。

扫罗是在法利赛派严格的学校受的教育，当犹太公会下令处死耶稣时，年少的扫罗衷心赞成。后来，他积极加入了青年爱国主义者的组织，他们试图根除具有煽动性的教义，也就是那可恨的拿撒勒人在加利利和犹大地四处传讲的信念。

当司提反被人拿石头打死的时候，扫罗就在场，他完全无动于衷地看着那可怜人做了第一个殉道者，把自己的生命献给了新信仰。

由于他成天领着一帮年轻的无赖，打着古老律法的名义去犯新的罪，导致他几乎天天要跟耶稣的跟随者接触。

这些最早期的基督徒，和他们同时代的人大不相同，在个人行为方面堪称典范。

他们过着简朴又有节制的生活，不欺骗人，乐善好施，接济穷苦的邻居，被送上绞架时还为那些迫害他们的人祈祷。

起先，扫罗很困惑。

接着，他开始明白，耶稣一定不单单是个革命煽动者，否则不可

亚拿尼亚就去了，进入那家，把手按在扫罗身上说："兄弟扫罗，在你来的路上向你显现的主，就是耶稣，打发我来，叫你能看见，又被圣灵充满。"
扫罗的眼睛上好像有鳞立刻掉下来，他就能看见，于是起来受了洗，吃过饭就健壮了。
扫罗和大马色的门徒同住了些日子，就在各会堂里宣传耶稣，说他是神的儿子。

《使徒行传》9:17-20

能启发那么多从未见过他的人变得如此虔诚。

他是个非常聪明的学生。耶稣曾经是个非常聪明的老师。突然间，扫罗理解了耶稣，他对这位自己一无所知的老师投降，听任摆布。

他的转变，发生在一条孤寂的道路上。

那时，他在前往大马色的路上。耶路撒冷当局得到消息，大马色城里有一群犹太人显然倾向于信仰基督教。大祭司派扫罗送信去给大马色的同僚，要求拘捕那些异端分子，全部带到耶路撒冷受审并处死。

扫罗是去执行这项令人毛骨悚然的差事，而他像孩子一样高兴。但是，在他抵达叙利亚的首都之前，他看见了异象。

他被蒙蔽的双眼，终于得以看见真相。

耶稣是对的，大祭司是错的。

从那时起，有数百万人得出了这个合乎逻辑的结论。

扫罗没有呈上拘捕文件，也没有要求当局把异议人士交给他监管，而是直接前往亚拿尼亚的家。亚拿尼亚是大马色基督徒群体的领袖，扫罗请亚拿尼亚为自己施洗。

从那一刻起，他改名叫保罗，成为向异邦人传教的使徒，且因此闻名天下。

他放弃了自己的职业，并应巴拿巴（来自赛浦路斯岛，很早就改信了基督教）的邀请，前往安提阿城。正是在这座城市，那些接受耶稣且不再在古老的犹太会堂里敬拜神的人，第一次被公开称为基督徒。

保罗只在安提阿待了很短一段时间，便开始他四处奔波的传道生涯，他走遍了罗马帝国的所有角落，最后获得的奖赏是成为一个殉道者，葬在某个不知名的罗马公墓。

保罗起初主要在小亚细亚的滨海城市中传道，并使许多人归信了耶稣。希腊人明显乐于听他传道，他们跟得上他的思路，十分钦佩他能运用机智辩赢他们的反对意见，于是他们很乐意加入这个新的信仰。

但是，大部分地中海港口城市中的犹太基督徒小团体，对保罗恨之入骨，总是尽其所能破坏他的工作。

对祖先正统信仰的偏见已经传了二十代,无法在一时三刻间剥除。对那些善良的群众而言，保罗做得有点过火了，他对那些信奉宙斯和波斯神密特拉的人太友善，他应该首先知道自己是个犹太人，第二重要的是他基督教的信念，并且他应该尽量遵守古老的摩西律法。

当保罗试图向这些犹太人证明两者毫无共通之处，一个人不能同时事奉耶和华又事奉耶稣的上帝,他们对他的厌恶转变成公开的憎恨。

他们多次试图谋杀这个可恨的做帐篷的师傅。最后，保罗开始明白，如果基督教想要生存下来，一定要能吸引一个全新的公众群体，并且一定要彻底和犹太教决裂。

他依旧待在小亚细亚，不过他最后在特罗亚（是个海港，离荷马所吟诵的古城特洛伊的废墟不远）下了决心，前往欧洲。

他横渡赫勒斯滂海峡，直接去了马其顿的中心重镇腓立比。

现在，他来到了亚历山大的家乡，并使用他所熟悉的希腊语，向他的第一批西方听众传讲耶稣的话。

可是他才没讲几次，就被逮捕入狱。

但那里的人民喜欢他，让他悄悄地逃走了。

这个不幸的经历并未使保罗气馁，他决定在敌人的堡垒内部发动攻击。他去到雅典。雅典人很有礼貌地聆听。但是，在过去四百年来，他们已经听过太多的新教义了，他们对传教士不感兴趣。

保罗的工作从未受到干涉，但也没有人上前来要求受洗。

保罗在哥林多大获成功，我们可从他后来写给哥林多教会会众的两封书信得知这些事,他在信中阐释了更多自己的思想。随着时间流逝，这些思想离那些犹太基督徒内心所宝贝的古老教义越来越远。

这时保罗已经待在欧洲好几年了。

所有未来传教工作的基础都已经打好了。他可以返回小亚细亚自己的世界。

首先，他造访了位在西海岸的以弗所。自古以来，这座城市一直供奉着黛安娜女神。黛安娜（希腊人称她阿耳忒弥斯）是阿波罗的孪生姐妹，她不仅仅是月亮女神，大家还相信她对一切生灵具有影响力，在人们的想象里，她比她父亲宙斯更具威力。这就像中世纪时期，耶稣的母亲马利亚比耶稣本身更受人崇敬一样。

保罗了解到这城市的状况，他请求在当地的犹太会堂讲道，也获准了。但是，当犹太人听过几次之后，就不让他继续在会堂里讲了。保罗于是租了一个演讲厅，该厅的主人从前是希腊哲学家。保罗在那里讲授了三年，那里可说是有史以来第一所神学院。

以弗所和耶路撒冷一样，是一座宗教垄断城市。黛安娜神庙的祭祀给许多人带来利益。

神庙有许多访客，也有许多祭品。朝圣者总是购买黛安娜的塑像带回家，生意非常兴隆，这就像今天我们去法国卢尔德尔时买圣母塑像，去罗马时买彼得的圣像一样。

如果保罗传教成功，那么女神能用超自然的力量行奇迹的古老信仰，将会毁于一旦，当然所有相关生意也会面临破产。该城的金匠、银匠、神庙的祭司，于是做了几年前他们在耶路撒冷的同行所做的事。他们试图用法利赛人和撒都该人谋杀耶稣的方式，来除掉保罗。

有人向保罗示警，他逃跑了。但是他的工作也完成了。

以弗所的基督教团体十分强大，已经无法消灭，虽然保罗从此再未造访以弗所，以弗所也已经成为早期基督教世界最重要的中心。你能在公元 2 世纪和 3 世纪的基督教编年史中读到，为确定新教义最终的内容，基督教的代表曾召开过一连串的会议，其中最早几次就是在以弗所召开的。

保罗这时年纪已经大了。

他在传道生涯中受过许多的苦，不知道自己还能活多久。

他决定在死前再去看看他的主受死的地方。

有许多人劝他别去。

耶路撒冷的基督徒团体，事实上是犹太教的一个分支。那些不能

合城都震动，百姓一齐跑来，拿住保罗，拉他出殿，殿门立刻都关了。
他们正想要杀他，有人报信给营里的千夫长说："耶路撒冷合城都乱了！"
千夫长立时带着兵丁和几个百夫长跑下去，到他们那里。他们见了千夫长和兵丁，就止住不打保罗。

《使徒行传》21:30-32

原谅这位使徒关爱异教徒的人，一听到保罗这名字就咒骂憎恶不已。对一个仍被法利赛人的精神所控制的城市而言，他在希腊所获得的成功可谓一文不值。

保罗拒绝相信这件事，但是，他一踏进圣殿，马上被人认了出来，群众迅速聚集过来，威胁要以私刑处死他。

然而，罗马的军队及时赶到救了他，将他带到城堡里。

罗马人不知道该拿他怎么办。起先，他们以为他是个从埃及来到犹大地，要挑起麻烦的革命煽动者。但是，当保罗证明自己是个罗马公民，他们立刻道歉，马上解开了为防止他逃跑而铐住他的枷锁。

驻防在耶路撒冷的卫队的指挥官吕西亚，发现自己跟几年前的彼拉多一样，进退维谷。

他没有理由起诉保罗，但是维持秩序是他的责任。

他批准保罗被带到犹太公会去，耶路撒冷再次濒临爆发内战。

法利赛人和撒都该人自从为了杀掉共同的敌人耶稣而匆忙结盟，此后就一直对此后悔不迭，他们发生了一连串严重的争执，使得耶路撒冷的百姓一直处于宗教刺激的混乱中。

在这种情况下，对保罗别指望会有公平的审判，吕西亚明智地将保罗转移到城堡中，免得遭到暴民的攻击。

接着，等群众不再那么注意这件事后，他便把保罗送到总督居住的该撒利亚去。

保罗在该撒利亚住了两年多，那段期间他享受着几乎完全自由的生活。

但是，他厌倦了犹太公会的成员对他没完没了的指控，最后，他要求当局将他送去罗马，容许他将自己的案件当面解释给皇帝听，这是他身为罗马公民本来就有的权利。

公元 60 年的秋天，保罗启程前往罗马。

那是一趟充满了灾难的旅程。

使徒所搭乘的那条船，在马耳他岛触礁，发生了船难。

耽搁了三个月后，才有另一条船将保罗和他的同伴送往意大利本土，公元 61 年，保罗抵达了罗马城。

他在罗马似乎也享有极大的自由。罗马人真的没为难他。他们只是希望他别再去耶路撒冷，因为他一在那边出现就会引起暴乱。罗马人对犹太人的神学不感兴趣，自然也不愿意审判一个他们自己的法庭都认为没有罪的人。

现在，他既然不再威胁国家的安全，他被获准自由来去，而他也充分利用了这个料想不到的机会。

他在一个贫民区里租了个安静的房间，再次开始传教。

在他人生最后这几年，他的勇气令人赞叹。他已经是个老人了，过去二十年艰苦的岁月几乎击垮了他。但是，坐牢、受鞭打、被石头打（有一次他差点被自己的同胞用石头打死），没完没了的徒步跋涉、马背颠簸、舟车劳顿、饥渴交迫，跟有机会来到文明世界的首都亲口传讲耶稣的信念比起来，都不算什么。

他继续传教多久，或他最后的命运如何，我们都不知道。

公元 64 年，罗马突然爆发了一场愚蠢的反基督教活动，并且很快盛行到全国各地。尼禄皇帝鼓励暴民掠夺并杀害所有皈依这个新信仰的人。

保罗似乎是在这场大屠杀中遇害的。

从那时起，我们再也没有听人提起他的名字。

但是，现代教会像一座竖立起来的纪念碑，见证着保罗的天赋和才能。

保罗是那座从加利利通往罗马的桥梁。他拯救了基督教，使它没有沦为另一个犹太教的小宗派。

他使基督教成为世界性的宗教。

29. 教会的建立

THE ESTABLISHED CHURCH

不久之后，另一位名叫彼得的使徒也来到罗马，去探望台伯河畔基督徒聚居的小小区域。罗马的几任皇帝因为害怕这个新兴宗教团体的影响力，多次下令屠杀基督徒，彼得本人在一次大屠杀中遇害。但是，教会毫无困难地从这些攻击中存活下来。

三个世纪后，当罗马不再是西方世界的政治中心时，罗马的基督教主教们却使该城成为整个世界的属灵中心。

/

彼得的名字跟我们的属灵中心从耶路撒冷转移到罗马这点密切相关。我们对彼得的情况知道的比保罗少。

我们上次看见彼得，是他在该亚法家中否认自己认识耶稣，然后极其痛苦地逃走。随后在耶稣被钉十字架时我们瞥见他在场。此后许多年，我们未再看见他露面。他再度出现时，已经是个非常成功的传教士，从远方的城市写来了很有意思的书信，他可能在那些城市往来传讲他的老师的话。

彼得是加利利海边一名纯朴渔夫，所受的教育比保罗少得多。他也缺乏保罗那样的个人魅力。保罗无论去到犹太、希腊、罗马或西里西亚，他在每个社会里都占据着首要地位。

但是，我们不能因为彼得在耶稣受审时一时怯懦，就断定他缺乏勇气。

一些最勇敢的士兵和名声最显赫的军团，在遭遇意外的时刻也会做出奇怪的事。但是，等他们恢复理智后，他们总是重新忠于职守，以弥补自己一时所犯的错误。

彼得就是这样。

此外，他是个有才干的人，很会做有用的事，也非常有效率。他知道自己的短处，因此把出头露脸的事都交给保罗和耶稣的弟弟雅各去做。保罗长年在海外传教，雅各则成了这古老国家所认可的教会领袖。

与此同时，彼得心甘情愿地在犹大地周边比较不重要的乡村传教，他跟忠诚的妻子经常长途跋涉，从巴比伦到撒玛利亚，从撒玛利亚到安提阿，向人传讲昔日跟耶稣在一起在加利利海打鱼时，耶稣对他的教导。

我们不知道最后是什么事让彼得去了罗马。

就严格的历史观念而言，我们对彼得的这趟远行没有可靠的数据记载。但是，使徒彼得的名字跟早期教会的发展紧紧联系在一起，那时教会已经是一个世界性的机构。因此，我们必须多费些笔墨记述这位精彩的老人，他可是耶稣最钟爱的门徒。

2世纪中叶，一位编年史作者提到，彼得和保罗同时在罗马传道，并且在短短几个月内先后被暴民杀害。

在罗马的历史上，这种大规模屠杀异教徒的事前所未有。

罗马政府对耶稣跟随者的态度，开始从之前的冷漠逐渐转为憎恨。

如果基督徒只是一群“怪人”，偶尔聚集在城中某个不知名角落的昏暗屋子里，用弥赛亚的故事互相启发——这位弥赛亚像逃亡的奴隶一样被钉死在十字架上，那么当局完全不必害怕他们的聚会有什么危险性。

但是，渐渐地，基督的话语开始被越来越多的人接受，当局的耐心终于用完了。

这是个老套的故事了。

首先，那些靠朱庇特的祭祀来谋生赚钱的人，开始怨声载道，他们没有钱可赚了，神庙无人祭祀荒废了。罗马人把他们所有的金子都给了一个来路不明的外国神，而牲口贩子和神庙祭司却损失惨重。

各种利益相关群体在争取到治安单位的合作与支持后，开始群起毁谤反对基督徒。一些住在郊野，被剥夺了继承权而生活凄惨的农民，是一群半野蛮的暴民，他们向来看不惯那些品性端庄的基督徒邻居，当他们听见那些对基督徒的卑鄙指控时，都幸灾乐祸起来。当有罗马妇人彼此搬弄是非说“那些基督徒每个星期天都杀小孩，喝血来取悦他们的上帝”，这群暴民便互相眨眼暗示，“动手”的时候到了。

当时所有可信的作者都有同样的看法——他们的基督徒邻居都过着圣洁的生活，委实可做罗马人的典范。而罗马人总是一边哀叹着“黄金时代”一去不返，一边在糟烂现实生活中干尽坏事。

但是，还有另一个更强大有力的群体，纯粹是出于自私的动机而害怕基督教昌盛。那些巫师、东方秘术的术士，以及才从东方“独家”引进数以百计的秘术的神棍，都发现自己的生意即将毁于一旦。他们哪里能跟基督教竞争？那群善男信女宁可清贫度日，也不肯为传讲他们那位加利利老师的教诲而向人收取分毫。

所有这些不同的团体，在贪婪的驱使下迅速联合起来，向当局指控基督徒是一群邪恶与煽动人的罪犯，正在密谋危害帝国的安全。

罗马当局没那么容易被吓唬，有很长一段时间，他们都不愿意采取明确的行动。但是有关基督徒的诡异故事被一再渲染，四处传播，这些故事绘声绘影，有各种丰富的细节，说得仿佛真有其事一般。

与此同时，基督徒自己出于对一个更好的新世界的热切期盼，经常暗暗地、意味深长地提到末日审判，说那时整个世界将被从天上来的闪电清除净尽。这些都助长了人们的怀疑。

当尼禄皇帝有一次在大醉中，一时兴起下令纵火烧了大半个首都之后，大家想起了基督徒说过的，整个大城市将遭到毁灭的预言。

恐惧爆发，罗马人完全失去了理智。

犹太人和基督徒像过街老鼠一样被四处搜捕，丢入监牢。严刑逼供下，他们被迫承认了最令人感到不可思议的叛国阴谋。行刑的刽子手和野兽每次都是一连好几个星期忙得不可开交，保罗和彼得就是在这种情况下被砍死的。

但是，罗马人随后得知，视死如归的殉道者是这个新信仰的最好的宣传。在此之前，基督徒的信条大部分只能在厨房里找到拥护者。现在，客厅里的人也开始感兴趣了。到了公元 1 世纪末，有许多达官显贵和贵族妇女，因为不愿意再向古老帝国的神祇献祭表达忠诚，而被怀疑改信了基督教并遭到处死。

迫害招致愤恨，原本一开始时非常温驯谦卑的基督徒，终于开始采取措施保护自己。当公开聚会或在私人家中聚餐已经不再安全时，教会转入了地下。

罗马近郊一些废弃的采石场很快转变成了教堂，信徒每周一次到此聚会，聆听一些游走四方的虔诚传教士讲道，一次又一次从那位百年前出自拿撒勒的木匠的故事中获得安慰。

这使得所有的基督教成员变成了一个秘密社团，这是他们过去从未想过的。

罗马官员有各种充分的理由，对秘密社团的恐惧远超过所有其他的事。在一个百分之八十的人都是奴隶的国家，允许人们进行连治安单位都控制不了的秘密聚会，实在太不安全。

各处行省开始传来报告，令人头痛的基督教还在散布蔓延。少数明智的总督保持着头脑清醒，安静等候群众恢复理智的时刻。还有一些总督收受了当地基督徒的贿赂，保持沉默不加举报。但是还有其他总督借由大屠杀来博得罗马皇帝的青睐，他们安排计划，将凡是跟可疑的“加利利秘教”相关之人，无论男女老少，一律处死。

然而，无论何时何地，当局从受害基督徒那里所获得的回答都一样——他们总是否认所有被控的罪，他们在断头台前高尚无畏的举止，让他们赢得更多朋友，以至于每次公开处决一批人之后，就会有更多的人皈依基督教。

事实上，当迫害终于结束时，原本小群聚集的基督徒，已经增长壮大到变成一个必须指派专门人员管理的团体。这些专人在法律面前代表教会，管理那些虔诚的信徒为病人治病所奉献的慈善捐款。

起初，是一些被称为“长老”的长者受托管理教会的日常事务。接着，为了更有效率地合作，同一城镇或地区的几个教堂便联合起来，强迫或任命一名主教或总监督来指导和管理他们共同的政策。

由于工作的性质，这些主教被视为是十二使徒的继承人。随着教会日益富裕，他们的权力自然也越来越大。当然，犹大地和小亚细亚村庄里的主教，影响力比不上意大利或法国大城市里的主教。

其他地区的主教，无法避免地会对他们在罗马的同僚怀有更多的敬畏和尊重。同样无法避免的是，在过去将近五百年来，罗马这座已经习惯于主宰世界命运的城市，肯定会有大批精于管理国家内政和外交的人士。

在罗马帝国日趋衰落的年月里，充满活力的年轻人已经没有机会在军队或市政上谋求发展，于是，他们转向教会，寻找一个可以发展自己抱负和成就自己事业的出路。

最不幸的是，古老的帝国已经走上了穷途末路。

从早期的罗马共和国开始，小农场的农民就是罗马军团的主要兵源，帝国低劣的经济管理使农民变得更加穷困，如今他们蜂拥进入城市，大声吵着要面包和娱乐。

另外，亚洲中心地区的动荡骚乱，也驱使大批蛮族向西迁移，那些世世代代以来属于罗马人拥有的疆域，逐步遭到蛮族的蚕食。但是，跟首都的政治情势相比，各省的混乱失序根本不算什么。在首都，皇帝一个接一个被拥立登基，接着又被外国佣兵谋杀在他们的宫廷院墙之内，这些外国佣兵才是帝国的真正主人。

最后，当罗马皇帝认为住在自己的城市里已经不安全了，这些凯撒的继承人离开了台伯河畔，住到别的地方去了。当这事发生时，罗马的主教们自动变成他们的教区最有影响力的人，并且取得了完整的领导权。他们代表帝国仅存的一个组织完善的力量，而从古都迁走的罗马皇帝，也需要主教的支持才能在意大利半岛上保有自己表面上的威望。

他们愿意为此讨价还价。

公元313年，罗马皇帝颁布了正式的宽容法令，终止了所有的迫害。一个世纪之后，罗马被公认是东西南北各国在信仰灵性上的首都。

教会获得了最后的胜利。

从此，那位拿撒勒先知的话回荡在战争和冲突的喧嚣之上，要求那些爱他的人，借由理解万物的完全之爱，去医治这世界的各种疾病创伤。

［全文完］

附录I　年表

/ 史前史

天地开辟：史前事件

神创造万物
亚当和夏娃在伊甸园
该隐和亚伯
挪亚和洪水
巴别塔 人类分散

/ 公元前 2000 年

以色列人的祖先
亚伯拉罕到巴勒斯坦
约公元前 1900 年
亚伯拉罕生以撒
以撒生雅各

/ 公元前 1800 年

雅各生了十二个儿子，他们分别成为以色列十二支派的祖先；其中以约瑟最杰出，曾任埃及首相。

以色列人在埃及
雅各的后代在埃及作奴隶
约公元前 1700 年 -1446 年
（一说为 1250 年）

/ 公元前 1446 年

摩西带领以色列人出埃及，约公元前 1446 年（一说为 1250 年）
以色列人在旷野流浪，摩西在西奈山领受十诫。

征服迦南并在该处安顿
约书亚首次攻打迦南　约公元前 1406 年（一说为 1210 年）
以色列仍是一松散的部族组织，由一群称为士师的英雄人物作领导。

以色列联合王国
扫罗的统治　约公元前 1030-1010 年

/ 公元前 1000 年

大卫的统治　约公元前 1010-970 年
所罗门的统治　约公元前 970-931 年

/ 公元前 950 年

以色列王国分裂为二

一般来说时间愈古，准确性就越低，由所罗门的逝世（公元前 931 年）到居鲁士谕旨（公元前 538 年）的时间比较准确，但仍可能有一两年偏差。

犹大（南王国）	先知	以色列（北王国）
列王		列王
罗波安 公元前 931-913 年		耶罗波安 公元前 931-910 年
亚比央 公元前 913-911 年		拿答 公元前 910-909 年
/ 公元前 900 年		
亚撒 公元前 911-870 年	以利亚	巴沙 公元前 909-886 年
约沙法 公元前 870-847 年		以拉 公元前 886-885 年
		心利 公元前 886 年在位七天
		暗利 公元前 885-874 年
		亚哈 公元前 874-853 年
/ 公元前 850 年		
约兰 公元前 848-841 年	以利沙	亚哈谢 公元前 853-852 年
亚哈谢 公元前 841 年	约珥	约兰 公元前 852-841 年
亚他利雅王后 公元前 841-835 年		耶户 公元前 841-814 年
约阿施 公元前 835-796 年		约哈斯 公元前 814-798 年
/ 公元前 800 年		
亚玛谢 公元前 796-781 年	阿摩斯 约拿	约阿施 公元前 798-783 年
乌西雅 公元前 781-740 年		耶罗波安二世 公元前 783-743 年
/ 公元前 750 年		
约坦 公元前 740-736 年	何西阿	撒迦利雅 在 743 年在位六个月
		沙龙 在 743 年在位一个月
亚哈斯 公元前 736-716 年	弥迦	米拿现 公元前 743-738 年
	以赛亚	比加辖 公元前 738-737 年
		比加 公元前 737-732 年
	北王国末年	何西亚 公元前 732-723 年
		撒玛利亚沦陷 公元前 722 年

/ 公元前 700 年

希西家 公元前 716-687 年
玛拿西 公元前 687-642 年

北国以色列亡国

/ 公元前 650 年

亚们 公元前 642-640 年
约西亚 公元前 640-609 年　　西番雅
约哈斯 在 609 年在位三个月　　那鸿
约雅敬 公元前 609-598 年　　耶利米

/ 公元前 600 年

约雅斤 在 598 年在位三个月　　哈巴谷?
西底家 公元前 598-587 年　　以西结
587 或 586 年七月耶路撒冷
沦陷
犹大王国末年

/ 公元前 550 年 被掳和回归

耶路撒冷沦陷后，
犹太人被放逐到巴比伦

波斯人开始统治 公元前 539 年
居鲁士王下令犹太人返国　　哈该 撒迦利亚
公元前 538 年　　俄巴底亚 但以理
开机重建圣殿 公元前 520 年　　玛拉基
耶路撒冷城墙重建
公元前 445-443 年

巴别塔 人类分散

/ 公元前 400 年　新旧两约间的时代

亚历山大大帝在巴勒斯坦实行希腊统治　公元前 333 年
托勒密（或译多利买）王朝统治巴勒斯坦，他们是亚历山大大帝
一个将军的后代，那将军曾负责统治叙利亚。公元前 323-198 年

/ 公元前 200 年

西流基（或译塞琉古）王朝统治巴勒斯坦，他们是亚历山大大帝一个将军的后代，那将军曾统治叙利亚。公元前 198-166 年

玛喀比（或译马加比）领导犹太人起义，因而独立。巴勒斯坦由玛喀比的后代——哈斯曼王朝统治。公元前 166-63 年

罗马将军庞培在公元前 63 年占领耶路撒冷。
巴勒斯坦由罗马指派的傀儡王统治。其一是大希律，他的任期是从公元前 37- 公元前 4 年

/ 公元 1 年　新约时代

耶稣降生

施洗约翰传道，替耶稣施洗，并开始他的公开传道。
耶稣的死和复活

/ 公元 30 年　新约时代

保罗（大数的扫罗）归信基督　约公元 37 年
保罗传道　约公元 41 年 - 公元 65 年
保罗最后被拘禁　约公元 65 年
罗马将军提多攻陷耶路撒冷　公元 70 年
约翰写启示录　约公元 95 年

现今的年代是以耶稣基督的降生作计算，即公元 1 年。但后来发现原来的计算有误，基督诞生的日子可能在公元前 6 年。

附录II 地图

旧约时代的耶路撒冷
0
米
400
锡安城墙
所罗门扩展的城墙
后期王国时期的城墙
被掳后的城墙
哈楠业楼
圣殿
祭坛
所罗门城墙
尼希米城墙
汲沦谷
被掳后的墓地
新城
王宫
中央山谷
往橄榄山之路
玛拿西城墙
上城
基训泉
下城
希西家隧道
西罗亚
下池
梯级
旧池
?
?
欣嫩谷
王室花园
隐罗结泉

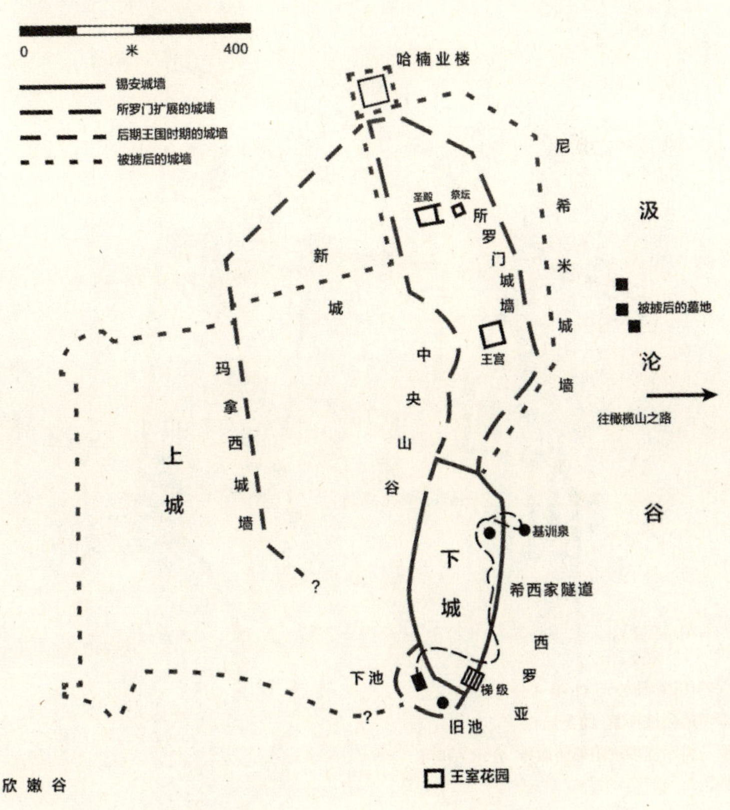

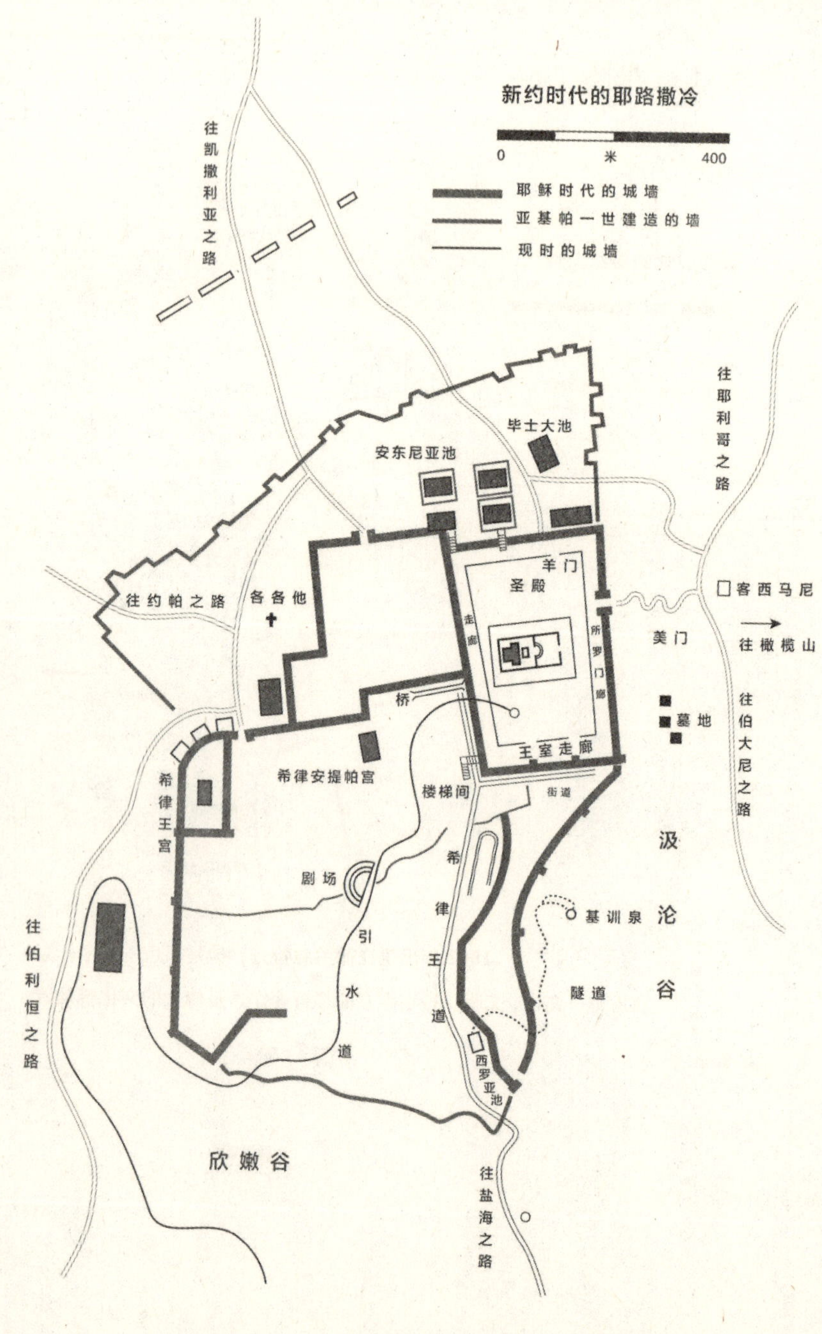
新约时代的耶路撒冷
0
米
400
耶稣时代的城墙
亚基帕一世建造的墙
现时的城墙
往凯撒利亚之路
毕士大池
安东尼亚池
往耶利哥之路
羊门
圣殿
往约帕之路
各各他
客西马尼
走廊
所罗门廊
美门
往橄榄山
桥
往伯大尼之路
墓地
王室走廊
希律安提帕宫
希律王宫
楼梯间
街道
汲沦谷
剧场
希律王道
基训泉
往伯利恒之路
引水道
隧道
西罗亚池
欣嫩谷
往盐海之路

《圣经的故事》

亨德里克·威廉·房龙

Hendrik Willem Van Loon（1882-1944）

荷裔美国人，著名学者、作家、历史地理学家。

1882 年出生在荷兰鹿特丹，他是出色的通俗作家，

在历史、文化、文明、科学等方面都有著作，是伟大的文化普及者。

代表作品

《人类的故事》

《圣经的故事》

《宽容》

邓嘉宛

英国纽卡斯尔大学社会语言学硕士。

专职译者，从事翻译逾二十年，译作四十余种。

代表作品

《魔戒》《霍比特人漫画本》《精灵宝钻》

《饥饿游戏》《提灵女王》《胡林的子女》

扫一扫

测测在经典文学的平行时空里，

你是哪一个角色？

经典，你真的读懂了吗？

关注“麦叔读经典”公众号，

让经典文学为你开启看待世界的另一种视角。

圣经的故事

产品经理 | 袁舒舒　　装帧设计 | 陈　章

技术编辑 | 顾逸飞　　媒介推广 | 倪晓瑾

出 品 人 | 路金波

图书在版编目（CIP）数据

圣经的故事 / (美) 房龙著；邓嘉宛译. -- 杭州：浙江文艺出版社, 2016.1（2021.3重印）
ISBN 978-7-5339-4413-1

Ⅰ. ①圣… Ⅱ. ①房… ②邓… Ⅲ. ①《圣经》—故事 Ⅳ. ①B971

中国版本图书馆CIP数据核字(2015)第322079号

责任编辑　陈富余
特约编辑　袁舒舒
装帧设计　陈　章

圣经的故事
（美）亨德里克·威廉·房龙 著
邓嘉宛 译

出　　版　浙江文艺出版社
地　　址　杭州市体育场路347号　　邮编　310006
网　　址　www.zjwycbs.cn
经　　销　浙江省新华书店集团有限公司
发　　行　果麦文化传媒股份有限公司
印　　刷　天津旭丰源印刷有限公司
开　　本　880mm×1230mm　1/32
字　　数　370千字
印　　张　13.75
印　　数　82,001—87,000
版　　次　2016年1月第1版
印　　次　2021年3月第15次印刷
书　　号　ISBN 978-7-5339-4413-1
定　　价　58.00元